高等政法院校系列教材

新闻评论教程

主　编　姜淮超

撰稿人　姜淮超　宋　雯　师亚丽
孙　硕　吴晓辉

中国政法大学出版社

图书在版编目(CIP)数据

新闻评论教程/姜淮超主编．－北京：中国政法大学出版社，2003.4

ISBN 7-5620-2332-8

Ⅰ.新… Ⅱ.姜… Ⅲ.评论性新闻－高等学校－教材 Ⅳ.G210

中国版本图书馆 CIP 数据核字(2003)第 032429 号

出版发行 中国政法大学出版社
经　　销 全国各地新华书店
承　　印 北京博诚印刷厂

787×960　16 开本　15 印张　285 千字
2003 年 6 月第 1 版　2003 年 6 月第 1 次印刷
ISBN 7-5620-2332-8/D·2292
定价：16.00 元

社　　址 北京市海淀区西土城路 25 号
邮政编码 100088
电　　话 (010)62229563　(010)62229278　(010)62229803
电子信箱 zf5620@263.net
网　　址 http://www.cupl.edu.cn/cbs/index.htm

出版说明

21世纪，我国的高等教育迎来了前所未有的机遇和挑战。知识经济的到来，中国加入WTO，科教兴国、依法治国的战略决策，以及西部大开发战略的实施，对高等教育的发展和人才培养的质量提出了新的更高的要求。2000年以来，我院在全面推进素质教育，进一步深化教学改革，提高教育教学质量，加强教学基本建设等方面取得了较大成绩。教育思想与教育观念的进一步转变，全面推进素质教育实施意见的出台，专业结构的调整，教学计划的全面修订，以及新一轮课程建设工作的启动，都为进一步提高我院的教育教学质量乃至整体办学水平奠定了良好的基础。

教材作为反映教育思想、教育观念，以及教学改革成果的重要载体，是我院新一轮课程建设的重点。为了适应培养基础扎实、知识面宽、实践能力强，具有国际竞争意识和创新精神的人才目标的要求，学校决定由教材委员会编审和规划出版一套能够聚合时代特点，反映学校教学、科研最新成果的高质量系列教材。这套教材由长期从事教学工作、教学经验丰富，具有教授、副教授职称的教师承担编写任务。第一批审定出版的教材，均为各专业的核心课程和方向课程，共计23部。

在中国政法大学出版社的大力支持下，首批教材将在近期出版；其余课程的教材，也将由教材编审委员会审定之后，陆续出版发行。我们力求教材具有较强的科学性、系统性、新颖性和适应性，也希望这套教材能够为进一步提高学校的教育教学质量做出积极的贡献。

西北政法学院教材委员会

2002年8月

西北政法学院教材委员会名单

作者简介

姜淮超　男，西北政法学院法制新闻系教授，新闻业务教研室主任。1982年毕业于山东大学中文系，长期从事写作及新闻学科教学工作，主讲新闻评论等课程。主要著作有《法制新闻评论学》、《新闻采写编评概要》（评论部分）、《法制新闻专题研究》（主编）等，并发表学术论文30余篇。

前言

社会生活日新月异，丰富多彩，为新闻报道和新闻评论提供了广阔的时间和空间，自新闻评论在媒体出现后，不断发展完善，越来越受到人们的重视，发挥了重要的社会功能。现代人通过新闻媒体每天都要接受大量信息，如果说新闻报道传递的主要是事实信息，那么，新闻评论传递的就主要是思想信息。人们接受事实信息，不断了解和认识世界，而接受思想信息，有利于认识的全面和深入。

伴随着我国改革开放的发展，新闻评论逐渐脱离了单纯为政治服务的桎梏，转变为为社会服务，在继续发挥政治教育功能的同时，其他诸多功能也得到了强化，评论的范围涉及政治、经济、法律、教育、文化等多个方面。评论的品种增多，风格发生变化，既有社论、评论员文章等相对严肃的文种，也有专栏评论、杂谈等相对轻松活泼的文种。多数评论者不再是板着面孔说话，而注意与受众的交流，增加评论的亲和力。新闻评论品种的增多，也与广电媒体对适合自身特点评论的不断探索有关。广播电视评论曾一度依赖于报刊评论，将报刊评论通过广播电视进行传播。广播电台、电视台没有自己的评论队伍，也没有能够充分体现自身特点的评论形式。自20世纪80年代后期始，广电媒体改革步伐加快，纷纷组建评论队伍，不断探索完善评论节目，实现了跨越式发展。目前，广播电视评论已成为新闻评论队伍的一支生力军，一个十分重要的组成部分，由此也带来新闻评论品种的多样化和形式的丰富多彩。近年来，网络评论得到发展，成为有待研究探索的新问题。

本教材以报刊新闻评论为主线，力求完整、深入地对新闻评论的原则、规律、特点等问题进行探讨，并有专章对广播和电视新闻评论进行分析研究。

作为我校新闻专业本科教材，在编写过程中，我们注意了教材与大纲的相互配合，注意了理论知识与评论实践的结合，并结合我校新闻专业法制新闻方向的特点，加写了“法制新闻评论概说”一章。

本教材由五位教师相互协作共同完成，具体分工如下：

姜淮超：第一章、第二章、第六章、第八章；宋雯：第九章；师亚丽：第五章、第七章；孙硕：第三章、第四章；吴晓辉：第十章。

在本教材的编写过程中，我们参阅了诸多有关著作、教材和文章，深受启发和教益，并获取了宝贵资料，在此谨表示诚挚的谢意。尽管我们为本教材的编写付出了努力，但难免会存在不足和问题，恳请诸位专家、学者提出宝贵意见。

编　者

2003 年元月

目　录

第一章　新闻评论概述

新闻评论是新闻媒体常用的一种新闻体裁，它包括报刊评论、通讯社评论、广播评论、电视评论等样式。从文体特征来看，它属于议论文范畴，是人们对客观事物认识的反映。评论者主要运用分析说理的方法，启发和引导受众进行理性思考，进而接受某种观点。它是新闻宣传的重要形式之一。

第一节　新闻评论的定义

新闻评论是针对现实生活中新近发生的典型的新闻事实、社会现象或问题，发议论，讲道理，谈看法，辨是非的新闻体裁。它通过报刊、广播、电视等媒体，以社论、评论员文章、短评、编者按语、专栏评论、录音评论、录像评论等具体形式，直接阐明编辑部或作者的观点、立场和态度，反映和引导舆论，从而起到影响和规范人们的思想和言行的作用。

在“新闻评论”这一概念中，“新闻”二字说明其文体类型；“评论”二字说明其文章性质，二者必须兼备，缺一不可。

在这一概念中，“新闻”二字又是限制语，说明这种评论是新闻评论而不是其他评论。例如有不少文艺评论、经济评论、法制评论等，因其时效性差而称不上是新闻评论。新闻评论所涉及的事件或问题必须是新近发生的，是比较重要、比较典型，是人民群众普遍关心，迫切需要回答和解决的事件或问题。也就是说，新闻评论要讲时效性，要及时地反映现实，评判现实，服务于现实，要真，要新，要快，要通过新闻媒体，而不是学术刊物公诸于世。

“评论”二字是这一概念的中心词，说明新闻评论属于论议说理的文章，也就是人们常说的议论文或论说文。当然，在广播评论和电视评论中存在特殊情况，对此，在有关章节中将作说明。

新闻评论与其他文种一样，也是客观事物在人们头脑中的反映，它不同于单纯记述事实的文章，更不同于借助形象反映现实的文学作品。它是评论者对客观外界事物认识的理性表现，一般运用比较抽象、概括的表现方法，通过对新闻事件、社会现象或问题的分析研究，讲道理，谈看法，直接发表观点。其写作思维模式以逻辑思维为主。

第二节 新闻评论与新闻报道的关系

新闻报道与新闻评论是媒体中两种不同类型的新闻体裁。从具体文种来看，新闻报道包括消息、通讯、特写、广播报道、电视报道等；新闻评论则以社论、评论员文章、短评、编者按语、录音评论、录像评论等形式出现。二者都属于新闻文体，具有新闻性是它们的共同之处。对于二者的关系，在这里需要重点讨论两方面问题：一是它们的分工合作，相互配合；二是它们的主要区别。

一、新闻报道与新闻评论的分工合作，相互配合

新闻报道和新闻评论是媒体的两种基本宣传手段，报道以反映现实生活中新近发生的人物、事件、现象、问题为职责，追求客观、真实，以披露事实为目的；评论针对新近发生的新闻事实，以分析事实，评判是非为职责，追求公正、深入，以明辨事理为目的。

新闻报道与新闻评论的职责是现实生活所赋予的，是社会发展的需要、人民群众的需要，也是新闻宣传的需要。媒体根据党和国家的方针政策和受众的需要，一方面要及时、真实地报道现实生活中的人物、事件、现象、问题等，另一方面，还要运用评论的手段，反映和引导舆论，帮助受众正确、深入地理解所报道的事实。我国著名的报学家、新闻史研究的开拓者戈公振先生在1927年出版的《中国报学史》中谈及关于报纸的定义时指出："报纸者，报告新闻，揭载评论，定期为公众而刊行者也。"他认为，报纸可以登载文艺作品和广告，但其主要功能就是以上两点。尽管现代新闻媒体早已不仅是报纸一种，且有了很大的发展和变化，但这一观点仍然是适用的。

在媒体运作中，报道和评论相互依存与配合，报道是评论得以产生的基础和前提，评论是报道的深入和延续。可以认为，报道是第一位的，评论是第二位的。在一般情况下，评论依赖报道而存在，离开报道的事实依据，评论就会成为无的之矢，空中楼阁。反之，抛弃评论，单纯报道事实，媒体就可能迷失方向，难以起到引导舆论的作用。著名政论家胡乔木在1955年谈报纸评论工作的一篇讲话中指出："评论是报纸的灵魂，是报纸的主要声音"，"党所以要办报，就是因为要对各种事情发表党的意见，发表评论。所以党的报纸必须有评论，没有评

论就不能算是报纸。”[1]

西方报纸也十分重视评论。创办于19世纪40年代的《纽约论坛报》第一个辟社论版。有西方新闻学者认为，社论版有如船舰上悬挂船旗的桅杆，它悬挂着庄严的船旗。卡斯柏·约斯特说：新闻是报纸的身躯，而社论则是报纸的灵魂。美国现代报纸的创始人普利策说：“我的《纽约世界报》虽然有巨大的篇幅，许多的栏目，但是我最关心的是社论版。我要用种种专栏吸引读者来读社论。”[2]

在此，我们强调评论的必不可少，并不是说凡要对事实进行报道就必须要有评论与之配合。新闻实践告诉我们，只有那些具有重要新闻价值，或因某种原因需要配合的，才使用评论这种新闻手段，而多数报道并不需要配发评论。当然也存在一些相对独立的评论。实际上，在诸种新闻媒体中，报道的篇幅数量要远多于评论。

那么，究竟什么样的报道需要评论来配合呢？

（一）事关社会发展方向的报道

此类报道内容重要，常涉及大是大非问题，与社会的稳定与发展有关，与党和国家的方针政策能否得以贯彻执行有关。此类报道既包括那些体现时代精神，符合时代发展方向和党和国家的大政方针的重大举措，如在农村实行联产承包责任制；按照市场经济规律对国有大中型企业进行改造；扶持集体企业和个体企业的发展；加入关贸总协定，使中国经济与国际接轨；实行党政分开，精简机构；实行依法治国、以德治国的报道等。也包括与社会发展方向相悖，破坏稳定，违背党和国家大政方针的思想和行为的报道，例如各种错误思想、违法乱纪行为、贪污腐败行为、违法犯罪活动的报道等。总之，此类报道事关重大，要以其内容是否重要，是否符合党和国家的大政方针，是否代表中国先进生产力的发展要求，代表中国先进文化的前进方向和广大人民群众的根本利益，是否有利于促进国家的精神文明和物质文明建设为准绳进行衡量，对于符合的或违背的、有利或不利的重大问题都可配发评论，以更好地发挥媒体引导舆论的功能。

（二）典型人物、事件的报道

此类报道涉及的人物或事件不一定重大，但却比较突出和典型，有代表性或倾向性。此类报道也包括正反两个方面的人物或事件。正面的，例如对各行各业先进人物的报道，对新生事物的报道，对好的做法和典型经验的报道等；反面

---

[1]《胡乔木文集》，北京人民出版社1994年版，第9页。

[2] 转引自张隆栋、傅显明：《外国新闻事业史简编》，中国人民大学出版社1988年版，第412页。

的，例如对违法乱纪的人物、事件的报道，对贪污腐败的典型案例的报道，对重大责任事故的报道等。对人物或事件的报道是否配以评论，关键要看它是否突出和典型，是否反映某种倾向。只有那些突出、典型的人物或事件报道才适合配以评论，才有必要在事实的基础上深入挖掘，起到举一反三，以小见大，评论个别，引导和教育一片的作用。

(三) 有明显反差对比的报道

对比有利于显示事物的差异，强烈的反差最能引人注目和思考。用评论配合对比性报道，能进一步给人以引导和启发，对于增强宣传效果具有良好作用。对比性报道有时是同一版面同时发表的报道相互间形成对比，也有的是在一篇报道中使用对比手法，形成对比的两个方面。适合于配发评论的对比性报道，应具有较明显的反差，对比的两个方面或两个人、两件事、两种情况都较为突出。

此类报道中的对比可分为两种情况：一种是横向对比，即将同一类型的人或事的不同情况、同一类型的单位截然不同的做法等进行对比。例如对两家生产同种产品的企业，两种相差极大的生产经营等状况的对比性就属此类。或运用横向对比的方式，反映同一事物矛盾的两个方面。另一种是纵向对比，即对同一新闻人物、事物、单位、企业等进行报道时，反映报道对象前后期的明显差别，甚至是质的变化。这种对比一般表现在一篇之中，多采用今昔对比的方式，以今为重，以昔衬今。例如对有些曾风云一时，后沦落为犯罪分子的人物前后截然不同的思想、行为的对比就属此类。

当然并非所有的有明显反差的对比性报道都要配之以评论，要根据新闻事实本身是否突出、重要、典型等因素来决定。

二、报道与评论的主要区别

尽管报道与评论都属于新闻文体，但它们的区别是显而易见的，且表现在多个方面。具体来说，主要有以下几点：

(一) 写作意图不同

报道的写作意图主要是为了反映现实，根据新闻宣传和受众的需要，将有价值的人物、事件等迅速、真实，或概括或详细地通过媒体告知受众，满足受众的知情权。报道要追求客观真实，但并非镜面式的反映，报道有其倾向性，要对新闻事实和报道的角度进行选择，尤其是表扬性报道、批评性报道，更能显示出报道者的立场与倾向。当然新闻报道要用事实说话，报道者不能直接站出来发言。

评论的写作意图是为了使新闻事实的内在涵义得以挖掘、引申和本质化。要求作者在新闻事实的基础上直接站出来谈看法，发议论。要讲道理，辨是非，将问题提高到理性的高度加以评说，引导受众正确、深入地认清事物的本质。新闻评论表现出的不只是倾向性，而且具有导向性，写作者的观点鲜明，态度明确，常常代表媒体的意见，反映党和政府的声音。如果说报道的目的是使人“知”，那么评论的目的就是使人“悟”。

（二）反映层面不同

新闻报道要运用观察、采访、调查等手段获取新闻事实，并将获取的事实整理成某种新闻报道的具体形式，通过媒体与受众见面。受众阅读、收听或观看了报道，就知道了何时、何地发生了何事，有何人、因何原因等，这样，新闻报道的目的就已基本达到。报道处在对新闻事实客观反映的层面上，受众接受报道，既可以朝深处想，也可以不朝深处想，报道只是提供了思考的基础，而并不刻意引导受众深入思考。从这个角度而言，新闻报道只是处在一个基本层面，相对评论而言，属认识的较浅层面。而评论的起点或基础就是新闻事实，是在新闻事实基础上的分析说理。它已不全是具象化的，而主要是抽象化的。它的写作一般不需要运用采访等手段从现实中直接撷取材料，而是从已有的新闻报道中去选择事实材料，并对其进行深入分析。评论要告诉人们的是：这些事实说明了什么问题，它的实质是什么，具有怎样的意义。受众接受新闻评论时就会被评论者带到一个认识的较深层面，即使他不赞成评论者的观点，他的不同认识也已经处在这一层面上了。

（三）表达方式不同

新闻报道的写作意图决定了它使用的主要表达方式是叙述。就具体报道文体而言，表达方式的使用有一定差别。如消息主要使用叙述，且以概括叙述使用较多；而通讯则多使用细致叙述，且大多杂有描写、议论、抒情。但不论何种报道形式，“以叙述为主”是可以肯定的。新闻评论要进行分析论证，要讲道理，其表达方式主要为议论。就具体文体而言，一篇评论的抽象性越强，议论的比重也就越大，反之亦然。如社论、评论员文章，比小言论、杂谈等文体使用议论的比重就更大些，而后者的叙述成分相对多一些。总之，评论属议论性文体，有论点、论据和论证，以议论为主就是自然而然的事。

第三节　新闻评论的地位

在上一节对新闻报道与新闻评论关系的探讨中，已涉及到新闻评论的地位问题，由于对这一问题的看法历来不尽相同，众说纷纭，因而有必要对各种主要观点加以说明和辨析。

所谓地位是指新闻评论在媒体扮演角色或发挥作用的重要程度，与其他新闻文体相比，它的重要程度如何？处在怎样的位置？

对于评论的地位，主要有以下几种看法：

一、旗帜论

最有代表性的说法是原《人民日报》总编辑邓拓1954年在《怎样改进报纸工作》一文中的一段话："报纸的评论特点是社论决定着报纸的政治面貌。一篇社论是一期报纸的旗帜；其他形式的评论文章也都代表报纸的政治见解，因此，报纸的评论工作应该被看成是思想工作的主要表现形式。"

这种看法是建国以来比较权威和一致的看法，虽然说的是报纸评论，实际上也反映了其他新闻媒体的评论情况。新闻评论，特别是社论，是代表编辑部就重大问题发表看法的重要文体，长期以来，中国共产党的各级组织都习惯于通过党委机关报，运用评论形式发表意见。可以认为，"旗帜论"是说评论代表着媒体的政治方向，政治态度，是媒体的政治宣言。在新闻史上的报刊政论时代，在建国后一段时间内，以"突出政治"、"阶级斗争为纲"的形势下，这种看法无疑是十分权威和令人信服的。直至目前，这种看法仍然被大多数人所认同。有人指出："邓拓同志主要指出社论是报纸的旗帜，社论决定着报纸的政治见解。如果要求报纸上的各种形式的评论文章也都代表报纸的政治见解，在实际上是做不到，也是有害的。"[1] 评论的形式多种多样，即使是党委机关报，如果要求每篇评论都代表媒体的政治见解显然也是做不到的。尤其是近年来都市报、晚报、行业报崛起，社论之外评论形式的内容许多与政治并无关系。

西方新闻学说中也有类似说法，认为社论版犹如船舰上悬挂船旗的桅杆，它悬挂着庄严的船旗。另一方面，现代资产阶级报纸在立场上标榜超党派的独立性，常给社论插上"公正言论"的标签。《纽约时报》社论版主编约翰·奥克斯在

---

〔1〕王兴华：《新闻评论学》，杭州大学出版社1998年版，第28页。

一次美国社论作者会议上说："社论版除非能去掉党派性，力争在国家事务中起领导作用，否则它是没有价值的。"[1] 其实，只要党派还存在，要做到这一点几乎是不可能的。

二、声音论

即认为评论是报纸的声音，要直接反映党的声音、人民的声音。此种看法的主要依据是当年党的领导人毛泽东和刘少奇的谈话。毛泽东 1948 年 4 月在对《晋绥日报编辑人员的谈话》中说："我们的政策，不光要使领导者知道，干部知道，还要使广大的群众知道。有关政策的问题，一般地都应当在党的报纸上或者刊物上进行宣传。"又指出："同志们是办报的。你们的工作，就是教育群众，让群众知道自己的利益，自己的任务，和党的方针政策。"[2] 1948 年 10 月，刘少奇在《对华北记者团的谈话》中指出："要把群众真正的思想搞清楚，把人民心里不敢说的，不肯说的，想说又说不出来的话反映出来。"[3]

毛泽东和刘少奇的上述谈话反映出两方面的意思，即报纸一是要宣传中央的方针政策，上情下达；二是要反映人民群众的声音，下情下达。新闻评论这种直接发表观点的新闻形式自然是最为适用，责无旁贷。这种看法显然也是针对党报而言的，强调的是报纸，尤其是报纸的评论要反映党和人民的声音。

三、眉毛论

这种看法与前二种大相径庭，认为新闻评论并不重要，甚至可有可无。如果报纸是一个人的脸面，评论就像脸面上的眉毛，没有眉毛，不大好看，有了眉毛，实际用处又不大。此种说法的直接来源是当年的《申报》馆主史量才，他曾说："社论是报纸的眉毛——缺了有碍观瞻，有了无济于事。"[4]

《申报》是以营利为目的的报纸，注重经营是其特点，评论时政，推进社会改革，并非是该类报纸的主旨。因而，《申报》的论说大多为应景之作和一些无关大局，格调平庸的文章。史量才经营《申报》时，正处在军阀争权夺利，政局迭变的时期，报纸也常常受到压力和干扰。为避免政治方面的麻烦，《申报》长期以来政治态度保守，对一些敏感问题，采取只报道，不评论，不置可否的做法，或多报道，少评论，说一些似是而非的话。史量才的说法显然是和《申报》

---

〔1〕 转引自张隆栋、傅显明：《外国新闻事业史简编》，中国人民大学出版社 1988 年版，第 413 页。

〔2〕 见《毛泽东选集》第四卷，人民出版社 1991 年版，第 1318－1319 页。

〔3〕 见《中国共产党新闻工作文件汇编》（下），新华出版社 1980 年版。

〔4〕 转引自王兴华：《新闻评论学》，杭州大学出版社 1998 年版，第 30 页。

的性质、特点和当时采取的态度策略分不开的，让人觉得他是有意压低评论的地位和作用。史量才虽然这样说过，但《申报》作为一家民族资产阶级报纸，也表现出一定的爱国性，当国家处于严重民族危机时，能够投身于群众的爱国斗争之中。尤其是“九一八”事变后，《申报》一改常态，积极迅速地进行详细报道，积极发表时评，揭露真相，反对外来侵略。对内，反对国民党独裁，呼吁民主和自由。可见，史量才的所说和他后来的做法并不一致。

此外还有评论是“报纸的盲肠”等说法，也应具体分析。

我们认为，评论自有其重要地位，“评论可有可无”的观点是难以服人的。其一，评论是人类思想文化发展过程中的必然产物，是阶级斗争、思想斗争、人们的理性思考在新闻媒体中的反映，自现代报刊诞生以来，评论的生命一直延续至今。其二，评论在人类社会走向文明进步的过程中发挥过重要作用。评论伴随着我国的旧民主主义革命、新民主主义革命，在促进思想解放，推翻帝国主义、封建主义、官僚资本主义，走向民主、自由、国家独立的历程中，在新中国的建设过程中，在新时期的改革开放中都曾发挥了重要作用。其三，评论并非中国所独有，世界各国的新闻媒体均离不开评论。尤其在主流媒体中，评论的地位更为重要，是须臾不可缺少的新闻形式。其四，评论的功能是报道所不能替代的，它在很大程度上决定着媒体的社会影响力。

分析以上几种看法可以得出这样的结论，在我国，认为评论的地位重要是大多数人的共识。我国具有重视政论的传统，新闻评论在媒体中占居显著地位，数量多，作用大，意义重要。中国共产党的领导、我国的国家性质、体制、国情，建国后形成的以党报为龙头的报业体系，都为新闻评论的发展繁荣奠定了基础。在当前社会主义市场经济条件下，新闻业发生了巨大而深刻的变革，媒体种类的增加，内容的不断丰富，观点的多元化趋向，媒体的市场化走向，使得部分新闻从业人员产生轻视评论的思想。我们认为这种看法是片面的、缺少远见的。当然，把评论的地位看的过高或过低都是不符合实际的。评论的任务是讲道理，阐发观点，是媒体发表意见的新闻形式。这种新闻形式是新闻两大类形式（报道与评论）中的一种，它具有很强的主观性、观念性，其地位和作用是报道所不能取代的。一家不使用评论的报纸并非就不能生存，但不可能成为有重要影响的报纸；也不会成为主流媒体。对评论的要求与报道不尽相同，报道要客观真实，评论要敢讲真话，说真理，这样的评论具有精神力量，是媒体的灵魂和旗帜。

第四节　我国新闻评论发展脉络

新闻评论具有新闻性，要通过新闻媒体公之于众，由此可以得出结论，在最早的新闻媒体——报纸没有产生之前，真正意义的新闻评论是不存在的。但从文章写作方面看，与报刊评论有着类似特点的论说性文体却是源远流长。

我国是一个有着悠久历史和灿烂文化的文明古国，文人辈出，华章无数，早在两千年前的春秋战国时期，带有论说特点的先秦历史散文、诸子散文就曾兴盛一时。在这一历史变革时期，生产力的发展引起了生产关系和社会制度的一系列变更，社会各个领域产生了复杂变化。从而促使人们的思想意识发生转变，各种思想激烈斗争，形成了“百家争鸣”，“处士横议”的局面。众多文人贤士著文、游说，纷纷发表自己的看法，内容涉及政治、经济、军事、外交、历史、教育、法律等诸多方面。产生了《国语》、《老子》、《论语》、《管子》、《孟子》、《战国策》等众多著作。这些著作中的文体多为论说文，且质量颇高，成为我国论说文的源头和后代论说文写作的楷模，为论说文的发展奠定了基础。

秦以后各代论述也颇为丰富，代有名篇。如秦代李斯的《谏客书》，西汉的贾谊的《治安策》、《过秦论》；东汉王充的《论衡》；唐代韩愈的《原毁》、《师说》，柳宗元的《封建论》；宋代欧阳修的《朋党论》、《与高司谏书》、王安的《答司马谏议书》；明代刘基的小品文；明末清初顾炎武、归庄等人的一些文章，都属论说文中的优秀作品。

两千年来，自源头而来的“水流”不断流淌和丰富，为新闻评论的产生积淀了丰厚的思想和文化基础。

一、我国古代报纸没有言论

中国是世界上最先有报纸的国家，“唐代是中国开始有新闻事业的朝代。中国早期的报纸，始见于唐代。和现代的词义已经十分接近的‘新闻’、‘编辑’等新闻事业常用词汇，也都起始于唐代。”[1]然而，报纸产生之后，在相当长的时间之内，却并没有言论这种新闻形式。究其原因，主要有以下几点：

1．我国古代报纸，如唐代的进奏院状，宋代及之后的邸报，都是只登载皇帝的诏旨、皇帝的活动、官吏的任免、臣僚的奏章、战报、刑罚等，只传消息，

〔1〕 方汉奇：《中国新闻事业通史》第一卷，中国人民大学出版社 1992 年版，第 61 页。

不作评论。

2．报纸作为新闻媒介，始终被封建统治阶级严格控制，是其用来协调中央与地方关系，沟通内部信息，维护封建统治秩序的重要工具，不能允许有人在上面随便发议论。

3．由于古代报纸不登载言论，因此，一些政治家、文人墨客、有识之士，虽著文谈论时政，却都不在报纸上发表。直至近代，这种情况仍然存在。方汉奇主编的《中国新闻事业通史》第一卷第525页在谈及我国早期报刊时写道“我们还发现一种情况，即中国当时改良主义思想家、政治家，都勇于发表自己的见解……他们评论时政，倡导改革，论著甚丰，不少精辟之作，可是不知是什么原因，或许是由于当时还不习惯于运用报刊这种舆论工具，或者是由于在中国报刊撰文尚多顾忌，他们那些为数众多的政论文章，极少在报刊上发表。”当时，不仅外国人在华办了不少报刊，中国民间报刊数量也显著增加，此时期尚且“不习惯”，“尚多顾忌”，唐宋元明各代也就不言而喻了。

二、鸦片战争前后外国人的报刊言论

近代报刊的大发展为新闻评论的产生提供了条件。1840年的鸦片战争使中国历史发生了重大转折，帝国主义列强用炮舰轰开中国大门，随之而来的便是经济与文化的进一步侵略。在华创办报刊被外来侵略者认为是进行思想和文化渗透的好办法，一批由外国传教士和商人主办的报刊在中国出现，他们在不平等条约的庇护下，为本国在华政治和经济利益进行积极的宣传和辩护。这些报刊以上海、香港为主要基地，以英美报刊为主干。开始时，主要是外文报刊，后中文报刊陆续增多，形成了一个在华外报网络，影响较为深远。

1833年8月1日，在广州创刊的中国领土上第一个外国人办的中文报刊《东西洋考每月统计传》有固定的言论栏目，且逐渐改变了以前以阐释教义为主的情况，用来谈论现实生活中的问题。1853年4月在香港创刊的《遐迩贯珍》月刊也登载言论，1855年8月的《遐迩贯珍》，“首次刊登了一篇中国作者撰写的评论《赌博为害本港自当严禁论》。”“作者针对香港当局准备放宽赌禁、明设赌场一事，发表了自己的意见。”[1]

中文商业报纸《香港船头货价纸》（后易名为《香港中外新报》）在1859年3月29日发表《猪仔论》一文。这篇评论针对当时港澳闽地区普遍存在的“猪仔贸易”这一严重社会问题，明确站在受害华人的立场上，猛烈抨击了某些外国商

〔1〕 转引自丁法章：《新闻评论学》，复旦大学出版社1997年版，第230页。

人及其走狗——华人“猪仔头”，“昧心丧良，卖人求利”的罪恶勾当。揭露他们“拐来”、“锁禁”、“饿之”等卑劣手段，哀怜由此酿成的“父母寻子、妻寻其夫”的无数家庭悲剧。文章呼吁各方应尽力“劝止是举，禁止是事”，并且提出了解决问题的措施。此报早期的编辑为华人黄胜，此篇言论未署名，可以看作是作者代表报纸发言，评论的立场鲜明，论题集中，论述全面，质量颇高。

1861 年 11 月，由字林洋行出资创办了上海最早的一家中文报纸《上海新报》。该报在 1869 年 10 月 23 日登载了一则新闻，大意是说苏州和上海的官府特发出告示，限期查禁城内的妓馆，取缔和驱逐娼妓。其缘由是鉴于近来“苏州劫抢典当钱庄盗贼，俱在堂名花烟间破案”。该报在登载这则新闻的同时，配发了一篇短评，批评了官府的做法是治标不治本，因为大多数妓女并非自甘沉沦，而是被拐骗后才变成娼妓的。作者认为“贩卖人口娼妓之本也”若官府“欲严禁而驱之，使此处不准开堂名而根株未绝，害贻他处矣。”作者还提出了根治的设想：“严拿贩卖人口之徒，照中原定例加等治罪”，使“贩卖者无其人，诱拐者自觉无所施其技”。这篇评论达到了较高水平，论题集中具体，观点鲜明，分析透彻，且有建议。此文表达口语化，加之嘲讽笔法，颇具特色。

《上海新报》1868 年 2 月改版后，新闻和言论集中于第二版，并开辟了《会审案件》等专栏，是最早报道法制新闻的中文报纸之一。

创刊于 1871 年 3 月 18 日的《中外新闻七日报》也有评论，登载过《保民说》、《开煤矿论》、《金银矿论》、《劝人从善论》等文。这些评论不少是宣传传统伦理观念和惩恶劝善的说教，也有一些关于中国应如何富强的议论。

1871 年，英国商人在上海筹办《申报》，该报对言论及其重视，每期都刊有一篇言论，有时一期二至三篇。该报强调言论“有系乎国计民生”，“上关皇朝经济之需，下知小民稼穑之苦”。[1] 该报差不多全是由中国人主持笔政和经营报务，曾发表过若干评论时务，为中国富强献策和揭发基层苟政的论说，同时也有不少质量不高，滥竽充数的言论混于其中。如《论外国人殴信源买卖事》(1872 年 7 月 28 日)、《论拐骗事》(1872 年 5 月 23 日)、《论马赛约埠谋财害命事》(1872 年 6 月 28 日)、《论陶某紫阳山被杀事》(1872 年 10 月 8 日)、《论医士勒索误人性命事》(1872 年 11 月 2 日)、《强丐害民论》(1872 年 11 月 23 日) 等。这些标题带“论”或“说”的文章，未必都是真正的论说文，其中不少文章主要是叙事，再附带发些议论。由此也可看出《申报》当时的言论尚未完全与报道分离，形成成熟而稳定的评论文体。

---

〔1〕“本馆条例”，载 1872 年 4 月 30 日《申报》。转引自方汉奇：《中国新闻事业通史》第一卷，中国人民大学出版社 1992 年版，第 325 页。

三、中国人自办报刊的言论

中国人自办报刊崛起于19世纪70年代中至80年代中，这些报刊多为私人资本经营。办报人中有些是接受了西方文化思想教育，具有改革要求的知识分子，有些是商界人员和官府中的洋务派官员。由于在19世纪70年代至90年代，外国列强加强了对中国政治、经济和文化的侵略，他们凭借不平等条约及其各种优势，对中国进行压迫和掠夺。中国人所办的报纸在这样的社会背景下登上历史舞台，爱国，反抗外敌侵略，维护中国的利益就成为报纸的一项重要使命。对中国社会内部而言，要求改革弊政、富国强国，也成为这一时期中国人自办报纸的倾向。王韬、黄容闳、邝其照、马建忠、郑观应等人也成为中国当时著名的改良主义思想家、政论家。

尽管鸦片战争后，中国资本主义的生产关系才开始建立，中国资产阶级刚刚诞生，反映资本主义发展要求的知识分子还为数不多，力量微弱，但是，他们中的不少人由于亲身接触了国外的政治、经济、文化，能够比较清醒地认识到中国封建社会的落后性与腐朽性，敏锐地觉察到中国社会的矛盾。因而积极提出变法图强的主张，鼓吹学习西方，宣传洋务新政，要求改革社会弊端。

在第一批中国人自办的报纸中，历史最长、影响最大的是王韬主编的香港《循环日报》。该报于1874年2月4日创刊，在同年2月12日发表了《倡设日报小引》和《本局日报通启》。这两篇文章较全面地阐述了《循环日报》的办报思想，强调了报纸要有“通上下”和“博采舆评”的作用，认为“国之大患莫若民情壅于上”，要求朝廷要勇于听取庶民们的哪怕是有点狂妄的意见。〔1〕

《循环日报》以言论著称，在《中外新闻》栏目中，几乎每期刊登论说文一篇，有时两三篇，政论性突出，系统宣传强中攘外，变法自强的主张。如有的文章着力推举“君民共主之国，提倡革律例，消除官场积弊和官僚机构中的陋习，提出言法纪等措施，倡导重民保民思想，揭发清廷考举制度的弊端等。

1884年4月18日在广州创办的《述报》曾发表文章《论富强在于除弊》，对清廷官吏贪赃枉法的行径予以揭露和批评：

> 厘税之差委员弁，不惜百计而钻营。大宪借为督办之功，下属视为分肥之策。闻粤通省厘税，每年所入，共计有七八百万之多，而缴充库项者，不过一百万余金。……是厘税之设，欲以济国家之急用，适以肥

〔1〕方汉奇：《中国新闻事业通史》第一卷，中国人民大学出版社1997年版，第473－474页。

仕宦之私囊。一事如此，他事可类推矣；一省如此，别省可想见矣。……营汛诸员，统带队目，私减兵数。或仅留乎七成八成，擅扣兵粮；或但给以九折八折，吞王朝之军响。……兵权愈大而愈久，即所获愈厚而愈多。[1] 早期改良主义知识分子主张运用报纸进行舆论监督，以收到整顿吏治的功效。他们认为，不整顿吏治，中国的改良就没有希望。例如王韬就主张报纸应对案件的审理发挥影响，宣称"若大案所关，命采访新报之人得入衙观审，尽录两造供词及榜掠之状，则虽不参论断，而州县不敢模糊矣"。[2]

从报刊业务的发展来看，中国人创办的报纸发展快，且在文体等方面有所革新。此一时期，中国人所办的报刊是以近代的外国报刊为蓝本，借鉴了外报的办报经验，所以一开始就以比较完备的形式与读者见面。在报刊言论文体的发展革新方面更是做出了突出贡献，形成了颇显特色的报刊政论文体。

前面曾提到外国人所办的中文报刊《东西洋考每月统计传》已设有言论专栏，且有较强的政治和时事性。可以认为，它是最早重视言论的外国人办的中文报刊。但由于作者多为外国人，中文水平不高，写出的文章常有词不达意的情况，未能引起读者的重视。1872 年《申报》创刊后，亦重视言论，并为外国人创办的中文报刊所效仿，登载了不少评论时政的文章，使报刊政论成为一种常见文体。但是，由于评论时政，推进中国的社会改革并非是这些报纸的主旨，且有些报纸以营利为目的，不在政论上下功夫，因此就难以做出多大成绩。而中国人自办的报纸大多关心中国的现状及前途命运，有变法图强的强烈愿望。因此，注重政论，将政论作为实现这一愿望，阐述其主张的重要方式就是自然而然的事。

《循环日报》的王韬对政论的贡献最值得称道。在他担任主编期间，该报发表的几千篇论说文，几乎均以内政、外交和重要时事为题材。他的政论有感而发，在论点阐述、论据的使用、说理的展开、层次段落的衔接等方面都严密有序，富有逻辑力量，未见到像《申报》上常见的那种平庸无聊的言论作品。王韬的政论一改陈旧的八股风气，给文坛吹来了一股清风，在我国近代报刊政论的探索方面，迈出了关键性的一步，对后来的政论发展产生了深远影响。

---

〔1〕 1885 年 1 月《述报》分类本卷 10，第 35 页，转引自方汉奇：《中国新闻事业通史》第一卷，中国人民大学出版社 1992 年版，第 517 页。

〔2〕 王韬："论各省会议设新报馆"，载 1878 年 2 月 19 日《申报》。转引自方汉奇：《中国新闻事业通史》第一卷，中国人民大学出版社 1992 年版，第 524 页。

四、维新运动及辛亥革命前后的报刊言论

1895年11月，维新派在北京成立了国内第一个政治团体强学会，将原《万国公报》改名为《中外纪闻》，作为强学会的机关报，由梁启超、汪大燮任主笔。该报具有明显的政论报刊特征，言论是其重要文体形式，数量众多且质量高，形式上也灵活多变，常使用按语式短论，其内容以探讨“中外致治之道”，宣传维新思想，指明变法道路为主。按语式短论能与新闻紧密配合，突破了以往报刊的呆板模式，增加了言论的新闻性。

强学会和《中外纪闻》被查禁后，1896年8月9日，梁启超、汪康年在上海创办了《时务报》。《时务报》继承《中外纪闻》和上海强学会的《强学报》（亦被查封）的衣钵，宣传变法维新，发表了众多脍炙人口的政论文章，对影响社会舆论、推动社会进步，起到了重要作用。梁启超的长篇政论《变法通议》、《论加税》、《论中国之将强》，汪康年的《中国自强策》、《论中国参用民权之利益》、《论华民宜速筹自相保护之法》等政论，在当时都产生了较大影响。此外，其他的维新派报刊，如澳门的《知新报》、天津的《国闻报》、长沙的《湘报》等也与《时务报》遥相呼应，紧密配合。维新报刊政论有的放矢，追求实效，产生了巨大威力。其形式也灵活多样，确立了政论这种报刊文体，极大地影响了中国近代报刊评论的发展方向。

19世纪末，中国的国势日下，清政府的卖国本质暴露无遗，改良主义开始由盛转衰。此间，革命思潮日益滋长，革命报刊也异军突起，形成独树一帜的力量。1900年1月25日，《中国日报》在香港创刊，该报是孙中山领导创办的兴中会的机关报。该报设论说栏目，每天都有言论发表。同时出版《中国旬报》，也登载言论。创办初期，该报并未与改良派划清界限，后革命色彩日渐鲜明，宣传爱国救亡，反满排满，抨击清政府的专制统治，宣传资产阶级民主思想。1900年7月，《中国旬报》发表《论民权》一文，大声疾呼“民权主义”、“民主主义”等口号，称颂欧美自由平等制度，宣传天赋人权、进化论思想。

1905年11月，孙中山领导的同盟会机关报《民报》创刊。此时资产阶级革命派已经成为报刊活动的主角。报刊的党派色彩浓厚，革命派报刊与改良派报刊展开了论战，形成了国人办报的第二次高潮。《民报》设有论说、时评等栏目，早期的宣传内容是孙中山的三民主义和同盟会所概括的“驱除鞑虏、恢复中华、创立民国、平均地权”的政治纲领。《民报》发表孙中山、朱执信、陈天华、汪精卫、章太炎等人的文章，明确提出争取自由平等的口号，强调了“国民之权力”，抨击了君主专制制度和君主立宪道路。有的文章力主以革命求共和，坚持同立宪派进行斗争。革命派与改良派的论争主要围绕着革命，还是保皇；实行民

主共和制，还是实行君主立宪制；要不要改变土地所有制，平均地权。核心问题在于要不要用革命的手段，彻底推翻清王朝。论战以革命派的胜利，改良派的失败而告一段落。

同盟会成员于右任1907年4月2日创刊《神州日报》，该报仅在1907年5月即发表《上端午帅请改良监狱书》、《论庆邸父子被参事》、《论邮传部按治朱宝奎事》、《段案余谈》、《论大臣责任之根本治疗》等文章，揭露清廷黑暗腐朽专制统治及暴虐苛政。该报还对清廷的假立宪进行了大量揭露，指出清廷不过是“以宪政之浮文，蒙专制之实体”，“用立宪饵天下，以一切新政涂民耳目”。[1]并发表了大量评论立宪的文章，揭露其虚伪性，论述其不可行，讽刺其措施的荒诞，有效打破了上海地区保皇立宪派报刊垄断舆论的局面。

1906年，清政府在蓬勃发展的革命形势之下，被迫发布了“预备仿行立宪”，1907年宣布在中央和各省设立带有议会性质的资政院和谘议局，1908年颁布“钦定宪法大纲”。这一举动其实是为挽救摇摇欲坠的封建统治而玩弄的骗局，却使以康有为、梁启超为首的保皇党和改良派欣喜若狂。他们积极行动，掀起了一场声势浩大的立宪宣传运动，创办了不少鼓吹立宪的报刊，包括康、梁直接控制的保皇会系统的报刊、国内各地立宪团体的报刊以及其他立宪分子个人创办的报刊。如《政论》、《国风报》、《国事报》、《预备立宪公会报》、《国民公报》、《蜀报》、《黔报》、《湖南地方自治白话报》、《中华报》、《宪政新闻》、《京话日报》等等。数量众多，在舆论上造成了很大声势。

从办报人的主观意图来看，是想利用报刊宣传，迫使清廷通过和平方式，走上君主立宪的道路，同时也是为了抵制资产阶级革命运动，以免危及自身利益。如1907年创刊于上海的《政论》，以“实行国会制度、建立责任政府”为宗旨，发表了《变法后中国之大政策》、《国会与政党》、《立宪之二大原因》等，在建立国会制度，地方自治，有关国家财政、外交、币制等问题上积极为清政府出谋划策。

立宪派报刊的宣传受到革命派报刊的指责和批评。他们揭露清政府的预备立宪是“假立宪之空名，以涂饰天下之耳目”，号召人民进行革命，不为立宪所动摇。指责热衷于召开国会的立宪派人士是谄媚政府的“鹦鹉人才”、“蝙蝠志士”。

1911年10月16日在武昌创刊的《中华民国报》是中国历史上第一个资产阶级政权的官办报纸。1912年中华民国南京政府成立之后，1月29日又出版了《临时政府公报》。这些报纸以公布法令、发表政事为主。在建设民主政治的号召下，民国成立前后，中国在短时期内出现了300多个资产阶级、小资产阶级的政

---

〔1〕方汉奇：《中国新闻事业通史》第一卷，中国人民大学出版社1992年版，第867页。

党，有不少竞相利用报刊进行宣传，形成了政党报刊大量出版的热潮。如上海的《民立报》、《天铎报》，北京的《国风日报》、《国光新闻》，南京的《民主报》，武汉的《民心报》、《大江报》等。

1912年袁世凯篡权后，最初的近一年中，孙中山等革命派还有一定的地盘和实力，中国形成了以孙中山为代表的革命民主阵营与袁世凯为首的反革命阵营的对垒。上海、北京等地的报刊也因此分为两派。一派是以同盟会——国民党系统的革命民主派报纸为主，拥护共和，反对专制。对袁世凯、黎元洪等军阀官僚破坏民主的行为进行了抵制和斗争。如《民立报》发表多篇社论，反对与袁世凯议和，主张实行政党责任内阁制，反对总统负责制。对袁世凯政府的内政、外交等经常批评。但由于中国资产阶级革命派的软弱性和不彻底性，革命的调子也越来越低。另一派是以共和党、民主党等拥袁派报纸，以及原立宪派的一些报纸为主。这些报纸表面上标榜共和政治，保证民权，但实质是反对共和，敌视孙中山和同盟会。到第一届同盟会召开前夕，两派报纸的斗争达到了白热化，争论的根本问题在于是实行中央集权还是实行地方分权；是实行总统负责制，还是实行责任内阁制；国务员是对国会负责还是对总统负责等。

政论为主是中国报刊自维新运动逐渐形成的一个传统。二次革命前，政论一直受到重视而不衰。如《民权报》、《中华民报》、《民立报》等报刊社论，都达到了很高水平。1913年4月27日的《中华民报》同时发表了《讨袁世凯》、《告国民》、《告国会》、《告政党》等八篇社论。其中《告司法官》一篇，要求秉公断案，严惩凶手（宋教仁被暗杀案），逻辑严密，义正词严。这八篇社论集中典型地反映了此一时期革命报刊言论的特点。二次革命后，由于袁世凯、段祺瑞等进行新闻压制，多数报纸怕招致祸端，不发或少发言论。有些言论四平八稳，只是摆摆样子。只有少数报刊仍未放弃舆论阵地，如章士钊主编的《甲寅》就是典型代表。该刊的政论，以法律为依据，以西方的形式逻辑为论证手段，证据充足，逻辑严密，条分缕析，表现出较高水平，但也存在脱离实际的缺陷。

五、五四运动时期的报刊言论

辛亥革命失败后，中国的社会现实仍然十分严峻，政治思想界出现沉闷局面，一批资产阶级革命者开始总结历史教训，思考革命失败的深层原因。他们认识到，众多志士仁人为实现民主共和政体而不遗余力地奋斗，最终却被封建官僚政客玩弄操纵而名存实亡，其原因就是中国广大民众思想尚未觉悟，还没有摆脱几千年封建思想文化的桎梏。因此，如果继续进行政党运动，不在思想文化领域内批判封建主义，进行资产阶级民主思想的启蒙，唤醒民众，要想取得革命的成功是不可能的。在这种思想的指导下，一批资产阶级民主知识分子开始行动起来，力求运用报刊来完成唤醒民众的使命，发动了一场轰轰烈烈的新文化运动。

由陈独秀主编，创刊于1915年9月15日的《新青年》杂志（创刊初期名为《青年杂志》）是发动新文化运动的先锋。陈独秀曾说过："改造青年之思想，辅导青年之修养，为本志之天职。批评时政非本旨也。"结合现实需要，《新青年》发起了异常猛烈的批孔运动。陈独秀发表了《驳康有为致总统总理书》、《宪法与孔教》、《孔子之道与现实生活》、《旧思想与国体问题》等一系列文章。他认为：西方的"共和立宪制，以独立、平等、自由为原则"，[1] 而孔子的别尊卑、重阶级的三纲五常之说，与此恰恰相反，二者"为绝对不可相容之物，存其一必废其一"。[2] 因此，要实现真正的共和立宪，就必须批孔。

陈独秀对孔子的批判，在社会上引起巨大反响。四川的吴虞在《新青年》上连续发表《家族制度为专制主义之根据论》、《儒家主张阶级制度之害》等文章，针对中国几千年的家族制度、等级制度，用法治的观点对孔学进行了大胆抨击，壮大了声势。《新青年》自第4卷4号始，增辟了《随感录》专栏，陈独秀带头写作针砭时弊的短文，对军阀段祺瑞穷兵黩武、蔑视国会的言行进行批判，认为"无论何人，一旦有枪在手，便焚杀淫掠，无所不为，国法人言，无所顾忌，尚复成何世界。"[3] 他再次著文，明确否定了不议时政的主张，强调对有关国家民族根本存亡的问题，不能推聋装哑。应该"放胆一言"。陈独秀倡导文学革命，其意图也与他发动批孔运动一样，为的是清除国民头脑中的封建思想，以推动民主制度在中国的实现。当时胡适、钱玄同、鲁迅等人是文学革命的急先锋。

为加强宣传力度，陈独秀、李大钊创办的《每周评论》在北京创刊。它与《新青年》相互配合，前者"重在阐明学理"，后者"重在批评事实"，将思想文化斗争与现实斗争联系在一起，反映了新文化运动开始向纵深发展。

受"五四"思想的影响，毛泽东在湖南主编的湖南学生联合会机关报《湘江评论》于1919年7月14日创刊。该刊以评论为主，报道与评论相结合，其宗旨是传播新思潮，进行彻底的反帝反封建的宣传。毛泽东发表了许多精彩的评论，热情讴歌俄国"十月革命"的胜利。对帝国主义和封建势力进行了有力的揭露和斗争。毛泽东主张写评论要"傍着活的事件来讨论"，因此他的报刊评论除政治性外，新闻性尤为明显。毛泽东当时被聘为长沙《大公报》馆外撰述员，常为该报撰稿。

---

[1] 陈独秀：《吾人之最后觉悟》，载1916年2月15日，《新青年》一卷6号。

[2] 陈独秀：《宪法与孔教》，载1916年11月1日，《新青年》二卷3号，转引自方汉奇：《中国新闻事业通史》第二卷，中国人民大学出版社1996年版，第8页。

[3] 陈独秀："随感录"（二），载《新青年》四卷4号，转引自方汉奇：《中国新闻事业通史》第二卷，中国人民大学出版社1996年版，第16页。

1919年7月21日，《天津学生联合会报》创刊，由周恩来担任主编。周恩来在7月12日曾发表《天津学生联合会日刊发行旨趣》，提出《会报》“对于政府的政策有指导同监督的责任”，要“介绍现在最新思潮于社会”。《会报》辟“主张”、“评论”、“时评”等栏目，吹响了反帝反封建的号角。周恩来还以《会报》为核心，组织天津各学生报刊，成立了天津学生报社联合会，其宗旨是：“造成强有力的言论，以指导社会，监督政府及会外各言论机关。”

革命的先行者李大钊，早年接受西方立宪政治和民主主义思想，崇尚思想和言论自由。他在1913年就学于天津北洋法政专门学校期间，“其文章浑厚磅礴为全校冠”，被推任为法政学会编辑部长，主持创办《言治》杂志。该刊鼓吹爱国民主思想，李大钊曾在该刊发表了政论《大哀篇》等，抨击封建专制，宣扬民主立宪。1917年1月，他任《甲寅》日刊编辑。几个月中，著文70余篇，宣扬西方的自由、博爱、平等，报道欧洲各国社会主义运动，宣传“专制之不可复活，民权之不可复抑，共和之不可复毁，帝政之不可复兴”的思想。[1] 1918年后，李大钊在《言治》、《新青年》、《每周评论》上发表了《法俄革命之比较观》、《庶民的胜利》、《新纪元》等文，标志着李大钊具有了初步的共产主义思想，开始用无产阶级世界观来看问题。

此时期的言论带有强烈的政治色彩，将思想与政治联系在一起，抓住现实中的问题，态度鲜明，笔锋锐利，充满战斗激情，对启发民主思想发挥了十分重要的作用。由于中国处在动荡的年代，此时期的言论多是对民主、自由、法治的宣传，同时对旧思想、旧文化、旧制度进行批判。就体裁而言，经过长时期的报刊实践，已形成社论、短论、时评、编者按语等言论形式。在当时情况下，有两种形式得到长足发展，一是时评，即以夹叙夹议的方式，概要说明新闻事件并加以评论；二是杂文，杂文是一种带有文学特征的言论形式，鲁迅、瞿秋白等人在杂文方面取得了很大成就。

六、新民主主义革命时期的报刊言论

“五四”运动的爆发，极大地冲击了旧思想、旧文化，标志着一个新时期的到来。它振奋了人民群众的精神，引起北洋军阀政府的恐慌。在全国范围内有100多种报刊被查封，封报抓人常常不讲什么理由，只凭军阀的一句话。段祺瑞政府曾一次查封了北京的19种报刊。对这种极端新闻专制，李大钊、陈独秀等人曾著文进行了针锋相对的斗争。指出，言论自由、出版自由、信仰自由是人民

---

〔1〕 方汉奇：《中国新闻事业通史》第二卷，中国人民大学出版社1996年版，第54页。

的基本权利，剥夺摧残这种自由是绝对没有好结果的。北京等地学生也召开了会议，要求政府废止《出版法》等法令，将自由交还给民众。1921年中国共产党成立后，积极组织和领导了人民争取言论出版自由的斗争。1922年10月，北京七十二团体联合发动了废止《治安警察条例》，保障人身安全和言论出版自由的斗争。1925年4月13日，上海日报工会、上海书报联合会、上海书业商会、上海书业公所四团体联合上书北京段祺瑞政府司法部，要求废止《出版法》。指出《出版法》“内容严酷，为世界任何文明国家所不容”，试问“欧美诸国法律”，“尚有此类取缔言论自由之法律否”。[1]“共和国家，人民有集会、结社、言论、出版之自由”，袁世凯“擅自公布出版法，以压抑舆论，钳制民口。此种剥夺人民自由非法之法，事前既未经合法国会通过，事后又遭到全国国民反对，当然不能生存”。要求北京政府“尊重人民自由，即日通令废止”。[2]此一时期，北京等各地报刊发表了大量宣言、社论等文章，要求废止《出版法》等法令，争取新闻出版自由的斗争形成了浩大声势。在强大的社会舆论压力下，1926年1月27日，北洋政府不得不在国务会议上通过了废止《出版法》的决定。

第一次国内革命战争失败后，国民党政府宣布取缔共产党及其活动，共产党的新闻事业受挫，并转入地下。上海成为共产党报刊重建的中心，有《布尔塞维克》、《红旗》、《红旗日报》等报刊。后共产党被迫转向农村创建革命根据地，创办了《红色中华》、《红星报》等报刊。

国民党政府在十年内战期间，一方面对新闻界实行法西斯统治，同时又打着“三民主义”的旗号，用“为民众利益”、“做民众喉舌”等口号来蒙骗新闻界和广大民众，想要赢得民间各报刊的支持。1932年1月8日，国民党政府通令取消《申报》新闻检查，而实际上对新闻界的镇压更加严酷，他们任意加害进步新闻工作者，逮捕甚至杀害他们。

1936年11月23日凌晨，沈钧儒等七人因宣传抗日救国，分别在上海被捕，这就是当时著名的“七君子”案。上海的《立报》当天就发表消息《今晨七人被捕》。在此后的240多天里，《立报》运用多种新闻形式对此案进行报道。如1937年6月8日，《立报》全文登载《沈钧儒等答辩状》。并配发评论《怎样沟通政治和法律》。

在国共两党二次合作期间，中国共产党以延安为根据地，《红色中华》改为

---

〔1〕1922年12月31日《晨报》，转引自方汉奇：《中国新闻事业通史》第二卷，中国人民大学出版社1996年版，第215页。

〔2〕1925年5月15日《民国日报》，转引自方汉奇：《中国新闻事业通史》第二卷，中国人民大学出版社1996年版，第216页。

《新中华报》，且新办了《解放》周刊等报刊。《解放》周刊创刊后，上海的“七君子”事件尚未解决，沈钧儒等人被关押在苏州，国民党当局仍在扩大事端，通缉陶行知等人。《解放》周刊在创刊号上登载了第一篇时评《上海爱国领袖被起诉了!》。这篇时评批驳了国民党当局强加在沈钧儒、陶行知等人头上的罪名，主张立即无条件释放沈钧儒等七人，立即撤销对陶行知等人的通缉令，立即释放一切政治犯、爱国犯，立即撤销对一切政治犯、爱国犯的通缉令。《解放》周刊后又就此事多次发表评论，直至沈钧儒等人出狱为止。

抗战后期，国民党为换回人心，再次打出“宪政”旗号，1943 年 9 月，在重庆举行的国民党十一中全会上通过决议，将于战后一年召集国民大会，制定宪法。国统区各界人士以此为契机，掀起了一场以要求民主为中心的宪政运动。《新华日报》载民主人士黄炎培的文章说：“不要管政府是不是诚意，先要问我们自己是不是要宪政，要民主”，“民主宪政必须造成一个大的运动，我们自己不动，休想别人把礼物送上门”。[1] 1945 年 1 月 15 日，中国民主同盟发表对时局的宣言，提出结束一党专制，建立联合政府，保障人民言论、集会、结社、职业、身体等自由，承认各党派合法地位，立即释放一切政治犯等十项主张。《新华日报》全文登载了这个宣言。

1945 年 2 月 20 日，一国民党特务在公开场合枪杀了民营重庆电力公司工人胡世合。22 日，《新华日报》发表消息《特务横行越来越凶，偷了电还枪杀工人，邹容路惨案便是实例》。24 日又发表社论《不能忽视的一件惨案》和一篇短评，严厉斥责国民党当局为特务开脱罪行的谈话。对于这次事件，《新华日报》共发表社论一篇、短评二篇（另有一篇被扣发）、杂文一篇、群众来信 13 篇（另有 31 篇被扣发），激发了民众的斗志，推动了民主运动的发展。

1944 年，成都的《华西晚报》连续发表社论，呼吁政治民主与言论自由。11 月 1 日，成都市发生警察殴打学生的事件，激起了以学生为主的全市大游行。《华西晚报》积极支持学生运动，连续发表《正视市中事件》、《立即停止党化教育》等社论，指出“根本改造之道，在于停止党化教育与彻底保障人身自由。[2]

创刊于 1946 年 2 月 1 日的《民主报》，旨在增强民主舆论，宣传民主学说。在发刊词中公开表明，该报是“一切民主信徒的共同工具”，“愿努力担负起代表民主信徒意见这个责任”。该报一创刊就在头版显著位置登载民主同盟代表要求

---

〔1〕“民主战士黄炎培先生在复旦讲民主运动”，载 1944 年 6 月 2 日《新华日报》，转引自方汉奇：《中国新闻事业通史》第二卷，中国人民大学出版社 1996 年版，第 692 页。

〔2〕“正视市中事件”载 1944 年 11 月 9 日《华西日报》，转引自方汉奇：《中国新闻事业通史》第二卷，中国人民大学出版社 1996 年版，第 699 页。

释放张学良、杨虎城的消息，并连续发表《人权保障，必须兑现》、《扩大保障人民自由运动》等社论。《民主报》是中共中央机关报的同盟报纸，常说出《新华日报》不便说的话。在1946年5月17日发表的社论《警管区：特务团》中，指出国民党当局实行警管区制，“表面上是警管区，实质是特务团”，“每个人的自由、安全、甚至生存都操于警察之手”，“于是尽管给人民以自由，给各党派合法地位，只要如此一来，自由就更不自由了”。

在抗日战争胜利的一段时间内，国民党政府在国内外要求和平、反对内战的呼声压力下，也唱起和平高调。国统区的新闻界借这一时机，掀起了一次又一次的争取新闻自由的斗争。1945年8月、9月间开展的拒检运动，其声势和影响就十分大。8月17日，重庆的16家杂志宣布拒检联合声明，决定自9月1日起一致不再送检，并将这一决定正式函告国民党中宣部、宪政实施协进会和国民参政会。这一声明的发表，轰动了整个文化界，得到了新闻出版界的积极响应。叶圣陶等进步人士发表了《我们永远不要图书杂志审查制度》等文章。9月1日和4日，《新华日报》发表社论《为笔的解放而斗争》、《走向和平的新中国》，猛烈抨击了国民党当局实施的原稿审查制度，号召新闻文化界为争取新闻出版与言论自由而斗争，向社会呼吁：“现时的一切束缚人民的言论出版结社集会自由的法令必须立即废除。”

拒检运动的开展使国民党当局陷入被动。由于当时其发动内战的时机尚未成熟，国共两党正在重庆进行谈判。国际方面，不少国家的政府纷纷取消战时的新闻检查制度。在这种形势下，为缓和国内外压力，国民党当局被迫从10月1日起废止新闻出版检查制度。为巩固和扩大拒检运动的成果，在欢庆胜利的同时，国统区进步文化界又提出了新的斗争目标，以争取新闻出版的更大自由。10月1日，废止新闻出版检查的第一天，《新华日报》发表社论《言论自由初步收获》，指出：“检查制度的废止是言论自由的开始，但还不是言论自由的真正实现。首先，检查制度在大后方是废止了，收复区还在继续；其次，报刊杂志的创刊，须经登记核准，这一制度还没有废止；再其次，这是很重要很迫切的，邮电检查制度也没有废止……只是希望政府信任人民是不够的，尤其重要的是加紧自己的努力。自由不是赐予的，是要用自己的力量争取得来的，盼望人家来赐予，不知自己用力争取的人是不会得到自由的。今天所以得到这一点自由，正是大家努力争取的初步收获。今天，言论自由还是开始，其他的民主自由更是连开始都没有。我们因得到这一点自由而高兴，我们更要因得到这一点自由增加信心，更加努力，争取更多的民主自由，争取一切应有的民主自由！”[1]

---

〔1〕 方汉奇：《中国新闻事业通史》第二卷，中国人民大学出版社1996年版，第1005页。

此一时期，旧中国正在由半封建半殖民地走向独立自主的新中国，俄国十月革命的成功，以及轰轰烈烈的“五四”运动对中国产生了巨大影响。众多接受了先进思想的知识分子，为反对封建主义、帝国主义，提倡科学与民主，追求国家和民族的繁荣昌盛进行了不懈的斗争。报刊等新闻媒体成为斗争的重要工具，发挥了不可替代的作用。中国共产党的成立，更是加速了半封建半殖民地的旧中国的灭亡，迎来了新中国的曙光。由于此一时期北洋军阀和国民党集团把持着政权，剥夺了人民的民主自由权利，对外妥协投降，对内排除异己，实行法西斯专制。代表着进步势力的中国共产党以及众多的爱国人士经历了向反动统治者争民主、争自由、反对其法西斯专制的斗争历程。反映在进步报刊上的言论，也具有这样的特点，始终站在反动统治者的对立面，为人民的民主、自由和人民民主专政国家的实现而呼喊和斗争。

此一时期，报刊言论形式的发展已步入成熟阶段，社论、短评、时评、按语、杂文等诸种新闻评论形式均已被使用，且达到很高水平。新旧思想的对立，专制与反专制，御用报刊与进步报刊的并存，斗争的尖锐性和白热化，使新闻评论中的社论成为最有力的武器，社论在此时期兴盛一时。同时，短评、时评等文种也发挥了重要作用。

七、社会主义时期的新闻评论

我们将此时期新闻评论分为三个阶段，分别为：建国后至文革前；文革期间；改革开放后至今。此一时期，除报刊之外，广播电视业得到快速发展，新闻评论也成为广播电视媒体常用的新闻形式。此部分内容将涉及广播电视评论。

（一）建国后至文革前的新闻评论

新中国成立后，经过了脱胎换骨的社会主义改造，中国走上了全面建设社会主义的道路。报业方面形成了以中国共产党各级党报为核心，多种报纸并存的新的报业结构。广播业进行了改造整合后，全部实现了国营，建起了各级人民广播电台。一个覆盖全国，比较完备和系统的新闻网络初步形成。

此一时期，媒体对言论十分重视，报社是言论的重要阵地。媒体的宣传报道紧密配合党和国家的重要决策和行动，如宣传“抗美援朝，保家卫国”，宣传国民经济恢复过程中的各项社会改革运动，宣传过渡时期的总路线和五年计划，宣传整风运动和反右斗争，宣传“大跃进”运动等。

新中国建立初期，中央注重马列主义的宣传，努力用无产阶级的思想体系改造旧的意识形态，运用马列主义的立场、观点、方法去分析问题，思想上的交锋无处不有，无时不在。报刊重视新闻评论，评论成为思想斗争的重要工具。《人民日报》加强了社论的撰写，每月平均数逐年增长。1950 年月平均 11 篇，1951 年和 1952 年月平均 14 篇，1953 年月平均 19 篇，1954 年月平均 22 篇，1956 年达每天一篇。[1] 建国初期曾有过几次大的思想交锋，如对电影《武训传》的批判，关于《红楼梦》研究和对胡适思想的批判，对胡风思想和“胡风反革命集团的批判，主要是通过报刊媒体运用新闻评论的形式展开的。

1956 年，中共中央提出“百花齐放、百家争鸣”的方针后，《人民日报》发表过不少有关鸣放的文章，并辟有《笔谈“百花齐放，百家争鸣”》栏目。1957 年整风运动开始后，《人民日报》发表社论《继续争鸣　结合整风》，带头鸣放。此外《文汇报》和《光明日报》在此方面也起到了带头作用。“大鸣大放”开展一段时间后，毛泽东主席于 6 月 8 日发出党内指示，要组织力量反击右派分子的猖狂进攻。同日《人民日报》发表社论《这是为什么?》标志着反右斗争的开始。次日，又发表社论《要有积极的批评，也要有正确的反批评》，进一步阐明对右派分子反击的必要。6 月 10 日又发表社论《工人说话了》，号召以政治运动的方式来展开反右斗争，《人民日报》还载文批评《文汇报》、《光明日报》等报的资产阶级方向，对“反右斗争”起到了重要的指导和推动作用。

由于左的思想的发展，至 1957 年秋冬，报纸上有了大跃进的提法。1958 年元旦，《人民日报》发表社论《乘风破浪》，提出了“超英赶美”的口号，和“大跃进”的战略任务。此后，《人民日报》发表过多篇社论和文章，对“大跃进”运动起到了推波助澜的作用。此时的言论受到党内左倾思想的影响，犯下了左倾错误。

建国初期，我国的广播事业基础薄弱，业务建设相对滞后，曾一度依赖报纸和通讯社的稿件。在发展方向方面以发布新闻、进行社会教育、以及文化娱乐作为重点。言论采用报刊的稿件，且数量较报刊为少。中央人民广播电台曾举办过《社会发展史》、《政治经济学》、《帝国主义论》等教育讲座，但这种形式并非是新闻评论。1956 年 7 月，第四次全国广播工作会议在北京举行，会议的召开促进了广播事业的发展与改革，会议确定了“广播电台应该有自己的评论，对各种问题发表意见、进行批评或提出建议”的方针。一些电台开设固定的评论节目，如《时事讲话》、《国际时事》等，针对国内、国际重大问题，根据广播特点，进行通俗的阐述和评论，除时事之外，也讲政策，谈生产，说生活，内容不断丰富。

我国在 1958 年才开始有电视台。最早成立的是中央电视台的前身——北京电视台。至 1961 年，又先后有 19 座省市级电视台建成开播。到 1963 年，全国仅

[1] 方汉奇：《中国新闻事业通史》第二卷，中国人民大学出版社 1999 年版，第 89 页。

保留了电视台8座，其余均停办，由于处在起步初期，电视尚无富有特色的评论节目。

（二）文革时期的新闻评论

十年文革期间，新闻事业受到严重摧残，新闻媒体成为发动和开展“文化大革命”的舆论工具，曾一度被林彪、江青反革命集团所控制，用以煽动极左思潮，鼓吹个人崇拜。为其篡党夺权服务。新闻评论也被充分利用，一篇篇评论文章被炮制出来。

为发动“文化大革命”制造舆论的第一篇文章是1965年11月1日发表在上海《文汇报》上的《评新编历史剧〈海瑞罢官〉》，1966年4月18日《解放军报》发表《高举毛泽东思想伟大红旗，积极参加社会主义文化大革命》。1966年6月1日，陈伯达等人炮制的社论《横扫一切牛鬼蛇神》在《人民日报》上发表，下达了开展“文革”的动员令。随后又连续发表了《触及人们灵魂的大革命》、《夺取资产阶级霸占的史学阵地》、《做无产阶级革命派还是做资产阶级保皇派》等社论，各报纷纷转载，舆论声势浩大。年轻幼稚的学生首先“造反”，并不断蔓延，学校及众多单位的党组织瘫痪，取而代之的是所谓“革命委员会”，新闻媒体也被“夺权。全国范围内，众多干部受到冲击，被揪斗、批臭、打倒，社会的生产、生活受到严重破坏。

文革初期，首先开始的是对邓拓、吴晗、廖沫沙所谓“三家村”的批判，邓拓等人被“口诛笔伐”，被打为反党反社会主义的黑帮。

文革期间的新闻评论大话空话连篇，极力宣传个人崇拜。“用毛泽东思想砸烂旧世界”、“用毛泽东思想建设一个红彤彤的新世界”、“毛主席的书，句句是战鼓，句句是真理”等口号充斥报刊。文革期间的评论，盛气凌人，无限上纲。无论何事都要被提到阶级斗争的高度，用毛泽东思想的照妖镜去照一照。文化革命期间的评论，煽动夺权，占领阵地。各行各业包括新闻界都受到冲击。在此种情况下，众多报刊纷纷停刊，取而代之的是“文革报”、“红卫兵报”、“战斗报”等众多小报的出现。这些小报多归属某一派别，常刊发对自己一方有利的“语录”、“首长讲话”，内容充斥着攻击谩骂，夸大歪曲和政治鼓噪。小报的文章还多次被《人民日报》、中央人民广播电台转载，如《赞革命之“乱”》、《为“东方红”小将的一张大字报叫好》等。

文革期间最具权威的新闻评论形式是“两报一刊”社论，两报即《人民日报》、《解放军报》；一刊是《红旗》杂志。凡是反映林彪、江青以及中央文革小组意见的重要文章都由“两报一刊”同时发表，成为统一舆论、号令全党全国的指挥棒。全国各地的重要报刊均全文转载，从上至下，纷纷学习贯彻。

文革期间，广播电视业良好的工作局面受到破坏。1967 年 1 月，中共中央发出通知，决定地方人民广播电台一律停止自办节目，全天转播中央人民广播电台的节目，而中央台是按照“两报一刊”的腔调说话，全国的广播其实都成为一个腔调。电视台数量在文革期间虽有所增加，但与广播同样，成为宣传文革的传声筒。

（三）改革开放以来的新闻评论

1976 年 10 月，“四人帮”反革命集团被粉碎，标志着十年“文革”的结束。由于长期造成的思想上的混乱不可能在短时间内消除，“文革”后两年内，“左”倾思想并未得到认真纠正。“文革”后，首先是对林彪、“四人帮”，利用新闻媒介进行篡党夺权阴谋的揭露与批判。1976 年 11 月 12 日《光明日报》和《解放军报》分别发表文章《一个加快篡党夺权步伐的反革命信号》、《“四人帮”篡党夺权的反革命动员会》，11 月 11 日《人民日报》发表文章《“四人帮”篡党夺权的一份失败的纪录——评梁效的〈永远按毛主席的既定方针办〉》，集中火力批判“四人帮”伪造毛主席临终嘱咐的罪行。12 月 17 日《人民日报》发表文章《灭亡前的猖狂一跳》，系统全面地揭批“四人帮”利用新闻媒介进行篡党夺权的阴谋活动。全国众多新闻单位也相继发表文章，清算“四人帮”的罪行。

对“四人帮”的批判涉及到诸多方面，如“四人帮”破坏悼念周总理的宣传报道，“四人帮”的写作班子，“四人帮”树立的假典型等，其间新闻评论文章数量众多，发挥了重要作用。

1978 年 5 月间，报刊上开始了“实践是检验真理的惟一标准”的讨论，问题的核心是：是坚持“两个凡是”的方针，还是坚持一切从实际出发的实事求是的原则？真理的标准究竟是什么？1978 年 5 月 11 日，《光明日报》发表特约评论员文章《实践是检验真理的惟一标准》，这篇文章被全国众多报刊转载，影响大，反映强烈，由此引发了一场具有深远意义的大讨论。

1977 年 2 月 7 日，《人民日报》、《红旗》杂志、《解放军报》联合发表社论《学好文件抓好纲》，公开提出要坚持“两个凡是”的思想主张。“两个凡是”（凡是毛主席做出的决策，我们都坚决拥护；凡是毛主席的指示，我们都始终不渝的遵循）成为当时拨乱反正的严重阻碍，如果坚持“两个凡是”，邓小平、陈云等老一辈革命家就不能出来工作，悼念周总理的“天安门事件”就不能被平反，大量的冤、假、错案就不能得到纠正。邓小平等老一辈革命家坚持反对“两个凡是”，认为要准确完整地，而不是只从个别词句上理解毛泽东思想，支持实践是检验真理惟一标准的思想观点。1978 年 6 月 24 日，在军委秘书长罗瑞卿的支持下，《解放军报》冒着风险，发表特约评论员文章《马克思主义的一个最基本的原则》，系统地从理论上逐条批驳了对《实践是检验真理的惟一标准》一文提出的种种责难。后新华社播发了该文，《人民日报》、《光明日报》等报刊予以转载。新闻媒体陆续发表了全国大多数省、市、自治区和大军区主要负责人的文章或讲话，一致认为，坚持实践是检验真理的惟一标准这一马克思主义原则，具有重大的政治意义和现实意义。这场大讨论广泛而深入，成为一次深刻的思想解放运动，为党的十一届三中全会的召开做了思想理论方面的准备。1978 年 12 月召开的中共十一届三中全会是一次伟大转折，中国从此进入社会主义现代化建设为中心的新的历史时期。随着工作中心的转移，新时期的新闻评论也发生显著变化，逐渐摆脱了帮风帮调，摒弃了大话空话，恢复了实事求是的评论传统。新闻界经过拨乱反正，认识到在新形势下不应再使用“报纸是阶级斗争的工具”这一提法，新闻评论也由为政治服务，向为社会服务回归。评论的启迪、教育、监督等功能得到强化，题材范围得到扩大。内容涉及政治、经济、社会精神文明、法制等诸多方面。

改革开放促使新闻业得到长足发展，媒体数量、种类不断增多，内容更加广泛丰富，评论形式也有所发展变化。新时期的新闻评论在拨乱反正，纠正左倾错误，在发展社会主义市场经济，加强精神文明建设，进行舆论监督，对外开放宣传，反对邪教，实行西部大开发战略等方面都发挥了重要作用。新闻评论的形式也更加丰富，就报刊而言，除原有的党报系统之外，诸多行业报、都市报成为后起之秀，影响力不断扩大。经济、法制、生活服务类报刊不断增多。报刊的新格局带来了新闻评论的变革，与政治相关的新闻评论主要集中在党报党刊上，而经济新闻评论主要集中在经济类报刊上，法制新闻评论主要集中在法制类报刊上。新闻评论的品种增多，而且改变了面孔，变得更加亲和，以理服人，而不是以势压人。社论、评论员文章等评论体裁仍然被沿用，但长度有所缩短，长篇大论的评论文章已不多见。都市报、晚报等面向大众服务的报刊，新闻评论的数量有所减少，一般不转载中央级党报的评论文章。改革开放以来，专栏评论开始在国内报纸上得以快速发展。无论何种报刊，几乎都辟有专栏，有些报刊的常设评论专栏有六七个。专栏评论一般均署名发表，一大批专栏评论家脱颖而出，十分活跃。专栏评论的活跃，改变了新闻评论的一味严肃，板着面孔说话的风格，增添了亲近、活泼的面孔。

广播评论得到较快发展，形式更加丰富多彩。传统的广播评论是将报刊的文字转化为有声语言，通过电波传递给听众。播音员的底稿实际上就是文字评论，有不少广播评论就是由播音员阅读有关报刊的评论员文章，不过是改变了传播方式而已。随着广播事业的发展，广播电台自己组织的评论员评论、本台短评、广播谈话、录音评论等逐渐增多。其中的录音评论，特色最为显著。录音评论一般是将报道与评论交织在一起，播出时既可以有播音员或主持人播音，也可以播放当事人或现场有关人员的谈话录音及相关音响等，而评论性语言大多出自播音员或主持人之口。如果将此种评论形式与报刊中的评论形式相比照，可以说，录音评论就相当于报刊上的新闻述评。

20世纪80年代开始，电视逐渐在我国城乡得到普及，电视的广泛使用使之成为新闻传播的重要工具。电视有时也由播音员口播报刊上的新闻评论，但此种方式一般只限于对重要社论、评论员文章和短评的播出。此外，还有大量的电视台自己组织的本台评论、短评，编后语、电视访谈、问题探讨等评论形式。在以播音员口播为主的电视评论中，图像（如播音员、被访者、讨论者等形象）只占有次要地位，显然并没有能充分发挥电视的优长。而更能显示电视评论特色的是录像评论，此种评论形式多是将报道与评论结合在一起，可以认为是报刊上的新闻述评转换到电视媒体上而产生的新的评论形式。此种形式中的图像，作用十分重要，成为报道事实，展示具体情景的最佳手段。电视中的活动画面最具吸引力，能使观众直接观看到现场的具体情况，有很强的直观感受。同时，电视伴有现场录音和播音员的解说，更能给观众留下深刻印象。图像展示的人物、事实、情景等给人的印象最为深刻。

思考与练习

1．新闻评论与新闻报道有何异同？

2．你认为新闻评论重要吗？

3．改革开放后新闻评论发生了哪些变化？

第二章　新闻评论的性质、特点和社会功能

在本章中，我们将对新闻评论的基本理论问题进行探讨，结合新闻评论的实践，对其性质、特点和社会功能予以阐释。搞清这些基本理论问题，对于把握新闻评论的规律，做好评论工作，具有重要意义。

第一节　新闻评论的性质

探讨新闻评论的性质，不能将它与社会现实割裂开来，孤立地去观察，只有将它放在人类社会的背景之中，从它与社会发展的诸多联系中去观察它，才能较清晰、较全面、较深入地认识其本质属性。

一、新闻评论是源于现实生活的意识形态

新闻评论所表达的思想内容是对现实中的人物、事件、问题的看法，这种看法并非是评论者头脑中所固有的，而是客观现实在评论者头脑中的反映，是经过评论者大脑加工的一种意识形态。

从选材的情况看，新闻评论的由头或评论对象大多是某一新闻事实，是经过媒体披露的人物、事件、现象等。从表面上看，新闻评论的起点似乎是建立在新闻报道的基础之上，距客观现实生活隔开了一个层次。实际上，任何新闻报道都是来源于现实生活，新闻评论对新闻事实进行评价，也就是对现实生活进行评价。离开了现实生活，新闻评论也就失去了评论的基础和对象。

从评论文章的观点来看，它是评论者对客观事物的认识，也是建立在现实生活的基础之上，是来源于现实生活。存在和认识的关系，这个哲学上的基本问题早已被辩证唯物论的认识论阐述清楚了。当然，由于环境、条件、社会地位等方面的差异，人们接受客观事物所产生的认识会千差万别，带有明显的主观性特征，这是外界事物经过人的大脑加工所形成的必然结果。人们认识问题的深度与广度不同，特别是人们处在不同的阶级、阶层之中，会造成其对事物的不同看法。尽管人们对同一事物会产生截然不同的看法和态度，但是这些看法和态度源

于现实生活当毋庸置疑。

我们说新闻评论是一种意识形态，是因为它经过了评论者大脑的加工，理性而不是感性地反映现实生活，是对现实生活的深入思考，有对生活的透彻认识，并能对现实生活起到指导作用。

二、新闻评论是一定阶级和政党意志的反映

在阶级社会中，人们的社会地位决定了其思想，同一阶级的人对事件或问题的看法具有趋同性。作为直接表明观点、态度的新闻评论，经常是一种阶级意志、阶级舆论的反映，它代表着某个阶级的利益和要求。

例如在中国近代史上，以孙中山为代表的资产阶级革命派，代表中国新兴资产阶级和小资产阶级的利益，为推翻封建专制，建立民主共和的政体，曾以报刊政论为武器，激烈抨击清政府的封建专制，宣传资产阶级民主自由思想。

政党是代表一定阶级利益的政治集团。政党宣传自己的政治观点和主张，常用的方式之一就是通过新闻媒体，运用新闻评论的形式来进行。因此，新闻评论也是反映政党意志的重要工具，常代表着某一政党发言，表达其对社会生活中各种问题的看法、态度和主张。从世界范围来看，众多的新闻媒体，分属于不同社会制度的国家、不同的阶级和政治集团，各政治集团通过新闻媒体发表的新闻评论，站在各自的党派立场上引导舆论，为各自的利益服务。如果一个政党代表的是先进阶级的意志，和广大人民群众的利益，它的政党利益就与广大人民群众的利益相一致。

当代表不同阶级利益的政党处于激烈的斗争中时，新闻评论的阶级性和政党性就表现得十分突出。而当阶级矛盾相对和缓，政党间处于相互合作的时期，新闻评论的阶级性和政党性也相应表现得不太明显。

三、新闻评论是社会共同利益的反映

在一个国家中，当社会处于相对稳定时期，阶级矛盾趋于缓和，各阶级和政党之间的利益有许多共同之处，对社会问题的看法也有不少共同点时，代表某一阶级或政党利益的新闻评论，会既表达了该阶级或政党的立场、观点、主张，同时也反映了各个阶级对某些问题的共同看法。这样的新闻评论就代表了社会共同利益，反映了公众的舆论。例如关于维护社会稳定，加强社会治安，发展经济，提高人民群众生活水平，注意环境保护等问题，不同政党的看法就大致相同。

即使是在社会发生重大变革，阶级矛盾和党派之争较激烈的时期，代表不同阶级和政党利益的新闻媒体所发表的新闻评论，也必须注意反映社会共同利益，

因为只有如此，才能获得广大民众的支持，发展和壮大自己。当然，也只有真正代表先进阶级和广大人民群众利益的政党的新闻评论，才最能反映人民群众的呼声，受到广泛的欢迎和产生深远的影响。

我们说新闻评论是社会共同利益的反映，并非是说在任何情况下的所有新闻评论都能够反映社会共同利益，所以做出这样的判断，是因为对多数新闻评论而言，这个判断是适宜的。

第二节　新闻评论的特点

新闻评论的特点表现在不同层次上，一是它作为一种新闻文体所显示出的特点；二是它与其他新闻类文体相比所显示出的特点。具体地说，可归纳为新闻性、说理性和群众性。

一、新闻性

这一特点是新闻评论与其他新闻类文体所共有的。由于新闻评论通过新闻媒体进行传播，新闻媒体的传播特点就决定了它与一般议论文的区别。新闻评论的新闻性，首先表现在它所选择的评论对象是现实生活中新近发生的新闻事件或社会现象等，是迫切需要分析研究，给予引导或解决的问题。

新闻评论的对象有时是一则新闻报道中的事实，或新闻事实反映出的某方面问题；有时并不直接针对某一新闻事实，而是针对某种社会现象发言；也有的新闻评论，既提供事实，同时又加以评论，此种情况在广播评论和电视评论中最为多见。总之，不管新闻评论的对象有何不同，以何种形式来表现，其求新的特点是显而易见的。

新闻评论在评论对象上求新，在发表时还要求快。它的时效要求几乎与新闻报道不相上下。例如配合消息报道的评论与消息同时发表，编者按语附在新闻报道的前后，新闻述评则是报道与评论的结合。尽管有些评论发表稍微滞后，但讲求时效性是毋庸置疑的。

例如对于新形势下的农村思想政治工作，有些干部总觉得“虚”，不知该怎样抓，常常出现“热在上面，空在基层，冷在农户”的状况。2000 年 4 月 25 日，《人民日报》发表消息：《送去理论科技文化法律，犹如春雨细雨滋润万家；宜昌“四进家”活动受农民欢迎》，同版配发短评：《紧握“抓手”，落到实处》，对湖北宜昌市鼓励干部当“精神货郎”，把理论、科技、文化、法律送进农家院的做法给予了充分肯定。指出开展农村思想政治工作不是难有作为，而是大有作为，关键在于能不能开动脑筋，会不会创造性地工作。

这篇评论与消息报道同时发表，求新、求快的特点十分突出。虽然求新求快是新闻评论的追求目标和价值评判的重要标准，但并不是惟一的目标和评判标准。首先应当追求的是评论的质量和社会效果，在此基础上再去求新求快。有时，对新闻事实需要进行深入的思考，有一个沉淀、酝酿的过程。成熟的思考是新闻评论质量的保证，会带来良好的社会效果。如果单纯求新求快，就可能影响评论的质量，甚至带来遗憾。

由于新闻评论通过新闻媒体进行传播，就产生了体现新闻性的另一方面问题，即短小。不论是何种媒体，都要受到版面或时间上的限制。在有限的版面或时间里，媒体要适应受众多方面要求，追求信息的丰富多样，这样，各种类型的新闻形式就必须简明扼要，才能共同发表，达到媒体版面和单位时间内信息丰富多样的目的。新闻评论也是如此，要追求简明扼要而不可长篇大论。以目前报纸上的评论文章为例，一般比较长的多在二三千字，短的则为几百字，编者按语的文字就更少，有的甚至不超过百字。而且从总体方面来看，较长的评论占少数，数百字的评论最为多见。新闻评论的短小已成为近年来的发展趋势，也是显示新闻评论特点的重要方面。

二、说理性

新闻评论的说理性特点是与新闻报道相比较而言的。评论必须说理，不说理就不能称作评论。说理性是评论与报道的根本区别，是其显著特点之一。

新闻评论的说理处在一个特定的层次，其说理的方法不同于学术论文，二者分析说理的抽象程度有明显的差别。作为学术论文，要运用概念、判断、推理的方式，十分注意论证说理的逻辑性、严谨性，一般排斥具象化的材料，不使用叙述的表达方式，其抽象程度高，处在高度理性的层面上。新闻评论虽然也要运用逻辑思维的方式，但一般很少进行逻辑推理、抽象论证的程度要低一些，而是以就事论理、阐释论理、比较论理的方式为主。新闻评论使用就事论理的方式较为多见，通常将新闻事实作为由头或评论对象，在此基础上进行分析说理，因而在论理过程中自然就夹有叙述或说明，有时使用夹叙夹议的表达方式。由于新闻评论包括多种具体文种，其抽象程度不可一概而论，一般而言，社论、评论员文章，包括一些短评的抽象程度相对较高，而小评论、杂谈、编者按语的抽象程度相对较低。

新闻评论的说理性是由其职能所决定的，其说理层次的定位是因为它是面对大众的宣传。说理不充分、不透彻，就难以做到以理服人，引导舆论；说理抽象程度过高，又难以被受众接受，收不到良好的宣传效果。

三、群众性

新闻媒体面对的是广大人民群众，争取更多的受众和更广泛的影响，是新闻媒体追求的目标。为此，不仅是新闻报道、媒体广告要吸引受众的关注，新闻评论也要尽可能地赢得受众，引起他们的关心，得到他们的支持。

新闻评论的群众性特点是由媒体的这一追求所决定的。特别是近年来媒体的改革，使得这一追求更加自觉，这一特点也更加突出。新闻媒体间的竞争归根到底就是受众之争，谁拥有的受众多，谁的覆盖面大，谁的影响力大，就会在竞争中占据优势，进而取得社会效益和经济效益的最大化。

新闻评论的群众性，首先要求评论的内容要与广大受众密切相连，是受众最关心和最感兴趣的。要时刻注意反映人民群众的要求和愿望，不只站在媒体的角度，而且要站在受众的角度去选择评论对象，对新闻事实进行分析评判。近年来，媒体在这方面的努力显而易见，效果也十分突出。如《人民日报》的《人民论坛》栏目、《光明日报》的《今日话题》栏目、《法制日报》的《法制论坛》栏目、中央电视台的《焦点访谈》等栏目，都在评论内容方面精心选择，在受众中产生了较大影响。不少媒体开设专线电话，或利用其他各种方式，从人民群众中获取新闻信息，听取群众的意见和建议。例如中央电视台的《焦点访谈》，平均每天收到观众来信 100 多封，电话近百次，其中 70% 至 80% 是反映问题提供信息的。该栏目设有专用录音电话、热线寻呼，保证 24 小时与观众的联系不中断，并有专门人员负责处理来信来电，在最短时间内把情况传达给有关部门。由此不难看出媒体在这方面的自觉性和主动性。

其次，群众性特点还表现在要便于受众对新闻评论内容的接受。要力求做到让受众一读就懂，一听就明白。这就要求写作者从广大受众的角度着想，在写作时给予注意。如前所述，新闻评论不同于学术论文，不刻意追求逻辑推理、抽象论证，而应追求说理的畅晓通达、明白易懂。如果过于抽象、生涩或故作高深，即使内容选择没有问题，也难以产生良好的宣传效果。毛泽东在这方面为我们做出了榜样，他写作的报刊评论深入浅出、平易生动。毛泽东在 1958 年《在中国共产党全国宣传工作会议上的讲话》中说：当自己写文章的时候，不要老是想着“我多么高明”，而要采取和读者处于完全平等地位的态度。你的架子摆得越大，人家越是不理你那一套，你的文章人家就越不爱看。

《人民日报》评论栏目《今日谈》在这方面对作者提出了要求：他们不仅应该熟悉中央精神，而且应该了解群众情绪；不仅应该知道报纸的要求，而且应该懂得读者心理；不仅应该经常在一个比较高的层次上思考，而且应该在社会生活中具有比较广泛的联系，并由此获得新鲜信息。

再次，新闻评论的群众性特点也从群众参与方面表现出来。与新闻报道相比，新闻评论的群众参与显得十分突出。媒体上的报道类稿件绝大多数都由记者、通讯员进行写作，而新闻评论中的不少稿件却是由媒体之外的其他人进行写作。有些媒体专门设置栏目，以利于反映人民群众的心声，作者也多是媒体之外各行各业的工作者。如《人民日报》设有《人民论坛》栏目，其中70%至80%的稿件是由报社外的人士撰写的。再如《法制日报》的《法制论坛》栏目，在十几年的发展中，渐渐凝聚起了一支由法学家、司法工作者、国家行政机关工作人员、普通公民等组成的老中青结合的骨干作者队伍。从这个角度来说，新闻评论既有引导舆论的作用，又有反映舆论的作用，通过媒体的评论窗口，二者得以有机结合。

第三节　新闻评论的社会功能

新闻评论担负着宣传党和国家的方针政策的任务，主要运用正确的理论和方法，对各种新闻事实和社会问题进行分析评论，发现其本质、说明其意义和价值，直接表明对问题的看法和态度，起到反映和引导舆论，动员广大干部和群众为实现四化建设的目标努力奋斗的作用。具体地说，新闻评论的社会功能主要表现在以下方面：

一、认识功能

认识功能是指运用新闻评论的形式对新闻事实、社会现象或某方面问题进行深入分析，帮助人们发现事物的本质，了解其原因，把握其内在规律，认识其意义和影响等。

例如《光明日报》荣膺“中央主要新闻单位名专栏”的《今日话题》栏目，在这方面的特色就十分显著。《今日话题》是一个访谈性栏目，经常就一些社会热点问题请专家、学者分析、解答，引导读者正确、全面地认识问题。1995年10月17日，该栏目发表记者王衍诗对中国社会科学院经济研究所研究员陈东琪博士的访谈，论题为《哪些因素决定经济增长方式》。访谈谈及了粗放型经济增长方式和集约型经济增长方式的区别，以及经济增长方式由粗放型向集约型转变需要具备的条件等问题，使读者对目前的经济转型有了更深入的了解，有利于人们积极主动地适应这一变化。

二、导向功能

导向功能与认识功能有较密切的关联，帮助受众提高认识也是一种引导，不过认识功能显得更为突出而已。导向功能也是如此，离不开对问题的认识，但导向性十分突出。导向功能是指新闻评论对大是大非或重大方向性问题的把握，或通过对新闻事实的分析评判，明确指出提倡什么，反对什么，帮助受众端正对某方面问题的看法。

例如近年来“法轮功”组织冒用气功名义，打着强身健体的幌子，欺骗和蒙蔽了一部分群众，使一些人深陷其中，对它的本质一时难以认识清楚，以致产生错误的思想和言行。各大新闻媒体在揭露“法轮功”违法犯罪事实的基础上，注重发挥评论的作用，帮助人们认清“法轮功”的本质，回到正确的道路上来。

1999 年 10 月 30 日，《人民日报》刊发了《全国人民代表大会常务委员会关于取缔邪教组织、防范和惩治邪教活动的决定》和《最高人民法院、最高人民检察院关于办理组织和利用邪教组织犯罪案件具体应用法律若干问题的解释》，同版发表评论：《依法治国，严惩邪教》。文章指出：“‘法轮功’具有邪教的所有重要特征，是地地道道的邪教。近年来，这个邪教组织迅速发展，进行了大量的违法犯罪活动。”“在揭批‘法轮功’斗争开始的时候，中央就明确提出要高举法治的旗帜，刚刚通过的这两个文件充分体现了依法治国，严惩邪教的法治精神。”“不管是谁，不管什么邪教、什么政治力量，只要破坏改革、发展和稳定的大局，危害国家和人民利益，从事违法犯罪的活动，我们就要依法严厉打击。”文章列举了“法轮功”的犯罪事实，明确指出“法轮功”是地地道道的邪教，要运用法律武器处理“法轮功”问题。同时指出：“我们一定要按照中央的要求，团结大多数，解脱大多数，对于受蒙骗的‘法轮功’练习者不予追究。”

这篇评论态度鲜明地表明了中央对处理“法轮功”组织的原则和意见，既是对仍然陷在“法轮功”阴影中的少数人的警示，也有利于大多数人幡然醒悟，与“法轮功”决裂，导向性十分突出。

三、教育功能

教育功能体现在新闻评论对公众所产生的积极影响上。新闻评论的内容涉及社会生活的各个方面，其教育功能也涉及政治、法律、伦理道德等多个方面，对人们的思想和行为能够产生潜移默化的影响，有利于形成良好的社会规范。

例如评论《爆竹声再次提醒我们》，[1]从新千年的第一个春节，深圳市大街小巷此起彼伏的爆竹声谈起，认为这是“不懂法，不守法和执法不严的表现”。文章指出，1990年12月，市政府就颁布了《深圳经济特区禁止销售燃放烟花爆竹管理规定》；1993年12月，市人大常委会通过的《深圳经济特区环境噪音防治条例》中又以法规的形式禁止燃放烟花爆竹；之后，市政府又多次修订或重申有关规定，并明确了管理、执法部门及其职责职权。深圳市在全国带了个好头，深圳人曾因“观念如此进步，行为这么文明”而感到骄傲。而眼前的事实说明：“相当一部分人的法制观念还很淡薄，我们的执法还有不少漏洞。让全体市民学法、懂法并都自觉以法规规范自己的行为，是一项长期、细致、艰苦而又必须坚定进行到底的工作，不可能一蹴而就，也绝不能半途而废，我们的宣传教育和执法工作都必须加大力度。”

此文的教育作用具体体现在两个方面：一是提醒和教育市民要增强法制观念，自觉以法律法规规范自己的行为。二是告诫执法者必须严格执法，否则法律法规就难以真正发生效用。

四、舆论监督功能

所谓舆论，是指社会中的一部分人或社会集团对某一事件或某方面问题所持的大致相同的看法和态度。舆论反映了人民群众的声音，对社会生活和人们的思想行为有着重要影响。

进行舆论监督，最主要的方式就是新闻监督，也就是将人民群众的声音和看法，通过新闻媒体这一窗口公之于众，造成一定声势和影响，从而发生监督效用。相对新闻报道而言，新闻评论能够直接发表意见和看法，具有更广泛的群众性，其舆论监督的功能也更加突出。新闻评论要针对现实生活中的人物、事件、现象等进行分析评判，褒扬先进的、正确的，批评落后的、错误的，以提高人们的思想认识，影响人们对问题的看法，形成正确的舆论。

例如小评论《吹牛也犯法》，[2]针对“个别地方和单位，吹牛者之众，吹牛领域之广，吹牛的数码之大”，“不仅没有受到党纪国法的追究，反而被视为‘开拓型人才’而备受青睐”的情况发表看法。以《中华人民共和国统计法》为武器，严厉批评了此种严重的消极腐败行为。指出：“对违犯统计法规，虚报浮夸骗取荣誉和地位的干部绳之以法，该撤职的撤职，该降级的降级，不让其在政治上和经济上占到半点便宜。”

---

〔1〕《深圳特区报》2000年2月6日，二木子文。

〔2〕《法制日报》1996年11月11日，宋法宏文。

总之，新闻评论通过对新闻事实或问题的分析评价，反映党和人民群众的正确看法，从而影响人们的思想和行为，形成强有力的社会舆论，起到监督作用。需要指出的是，新闻评论舆论监督作用的发挥，常常离不开新闻事实，媒体披露新闻事实，本身就具有舆论监督作用，而新闻评论的分析论理，直接表明观点，使这种作用更加显著和有力。

思考与练习

1. 怎样认识新闻评论是社会共同利益的反映？
2. 新闻评论的说理与学术论文的说理有何不同？
3. 新闻评论的舆论监督功能是怎样体现的？

第三章　新闻评论的选题

任何文章的写作，首先要解决“写什么”的问题，其次才是“如何写”的问题。毛泽东在《反对党八股》一文中说：“一篇文章或一篇演说，如果是重要的带指导性质的，总得要提出一个什么问题，接着加以分析，然后综合起来，指明问题的性质，给以解决的办法。”新闻评论亦然，首先要解决写什么的问题，也就是选题问题。新闻评论的选题是在写作之前对所要评论的人、事、物、现象等进行选择，是对评论的对象及内容范围的确定。选题处在评论的酝酿准备阶段，简而言之，就是选择和确定所要评论的问题。

在这纷繁复杂的大千世界，客观世界不断发展与变化，事物之间相互联系，新闻评论的选题并非可以信手拈来。从众多的新闻报道中精心选择，以期找到最好、最恰当的评论对象，不是轻而易举之事。对于写作者来说，选题的确定往往要费一番心思，经过深思熟虑，慎重选择，才能确定。一旦选题确定了，评论就有了明确的方向和目标。因此，在新闻评论中，选题是至关重要的。

在评论的酝酿准备阶段，选题与立论常常是密不可分的，人们在考虑选择评论对象、论述范围的同时，在头脑中必然有对涉及评论对象有关问题的思考。也就是说，在选题的同时，文章构思就已经开始，对评论文章的主题已有初步的考虑。因此，可以认为，立论常常伴随着选题而进行。其次，我们还要注意到选题和立论并非是一回事，它们既有紧密联系，又相互区别，各自独立，是评论写作中的两个不同环节。一般而言，选题在先，立论在后；选题决定评论针对某方面问题进行分析说理，立论解决对这一问题所持有的立场、观点、态度等。只有确立了选题，立论才能有所依附，选题是奠定基础，立论是建立在这个基础之上的。

那么，新闻评论应该如何选题呢？

第一节　明确选题的来源和根据

一、选题的来源

新闻评论的选题从何而来？生活是写作的源泉，任何一种文体的写作，都只能从生活中寻找材料。新闻评论也不例外，其选题必然是来自丰富多彩的社会生活，来自人们对现实生活的思考。在这一点上，新闻评论与其他文章的选题是相同的。同时，由于新闻评论的性质、其新闻性、说理性和群众性的特点，决定了其在选题来源方面也就有一些特殊之处。

首先，作为一种新闻文体，特别是使用社论、评论员文章等具体文种时，新闻评论的选题就不只是评论者个人思考的问题，也是报社、广播电台、电视台的总编、社长、台长，甚至是上级领导部门思考的问题。因此，有不少选题直接来源于上级的决定和精神。这对写作者（主要是媒体评论员）个人来说，就省去了寻找选题的环节，关键是对已定选题的深入领会和思考。其次，也有大量选题需要由评论员个人或媒体以外的写作者，通过对现实生活的观察和思考来选择和确立。这其中包括从现实生活中选题、从新闻报道中选题。

老一辈新闻工作者邓拓在谈到报纸社论的选题时曾经说过："从最满意的情况来说，它可以找到五个方面的论据"，这就是："一、党中央国务院的决定和指示；二、地方各级党委和政府提供的情况和意见；三、党和政府主管部门提供的情况和意见；四、记者提出的新闻报道题目和线索；五、读者来信反映的情况和问题。"邓拓谈及的是党报社论选题和立论的经验，回答了社论选题来自何处的问题，概括之：1. 来自上面的精神；2. 来自新闻报道；3. 来自下面的情况。这段经验之谈无疑对于新闻评论的选题具有参考作用。

二、选题的根据

明确了选题的来源，我们再来谈谈选题的根据。来源和根据相互联系，密不可分。选题的来源是解决论题来自何处，明确该从哪里去选题，相对客观；选题的根据则解决选题究竟该把握什么原则，侧重于具体操作，相对主观。对于新闻评论的选题根据，应注意把握以下方面：

1. 根据党和政府的大政方针选题。党和政府现行的大政方针是新闻评论选题的重要根据。一方面，党和政府的路线方针政策关系到国家、民族的前途和命运，关系到人民群众的利益，是广大人民群众所关注的。评论从中选题，既抓住了关键也适应了受众的要求。另一方面，根据党和政府的大政方针选题，也是媒体的性质和任务所决定的。作为新闻媒体，必须把握正确的政治方向，坚定不移地宣传党和政府的各项方针政策。

党和政府的大政方针包括党和国家的重大决定、重要文件、重要法律法令、党和国家领导人的重要讲话和指示等。当一些大政方针开始提出或开始贯彻执行时，当一些会议精神需要宣传，一些重要决定需要落实时，常常要有新闻评论的配合，或宣传精神，或阐释意义，或提出措施，以发挥其舆论引导作用。

2002 年 11 月 8 日，举世瞩目的中国共产党第十六次全国代表大会召开。江泽民总书记所做的十六大报告中明确指出：三个代表重要思想是全党集体智慧的结晶，是党必须长期坚持的指导思想。十六大报告将三个代表的内容写进《中国共产党章程》。根据十六大的精神，2002 年 11 月 12 日，新华社、《人民日报》发表评论《把“三个代表”重要思想写进党章是广大党员和亿万人民的心声——“三个代表”是治国指南》，对党的这一重大方针政策进行宣传，并阐释三个代表思想的重要意义。媒体对于十六大的报道具有强有力的舆论引导作用。

2．根据现实生活中的新情况、新矛盾、新问题选题。随着历史的进步，社会的发展，新事物不断产生，也不断出现一些新矛盾、新问题，其中有不少问题值得评论者关注。在现实生活中，评论者除了要善于通过观察发现有意义的问题，还要善于思考。评论者必须关注社会的发展变化，紧密联系社会现实，寻找有意义的选题。

例如《阿房宫应该重建吗?》（1995 年 3 月 29 日《文汇报》，金陵客文）一文，针对某影视旅游区准备重建阿房宫的新闻报道，评论者予以质疑和否定重建。文章指出，阿房宫是封建社会对劳动人民横征暴敛的见证，是封建统治者穷奢极欲、荒淫无耻的象征。历朝历代都有些忽发奇想的人物找出各种理由与借口来企图重建，但最终都没能得逞。想不到改革开放的今天，竟然又有人要将这一封建象征的建筑物重建，让人震惊。评论说，重建工程耗资巨大，而阿房宫一无照片，二无资料，如何摹仿？即就是能够摹仿得惟妙惟肖，又有什么现实意义？因为浅薄的照搬与摹仿既不是对历史的尊重，也无益于对古代优秀文化的弘扬。针对重建阿房宫的主张，评论指出，由阿房宫的重建这一消息反映出来的豪华奢靡之风应及时刹住。耗费如此巨资，不如用来投资教育，投资农业，投资于一切有益于经济发展、人民生活质量提高的建设项目，让我们有更多的希望小学、希望中学，有更丰富的米袋子、菜篮子，有更美更好的生活。评论对我们的社会生活和工作具有一定的现实指导意义。

3．根据新闻报道的需要选题。新闻报道与新闻评论共同担负着舆论宣传的任务。针对一些重要新闻报道中典型的新闻人物和新闻事件等，及时地以新闻评论予以配合。评论伴随报道，形成合力，宣传效果和力度会更加显著。因此，根据新闻报道的需要来确定评论的选题，是新闻评论选题的重要方面。

根据新闻报道的需要来选题，除了一些带有政策性、方向性的重要报道以外，还应该注意根据实际情况，有针对性地选择有必要发发议论的报道。无论是正面报道还是反面报道，都可以辅之以评论。评论应当与一定时期内的新闻报道紧密结合，抓住报道的热点问题、核心问题来确定选题及其角度。

2002 年 6 月世界杯足球赛结束以后，众多媒体报道了中国足协、中国球队、中国球迷及所有关心中国足球的人，对中国足球提出了希望、批评及建议。其中媒体报道最多的话题之一，是国家足球队外籍教练米卢卸任后将由谁来接任中国足球的“总教头”一职。一时间，众说纷纭。中国足球闯人世界杯，韩国及日本在世界杯上不俗的表现，使国人一致看好洋教练，很多人认为中国足球的出路和希望即在于此。2002 年 10 月 28 日，就在国人翘首以待、望眼欲穿地等待中国足协选帅小组去欧洲招募中国足球未来的“救世主”之时，体坛周报刊登了一条有关在卡塔尔的 4 名中国国家青年队球员因拿不到奖金而消极比赛的消息。对此，10 月 29 日新华社发表了一篇评论《有病不能乱投医》（新华社记者马邦杰、李鹏翔），评论说：

> “中国足球有病不能乱求医，不能头痛医头、脚痛医脚，不能天真地认为请来个外国教练就能把中国队带进世界杯的 16 强或者 8 强，因为中国足球的直接病因就在那些把金钱看的重于国家荣誉的孩子身上。”

评论一针见血地指出，中国足球的未来和希望是中国年轻的球员，但如果他们带着粗糙的脚法和一身的铜臭走进中国队，那么再好的教练、再高明的米卢们也没有用。因为这些洋教练们毕竟不是也永远不会是中国足球的“救世主”。

这篇评论是对有关新闻报道所做的针对性的评介，是结合新闻报道对中国足球所做的深刻反思与反省，也是对国人足球狂热中的一剂清醒剂。中国足球没有救世主，只有自己才是命运的主宰。这篇评论的时机选择恰当。对于中国足球闯入世界杯、头脑处于发热中，又突然遭到在世界杯失败的打击的全国球迷及全国的民众而言，试图走捷径的急功近利思想难免占据主导位置。此时，理性与深刻的剖析对于人们清醒头脑、冷静思考具有警醒作用和不可忽略的意义。

第二节　确定选题的范围

新闻评论选题的范围十分广泛。就评论的总体而言，它可以涉及社会生活的各个方面、各个领域，几乎不受什么限制。从人、事、物，物质世界、精神领域，从国际、国内令人震惊、使人瞩目的重大事件，到普通百姓的日常生活，无一不在新闻评论涉及的选题范围之内。而针对每一篇评论来说，其选题就有一个具体范围的框定问题。我们可以从形式上将新闻评论分为各种类型，如社论、评论员文章、专栏评论、编者按语、短评、杂谈等。不管是何种形式，每篇评论都有一个具体的评论对象和论述范围。在这里，不同的评论，其选题的范围也不尽一致。有些评论的题材内容比较重大，范围相对较广，例如有关国家的某一现行方针和政策的宣传与评论；有些相对较窄，属于社会生活中某一领域的问题，例如对国家教育部门关于中学生教育教学中的减负及相关问题的评论；有些则处在中间状态，例如对有关婚姻法重新修订中一些问题的评论。评论的选题，需要根据实际情况，来确定论述范围。另外，选题范围的确定，与所选择的具体评论形式有关。一般而言，社论、评论员文章的论述范围较广；小评论、编者按语、杂谈等论述范围相对较窄。需要注意的是，评论的论述范围主要是由内容来决定的，而不是由形式来决定的。人们总是根据评论计划，针对具体的评论对象和实际需要来确定评论的论述范围，并赋予它相应的形式。

目前，关于评论的范围大致有以下几种情况：

一、论述范围相对广泛的选题

此类新闻评论一般涉及党和国家的大政方针、重要决定、重要部署，或其他比较重大的问题，其选题的论述范围相对广阔，是从总体方面对评论对象的意义、重要性等方面问题进行阐述和评价，涵盖面宽，篇幅也相对较长，一般以社论、评论员文章等形式出现。此类选题的评论在评论文章中所占数量较少。

例如，江泽民在党的十六大报告中提出了全面建设小康社会的新目标。新华社就此发表评论员文章《中国的小康之路》（2002 年 11 月 11 日《人民日报》），文章指出："小康，是古代思想家的社会理想，是广大人民的生活梦想，是文明古国的千年追求。但是中国老百姓几千年难圆的小康梦在中国共产党的领导下的中国成为现实。二十世纪末，中国人民生活总体上达到小康水平。这是中华民族发展史上无与伦比的重大事件。"文章描述了自 1979 年改革开放以来邓小平、江泽民两代领导人二十多年来为我们描绘的宏伟蓝图，以及为我国经济制定的战略发展目标。评论最后指出，江泽民在十六大报告中，为我们进一步明确了今后20年全面建设小康的任务：我们要在本世纪头20年全面建设更高水平的小康社会，使经济更加发展，民主更加健全、科教更加进步、文化更加繁荣、社会更加和谐、人民生活更加殷实。这一评论是对党的十六大所确定的大政方针及奋斗目标进行宣传和评论，对于广大干部群众正确理解和把握国家的方针政策具有重要的意义。

二、论述范围适中的选题

此类选题的评论，切入角度相对具体。一般针对社会生活某一领域的某一个方面的问题发表评论。例如在教育领域中，既包括学生的文化知识教育，也包括思想政治教育、品德教育、纪律教育、法制教育等多方面问题，评论可以只针对其中一个方面问题进行议论说理。这样的评论选题角度相对集中，论述范围适中，有利于问题的深入。

2001年11月，经过多年艰苦的准备和谈判，我国终于加入了WTO，中国人民欢欣鼓舞。可是，大多数老百姓并不都明白，WTO对于中国这样一个社会主义的发展中国家而言，它意味着什么？它对中国企业的发展、百姓的生活将产生什么样的影响？我们为它而欢呼的是什么？对此，新华社、人民日报、光明日报、解放军报、中国青年报、中央电视台、中央人民广播电台等媒体相继发表评论，集中深入地进行分析、议论和说理，多层面多角度地把WTO展现给人们，把加入WTO以后的未来中国展示给国人。这是媒体根据需要，抓住焦点，深入评论WTO及其相关的系列问题，话题集中而深刻，对广大的人民群众具有现实的指导意义。

范围适中的选题一般使用评论员文章、短评、专栏评论等具体评论类型。

三、论述范围较小的选题

此类选题是以现实生活中的新闻事实作为评论对象。评论的问题更为具体，论述范围相对较小，评论对象一般是具体的人、事、现象、观念等，常常由一点说开去，以小见大，篇幅短小。一般以短评、小评论、杂谈、编者按语等形式出现，所占数量较多。

例如评论《告律师就请不到律师?》，[1] 就是针对一篇报道所披露的新闻事实进行评论。据《中国青年报》载，52岁的杨女士与成都一位律师打官司，当

[1] 《华商报》2002年10月29日评论员文章。

她找到原先答应代理的10多位律师时，却被这些律师拒绝了。他们解释不受理的原因是“我们作为被告的同行，不便代理你的官司。”评论者针对这一事实发表议论，指出：“律师为什么不告律师？表面看来，是同行不砸同行的饭碗，属于典型的互相开脱、互相利用。实际上可能还有更深层次的原因。告律师却请不到律师，全国绝非成都一家。俗话说‘在其位必谋其政’，律师事务所的工作应当置于有关主管部门和广大群众的监督之下。”文章对成都某些律师的作法给予否定和批评。论述范围集中具体，文章短小精悍。很显然，这篇评论的选题范围比前两种选题范围要小得多。

在这种较小范围的选题中，还有一种小型评论。选材小，篇幅也小，甚至可以是百十个字。其评论的问题可以是某一非常具体但又是现实生活中实实在在引人注意的问题。在评论的时候，可以采取有的放矢的方式，简要地予以评论，做到短小、精悍，言简意赅，但一针见血。也可以采取只提出问题而不加评论，或者不予以明确的评论，而是将明显的倾向性摆出来，给读者受众留下足够的空间，以期引起人们的注意与思考。《南方都市报》载，有位学者说过，中国人面对难题时有三大“法宝”：捣糨糊、一刀切和抓阄。抓阄者，抽签也。俄罗斯总统普京到北京大学演讲，北大便采取抽签的方式决定哪些学生能有幸获得演讲会的入场券。有人认为，采取这种比较简单而土气的方法，“最能体现民主、平等和机会均等。”针对此，2002年12月9日《华商报》有一篇幅短小的评论《抓阄也是民主吗?》。评论认为，如果抓阄“最能体现民主、平等和机会均等”，那么民主建设就是再简单不过的事了：农村的基层民主建设不用费劲地搞选举了，谁当村长抓阄好了；各级官员的升与降，也用不着考察他的政绩和能力了，可以抓阄决定……然而这样做可行吗？公平吗？抓阄只不过是一种过于简单的工作方法而已，虽然它貌似民主并在实际生活和工作中经常被人采用，但是这样的民主形式实在不值得大加赞扬。整篇评论只有区区100多字，作者的态度明了，旗帜鲜明地对某些人称道的“抓阄是最能体现民主、平等和机会均等”观点予以否定，论题具体，有的放矢，篇幅短小而有力。

以上我们对新闻评论的选题范围问题进行了分析说明。这只是从理论上对评论的选题范围所作的三个层次定位。在新闻评论的实践中，这种分类难以十分准确和全面。因为任何一篇评论，其选题范围的大小，最终要根据内容的需要来决定，而大和小也只是相对的概念。就一篇评论而言，选题的范围再大，也有一个集中论述的问题；选题范围再小，也有一个具体阐发的问题。受篇幅的限制，一般范围大的选题在论述时相对概括，范围小的选题论述则相对比较具体。

就新闻评论的具体文种来看，范围相对较大的选题，一般多使用社论或评论员文章，范围相对较小的选题则较多使用短评、小评论、编者按语、杂谈等。但又不尽然，有些评论论述范围并不大，但由于内容重要或是某一个阶段人们所关注的焦点问题、引起争议的问题时，也可以使用社论或评论员文章。同样论述范围较大，题材内容重大的选题，也可以用点评的方式，三言两语、言简意赅地予以评论，短小而有力。

第三节　把握选题的方法

明确了选题的来源，还必须掌握一些选题的方法。新闻评论的选题方法多种多样，灵活变化。在此，我们只谈选题的一些主要方法。

一、分开轻重，抓住要害

针对现实生活中的人、事、现象等进行评论，不仅有一个对象选择的问题，还有如何从对象中找出主要问题，进行重点分析评论的问题。一则新闻事实常常是丰富的、复杂的、立体的，涉及到多个方面、层次不同、角度不同的诸多具体问题。我们知道，任何事物都是矛盾的统一体，有主要矛盾和次要矛盾之分。评论者不能胡子眉毛一把抓，要能够分出轻重，准确地抓住要害问题作为入题的角度，进行重点分析评议。

一家地方性媒体报道了这样一个消息：由于乡政府工作人员的粗心大意，弄丢了一份考生的高考录取通知书，一位农村姑娘因此而失去了上大学的机会。姑娘悲愤交加，一气之下将乡政府及有关人员告上了法庭。看到此报道，我们很多人会为没上成大学的姑娘感到惋惜，也为她鸣不平，同时更会指责那位不负责任的乡政府工作人员。那么，这一事件涉及的主要问题是什么呢？政府工作人员确实应该为他的失职受到相应的处罚；失去上大学机会的姑娘是让人同情、惋惜。但更为重要的是：这个农村姑娘值得人们尊重。一个农村姑娘，一个中学生，在事出之时，除了怨愤，她没有默默忍受，而是采取了令我们为之赞叹的方式——用法律的武器为自己讨公道。这位农村的姑娘难道不值得我们喝彩吗？陕西的一家报纸针对此报道发表了一篇评论，作者敏锐准确地抓住问题的主要方面，指出这位姑娘果敢地运用法律武器为自己讨公道的做法说明：在改革开放的今天，在我国法制建设日益发展健全的今天，普通百姓的法律意识加强了，这是时代的进步，是社会的进步，是中国法制化建设的进步。从这个侧面去选题，评论的意义要远远大于其他方面。

抓住事物的主要矛盾，可以将一个问题谈深谈透。《中国青年报》登载评论《给民生计才是“治本”》（2001 年 6 月 19 日，天鹰文）。文章说，日前政府发出紧急通知，所有乡镇煤矿一律停产整顿，凡四种证件不全的，一律予以关闭。关闭后擅自恢复开采的，除了查处矿主还要追究地方官的责任。评论指出，政府的决心不是心血来潮。它背后是重大安全事故防不胜防。仅因瓦斯爆炸，从5月8日至12日，江苏沛县、内蒙古、黑龙江4处矿井就有29人死亡、45人下落不明。无论从法律角度、行政责任还是道义角度来讲，政府都有承担矿工生命权利的责任。那么，应该是小煤矿的主体——矿主与挖煤的人不明了小煤矿的危险吗？评论继而分析说：

> 矿山安全事故主要发生在小煤矿，根本原因是其不具备安全生产的基本条件。安全保障先天不足，隔三岔五死人是必然的。对于这一点，矿主、地方官和属地的安全监察部门都心知肚明。明知不可为而为之，关键是有利可图也。
>
> 对矿主而言，省略掉安全保障的大笔投入，所产煤的价格就有足够的市场竞争力。站在某些地方官的立场，遍地开花的小煤矿，每一个都是一个固定的税源。至于死人，只要不撞在“枪口”上，花两个小时就可摆平。即使死人太多，还可使用欺上瞒下的绝招。
>
> 市场中人都是“经济人”。到小煤矿挖煤，劳动强度大、安全无保障，弄不好还得搭上命一条。这些利害关系，挖煤人不是不知道。

政府严令禁止，挖煤人明白自己担的风险。那么为什么小煤窑仍然屡禁不止呢？评论指出，不是政府的禁令不严，也不是挖煤的人不明事理。关键的问题是，“种地不来钱，做生意缺本钱，老婆孩子要养，明知井下要吃人，也得往里‘跳’。”这就是为什么政府屡禁而不能止的根本原因。评论者的目光犀利而深刻，抓住问题的这一主要矛盾深入分析：

> 生存环境决定人的生活方式。值得注意的是，靠矿吃矿的地方往往都是人多地薄、缺少工业基础的贫困县和山区县。别的啥也没有，好歹地下还有点“乌金”可以利用。此时，挖煤换钱于地方政府、于百姓都是脱贫致富的惟一选择。只消地方上稍开政策口子，“群众运动”不必号召。而一旦经济与“运动”沾上边，“散、乱、滥”等国人发展经济中的痼疾几乎无可避免。于是，本该融合兼顾的国家利益、地方利益、百姓利益以及眼前利益与长远利益，就变得支离破碎。

政府要安全、要稳定，百姓要吃饭、要脱贫，鱼与熊掌如何兼得？关闭小煤矿作为政策，其有效性既取决于“整顿”力度大小，更取决于之后如何同步解决群众的生活出路问题，这些年，单就滥开矿山问题，政府的整顿力度年年加码，可始终走不出整顿时“关”、风刮过后再开的怪圈。其原因无非简单一条：没有同步解决群众的生活来源。小煤窑屡禁不止问题的矛盾有三个方面：政府、矿主、挖煤人。表面看来，政府政策有力，矿主与挖煤人惟利是图，小煤窑屡禁不止的原因理所当然是后两者。其实不然。评论深入地分析后，明确指出，这只是问题的次要矛盾。主要矛盾是政府禁止令的后面没有解决挖煤人的生计问题。评论抓住了主要矛盾，给人以启发和警示，令人深思。

层层深入的分析，极具说服力地揭示出问题的所在，并进一步指出解决这一矛盾的办法：

“本来杞人忧天，思来想去办法只有一条：国家通过转移支付的形式，设法分期分批解决矿区周边群众的温饱。钱从哪里来？少铺大草坪、少建大广场、少盖豪华的标志性建筑……最后再堵住官儿们的‘嘴’。仅此，足矣！”

二、大题化小，分而论之

对于一些重大问题，常常需要进行全方位的评论。但是，如果一篇评论要将所有的问题都统统写进文章，要么篇幅太长，要么就难以论述深刻。

针对这样的情况，可以采取的解决方法是大题化小，分而论之的方式。即将一个大问题分为若干个方面、若干个问题，分篇写出，分次发表，使得各篇文章之间既相互独立又相互关联。

这种分而论之的方式叫做“连评”或系列评论。“连评”的标题一般包括一个正标题和一个副标题，正标题表明该篇评论要论述的问题，副标题表明总的题目，常用“一评……”、“二评……”，或“一论……”、“二论……”来表示各篇评论间的关系。也有一些“连评”不用副标题，从标题上看不出与其他篇的联系，但内容上的联系是存在的，作者是把一个大问题分成几个方面来进行论述。

如〈中国青年报〉2002年8月连续登载了两篇评论。第一篇是《减负是什么——说减负与休闲教育之一》（武汉大学哲学系赵凯荣文）：

减负这个说法可以有许多不同的理解，如果说为了求知，我们必须超负荷地努力，而且惟有超负荷努力才能求知，那么，减负就是不正确的，从根本上说也是不可能的。那样一来，减负就成了我们逃避对真理追求的懒惰行为，除非我们愿意放弃对真理的追求或降低对真理追求的标准。但是，如果真理不必如此也可以认识，那么，倒真正应该反省一下我们的教育，是不是因我们认识真理的方法不对头而人为地增加了负担。只有在这种意义上，减负才是正确的也是可能的。

中国自古就有头悬梁锥刺股的隐喻，常被人用来说明求知之艰难困苦，依此例，减负与偷懒无异，同样依此例，学问之高低与艰难困苦的程度成正比，相信许多人在骨子里也是这么看的，要不我们的教育也不会有那么多的重负，以至于我们今天也不会这样强调减负了。

不过我认为，真正的大学问却未必是这样苦出来的。记得许多年前，有人问杨振宁教授，作为一个理论物理学家是否感到活得很苦很累？杨振宁教授的答案正好相反，他认为他作为一个理论物理学家，在物理世界中感到的是审美的轻松和快乐。这样看来，求知之难，求知之苦除了本身负荷大的原因外，更与术业有专工息息想关，也就更多地与个人的兴趣、性格、智慧类型等有关。缘此，当一个人在某种学习上很艰难时，我倒主张不妨换换专业。试想一下，如果上大学是成材的惟一道路，而上大学又主要取决于某种应试教育的单一模式，其结果必然造成大家趋之若鹜。在这种情况下，会有多少“不适者”是不言而喻的，也就难怪有那么多的人会觉得学习之苦学习之累了。这样的人多了，自然也就使人以为求知是很难很苦很累的了。就像中国古代的科举，录取的只是极少数，许多人都往上涌，而完全不顾自己是否适合是否真有兴趣，不苦才怪，不累才怪，不难才怪。阿基米德曾给国王讲物理学，国王听得直打瞌睡，问阿基米德能不能把物理学讲得使自己能够听懂。阿基米德的回答是：世界上没有专为国王准备的物理学。这里也谈到了求知之难求知之苦，但也与术业有专工相关。由于兴趣、专业方面的差异，阿基米德讲述的哪怕最简单易懂的物理学，对国王而言也是十分艰深的。

从这里我们不难悟出，减负的关键是因材施教。如果每一门课根据不同的学生特点对不同的学生有不同的要求，相信求知未必像现在这样艰难。如此，国王即使听不懂物理学，也一定听得懂其他别的学问；国王即使听不懂艰深的物理学，或者听得懂简明物理学。特别是，说不定有的国王本人对物理学有深厚的兴趣，或在物理学方面极具天赋，更说不定国王本人就是物理学家，而且在几个领域都具有天赋甚至都有建树。这不是不可能的，只不过领域越广，出现的概率越小而已，但决不是没有。

第二篇文章围绕同一个话题，进行论述《“树挪死，人挪活”——说减负与休闲教育之二》：

恩格斯在评价文艺复兴时代时说过一席话，他说——

这是人类以往经历过的一次最伟大的、进步的变革，是一个需要巨人而且产生了巨人——在思维能力、激情和性格方面，在多才多艺和学识渊博方面的巨人时代。那时，差不多没有一个著名人物不曾做过长途旅行，不会说四五种语言，不在好几个专业放出光芒。莱奥纳多·达芬奇不仅是大画家，而且也是大数学家、力学家和工程师，他在物理学的各种不同分支中都有重要的发现。阿尔布雷希特·丢勒是画家、铜版雕刻家、建筑师，此外还发明了一种筑城学体系，这种筑城学体系，已经包含了一些在很久以后被蒙塔朗贝尔和近代德国筑城学又加以采用的观念。马基雅弗利是政治家、历史编纂学家、诗人，同时又是第一个值得一提的近代军事著作家。路德不但扫清了教会这个奥吉亚斯的牛圈，而且也扫清了德国语言这个奥吉亚斯的牛圈，创造了现代德国散文，并且创造了成为16世纪《马赛曲》的充满信心的赞美的词和曲。

懂科学的国王，拿破仑就是一例。拿破仑不仅仅是法国皇帝，也是世界著名的军事家，同时也是著名的《拿破仑法典》的创立者，一般人更想不到的是，他还是法兰西科学院的院士。法兰西科学院的院士资格是很难获得的，如果我的记忆不错的话，拿破仑是人数不足30人的法兰西数学方面的院士。这也难怪他常以拿破仑院士的名义签署命令了。只不过，在人类的总数中，这样的人毕竟很少，大多数人都不可能这么幸福。但这决不证明大多数人甚至在一个领域内都不能获得成功。现实中确实有许多人甚至在一个领域内都难以成功，但我想那多半是由于种种原因使他选择了与自己的能力和兴趣不符的工作。这是很正常的。由于社会环境的原因，由于自我意识的正确与否，现实中的很多人常常没有也不可能选择与自己的能力和兴趣相符的工作。而许多成功人士大都有多次角色转换的经历，所谓“树挪死，人挪活”大概就是说的这个意思。说白了就是，在一种游戏规则下的失败者，在另一种游戏规则中则未必是失败者。前不久各大媒体爆炒了一个叫韩寒的高中生，那是一个在现行的教育体制下很难生存下去的典型例子。这本是一件极平常的事，但被媒体炒过了头，好像不是在炒一个略劣等生，简直是在炒一个稀世奇才。他的一些再平常不过的文章几乎被媒体炒成了不朽经典。实际上这一例子不过表明，韩寒确实不是什么特别突出的人物，不仅在现行教育评价尺度下是如此，也根本不能与恩格斯赞美的“需要巨人并产生了巨人”那些人物相提并论。一句话，韩寒不是格罗斯曼也成不了格罗斯曼，他压根儿就是一个普通人。幸运的是，他发现自己尽管在别的方面不怎么样，但至少在一个领域——写作方面还是有天赋有潜力的。

正是在这方面，我有一个坚定的信念，那就是，一个人——如果他还算是正常人的话，他总有一个方面是可教的、有才的。我认为这也是我们的教育应该有的信念，否则我们就不会去办教育。从这个意义上说，减负并不单单是减少多少课时（尽管这也很重要），而是如何发现学生长处并对症下药。这有两个方面的内容，一方面，允许学生自由选择所要学习的科目；另一方面，在同一学科中，又要允许学生根据自己今后的工作方向来确定其需要达到什么样程度的学习。我们可以这样设想，如果我们的教育是宽进严出的，那么，学生便可以根据自身的兴趣来进行学习，这样一来，学习负担便会大大减轻。尽管由于存在就业热点以及学生对自己的能力、兴趣有个正确认识的过程，也会产生学生的学习不合自身特点和兴趣的问题，并由此引发力不能及的学业负担，但所有这一切都会在进一步学习中自觉或不自觉地加以调整。如果有人非要从事力所不能及的学习并由此导致沉重的学习负担，那也是他自己的事，而不像现在这样是我们的教育强加给他的。可惜的是，至少到目前为止，我们还不能做到这一点，我们还不能保证学生自由全面的发展，在大学甚至连转系、转专业都很难。在我国最早实行学分制的武汉大学，曾经也实行过自由选课制度并在解决我国学生动手能力弱和贯彻我国全面发展的教育思路方面取得了十分显著的成就，产生了不少怪杰，可惜的是，由于种种原因没有持续下去。

采用连评形式的这两篇评论，针对同一话题，将中国教育现实存在的问题作为评论的对象。两篇文章，虽然话题一致，评论的对象相同，但各篇的立意与主题相对独立，侧重点与选材也各具特点。如果将两篇文章论述的问题放在同一篇文章中去写，一则篇幅过长，二则涉及的内容材料也过于庞杂，不利于写作者的组织安排。对于读者而言，也难免带来头绪过多的感觉，不利于对问题的理解与把握。

三、大中取小，以小见大

新闻评论作为论理性的新闻文体，篇幅不宜太长。除十分重大的问题以外，一般来说应控制在二三千字以内，否则就可能影响受众阅读或收听收看的效果。控制评论的篇幅，除了在表述上力求简明精炼之外，对于一些大的选题也要注意采用大中取小，以小见大的方法。

对重大问题或重要事件的评论，并非一定要面面俱到、写成长篇大论。而可以选取其中的一个方面的问题进行评论。当然，是选择能够反映本质的问题展开论述。这样就为评论找到了一个角度，一个有力的突破口。问题虽小，但与大问题紧密联系，开合自如。这样的评论论题相对集中，针对性强，便于评论者深刻论述，避免了不切实际的泛泛空谈，同时又压缩了篇幅，增强了文章的可读性。

例如，近些年来离婚率居高不下，如果铺开谈，既谈离婚率高的历史原因，现实原因，又谈离婚率与人们的生活态度的关系，离婚对于家庭和社会有什么样的影响，我们应该如何看待离婚问题等等。这样，涉及的问题太多，在有限的篇幅内必然难以谈深谈透，文章也难以收到良好效果。如《光明日报》登载的评论《孤独的雏雁能飞多远》（2003年1月4日，俞国良文）一文，就是从某一具体的点入手，强调了离婚家庭的孩子心灵上的孤独与受到的伤害，呼吁已经离异的父母双方应该更多地给孩子关爱与温暖，同时呼吁学校和社会都应该给予离婚家庭的孩子以更多的关怀和照顾。评论将一个与社会和家庭密切相关的大问题，落实到具体的实处，问题集中，论述深刻。

再如《各界导报》的评论文章《是谁让老百姓在吃高价药》（2002年8月9日，李盾文），也是一篇从大处着眼，小处着手的新闻评论。文章涉及的是医药体制改革的大问题，针对现在有不少医院给患者开高价药这一具体问题，评论鲜明地表达了立场，论题集中，观点明确。评论首先列举事实：

> 有些药厂、医院给患者开出暴利的高价药，还美其名曰“合法合理”。评论者指出，这是一些部门打着改革的幌子，搞合法不合情、合情不合理的勾当，借改革之名为各自的部门“谋福利”。

评论大声疾呼：面对如此高价药，不改革还等什么！文章提出的医院给患者开高价药的问题，实际上与国家的医疗体制改革问题有关。但文章从小处着手，针对一个具体实在的问题予以集中论述。文章虽然篇幅短小，但论述深刻，且有较强的可读性，问题的提出也对相关管理部门有参考意义。

第四节　注意选题的视角

所谓选题视角，是指评论者面对广阔的社会现实，结合媒体宣传的需要，选题时特别关注的问题角度或方面。对此，应重点考虑以下几点：

一、倾向性问题

新闻具有舆论引导作用，新闻评论的倾向性往往举足轻重，对人们的思想意识、行为规范及社会发展都可能产生影响，这是新闻评论者需要着重注意的。例如，现实生活中封建迷信的抬头，虚假浮夸风的泛滥，贪污腐败的不良风气以及社会生活、商品经济中的新问题与新变化等，都应当引起评论者的高度重视。

例如，《中国青年报》登载的评论《王海们还不能走》（2002 年 7 月 18 日，鲁宁文），评论谈到，上海市对于《上海市消费者权益保护条例》进行修订，新规定争议最大的是关于消费者身份的确认条款，条款所称的消费者，是指为生活需要购买、使用商品或接受服务的个人。对此评论指出，此条款如若通过，意味着一直致力于民间打假的“王海们”将失去存在的理由。评论由此谈起，在论述中，评论者旗帜鲜明地表明自己的观点和立场：“王海们”的打假顺应了消费者们的意愿，从打假的社会效果来看，应该支持“王海们”打假。评论针对王海打假及新规定问题，进行深入的分析。文章指出：

> 对上述条款，商家赞成、市民不赞同都是意料中的事。意见对立，反映出不同利益群体的利益诉求，并且双方必然会拉专家学者做各自的代言人。于是，赞成的专家学者强调《消法》不策动“替天行道”；反对派则坚持要从社会监督的角度积极看待公民打假。
>
> 《消法》支持公民打假。该法第 6 条明确规定：国家鼓励、支持一切组织和个人对损害消费者合法权益的行为进行社会监督。但尽管如此，单纯讲大道理，封杀王海们也不能说没有道理。而从现状出发，支持王海们打假，又有足够的理由。

接着，评论还从历史的角度结合现实，对王海打假的意义进行分析：

> “替天行道”，历史上的宋江喊得最响。所指的“天”，系宋朝的皇帝。今日有学者强调《消法》不策动“替天行道”所指的“天”，特指政府职能部门。仅从政府职能定位看，打假是治市的内容之一。只要政府切实这样做了，打假之类的活计的确无须王海们来劳神费心。
>
> 可问题在于，单凭政府打假，目前还很难遏制假货泛滥，而简单地责怪政府打假不力又于事无补，因为在一个转型社会中，政府自身也面临着‘转型’——政府与市场的关系一时还难以理清。此外，上下级政府之间、部门之间的行政权限及背后的利益分配边界也在调整之中。面

对地方的利益壁垒，要想所有的打假部门同心打假而不护假并不现实。

通过充分的摆事实讲道理，评论最后指出：一个讲秩序的法治社会，打假只能是政府行为。可理想状态的出现又需要法制和法治的保障。王海们打假谁害怕？答案不言自明。反对王海们打假的另一理由是打假动机。是啊！王海们的确很功利，而且还靠此行当达到了小康。可人们没理由为此泛酸。毕竟，王海们的存在令那些店大欺客的主儿担惊受怕。如此看问题，王海们打假的社会效果显而易见。何况，王海们作为"经济人"，借打假"谋私"并不违法。就目前看，取消"王海们"打假不可行。

在过去的十年间，中国老百姓在市场经济中频频遭遇"假冒伪劣"的困惑，出现了以王海为代表的民间打假英雄，政府管理部门面临着杜绝和消除造假这样一个严峻的问题。这是中国的市场经济能否顺利健康发展的问题，是社会主义国家经济改革进程中出现的从未有过的问题。评论针对这一新问题进行鞭辟入里的剖析，令人信服地让人们看到，在造假风气屡禁不止的当今社会，"王海们"打假的必要性及其合理性显而易见。评论鲜明地指出，市场中利益主体人之间的利益博弈很正常，舆论反映博弈者的不同声音也属正常。面对不同的声音，立法者的立场应当是，既从大处着眼，又从实际出发。评论明确重申了立场和观点：就目前看，取消"王海们"打假不可行。对于维护经济秩序维护消费者权益来说，应该支持王海打假。

二、薄弱环节的问题

新闻评论担负着宣传党和国家的方针政策、促进社会精神文明发展的任务。对于社会发展中存在的不平衡和薄弱环节，新闻评论应当予以高度的关注。现实中的薄弱环节问题一般比较具体，在经济、文化、教育、观念、法制建设等方面都可能存在，新闻评论及时地予以指出并进行深入地分析论述，有利于帮助人们深刻地认识、正确地把握存在的问题，对现实生活及实际工作起到积极的指导作用。

《华商报》登载的评论《别让好事串了味》(2002 年 11 月 18 日评论员文章)，针对西安市碑林区柏树林街道办事处城管人员打白条强迫东大街商户购买"见义勇为"明信片一事，评论作者说了"一些不得不说的话。"对政府部门工作人员的工作态度和工作方法存在的问题提出批评，表明了立场。据媒体报道，陕西邮政部门发行了一套"见义勇为"明信片，其主旨是宣传和弘扬见义勇为精神。该明信片邮资作为成本回收外，销售余款全部用于筹集见义勇为奖励基金，奖励那些为保卫人民生命财产安全舍生忘死、见义勇为、为维护社会治安做出贡献的先进人物。评论指出：

> 显而易见，这是一项非常有意义的社会公益活动。然而，好事却因为办事人员操作不当变了味。“强行摊派”、“打白条”的行为，掩盖了“见义勇为”的实质内容。对此，办事人员也是满腹牢骚，认为这是桩“出力不讨好的事”。据介绍，我省见义勇为基金每年财政拨款远远满足不了需要，这项活动主旨就是为了呼吁全社会对见义勇为行为的关心和支持，碑林区党政机关已积极竞购了明信片。可为什么这样的活动到了商户中就这么难以展开呢？

记者认为，并非“不讨好”，而是“力”出得不是地方。”工作人员因强硬的工作方法，没有向商户做应有的宣传和解释，而是硬性摊派，强求经营户购买明信片，以至没有一家商户明白认购明信片实际上是一项社会公益活动，对这项工作产生了极为严重的抵触情绪。结果工作人员也就陷入被动中，工作无法开展下去。针对这样一个好事变坏的结果，评论深刻分析了原因，指出：

> 可以想见，这种急功近利的办法，只能令办事成效大打折扣，甚至完全背离事情本来的目的。记者为这样简单的操作叹息，办事人员不仅侵犯了商户的知情权，而且低估了群众的爱心，是对商户的不尊重，同时也是对政府的不负责，更令人寒心的，是对宣传“见义勇为”主旨的漠视。

文章进一步指出，在行政单位的具体工作中，办事人员必须注意工作方法，以防止“将好事变坏”。

这篇评论，虽然是针对城管部门的工作人员因工作方法失当造成工作失误这一具体问题，评论本身却有着普遍的指导意义。评论涉及的政府工作中的薄弱环节问题，对政府机关的各个部门、对每一位任职的工作人员今后的工作而言，都有一定的借鉴意义。

三、人民群众关心的问题

现实中有一些问题与广大人民群众的工作、学习、生活有密切的关系，是人民群众普遍关心的，也是现实生活、工作当中的一些焦点问题。例如，就业问题、子女教育问题、住房和医疗改革问题、保险公司对保险责任的认定及赔付问题、社会治安问题、维护自身的合法权益问题等，新闻评论对此都应给予高度的关注。

近两年来，针对中小学生暑期的各种夏令营十分热门，媒体的报道很多。究竟这种夏令营有没有主办者所说的作用，有多大的作用，对于每一个家庭的每一个孩子来说都是一个令人关注的问题。《中国青年报》登载评论《花钱买苦有什么用?》（2002 年 8 月 22 日，王乾荣文），文章针对暑假家长们争先恐后地选择“让孩子上军校、下农村”的夏令营，掏钱给孩子们“买苦吃”的做法进行评论：

> 热衷于吃下乡苦的家长们，希望孩子们通过在田间地头的走马观花，能遍识五谷杂粮、能懂得农民伯伯稼穑之辛劳，从而培养出节俭勤劳的好品质，不枉费父母一番良苦用心。家长们让孩子来是冲着找“苦”吃的，正如一位家长所期待的：军训几天，下乡几天，重要的是能使孩子在体能、意志、品质等多方面有快速的提升。
>
> 可怜天下父母心。怕孩子太娇惯，于是花钱买苦吃。而当孩子背起行囊去参加夏令营时，又怕孩子吃着苦，奶奶姥姥妈妈爸爸抢着给孩子装零食、塞零花钱，有的甚至骑着自行车一路为孩子“保驾护航”。活动一结束，家长们觉得孩子真是吃了天大的苦，心里嘀咕：小小年纪哪吃得消。忙着把孩子的脏衣脏袜洗了，再买鸡炖肉一顿恶补。

作者深刻地指出，“买苦吃”在实际中已经成为表面文章，是自欺欺人的行为。那么，这样的花钱买苦吃对于孩子究竟起到什么样的作用，是否达到了家长和主办者的预期目的呢？评论者写道：

> 新学期开始了，铅笔橡皮已码放整齐，家长们谆谆教诲：从今往后你的任务主要是学习，其他什么都不用管。于是乎，小皇帝们又被放在蜜罐里养起来。学习是第一位的，家长们对孩子吃苦的事从此绝口不提。
>
> 而这个暑假，在孩子们的记忆中，也许只剩下了一两个在水中冲浪、在田野里奔跑的愉快镜头。这一切，与“苦”无关，与孩子的意志、品质、能力无关。孩子良好的体能、意志、品质，不是一朝一夕养成的，如果没有平时日常生活中一点一滴的言传身教和用心栽培，暑假里的紧急恶补，为孩子“掏钱买苦吃”，最后可能什么也买不到，最多，变种为“花钱买快乐。”

孩子是家庭的重心，是所有的父母共同关注的焦点，孩子更是我们社会的未来。这篇评论，就众多家长关心的孩子暑期的安排问题发表了看法，指出了家长、社会在孩子吃苦问题中的认识存在着误区，强调了因此可能产生的负面影响。评论所探讨的问题，是大家普遍关心的一个话题，对于每个家庭、孩子和有关孩子活动的组织部门重新认识这个问题来说，无疑是有积极意义的。

四、典型人物和典型事件

社会生活中的典型人物和典型事件，是新闻评论应该予以关注的对象。其中相当的比例属于重要的新闻人物和重大的有影响的新闻事件。新闻评论既可以对正面的典型人物进行评论，也可以对反面的典型人物进行评论，可以对光明面进行歌颂，也可以对阴暗面予以批判。例如对于各行各业的先进模范人物、英雄人物及其先进事迹的评论，对一些贪污腐败、违法乱纪等错误行为、错误观念的人物及事件的评论，都属此类。新闻评论应该针对所涉及的问题进行深入分析，并在论述中表明观点立场，表明态度，帮助人们分清是非，深刻理解、正确认识有关典型人物和事件的本质，以起到新闻评论的舆论引导作用。

《今早报》登载的评论《南京向按摩女收个人所得税有何不妥?》(2002 年 11 月 23 日，司徒雷文)，文中说，南京某地税局宣布向洗浴场所按摩女征收个税，在社会上引起了争议。评论认为这是一件自然而然的事情，是市场经济中的正常行为，没有什么值得大惊小怪。作者旗帜鲜明地表达了自己的观点立场，并批驳了反对南京地税局向洗浴场所按摩女征收个税的观点，评论进而分析说：

> 反对征税者的逻辑是，如果向按摩女收税，这不等于承认色情服务的合法性了吗？这一逻辑其实是不攻自破的：洗浴场所只要获准开业，从理论上讲就是合法企业，按摩女也就是其名正言顺的员工，如果收入超过个税起征点，自然就要交税。这有什么不妥吗？
>
> 当然反对者的主要依据是，不少按摩女的收入不全是合法收入，因此如果收税就等于纵容其提供性服务，于道德和法律都相违背。
>
> 按摩小姐提供色情服务确实是存在的，而这部分收入确实也是违法的。但问题是这部分收入税务部门根本无法监控，因而也就不可能针对这部分收入征税，这怎么能说是纵容色情服务呢？
>
> 洗浴和按摩是一种社会需要，国家不可能禁止；色情服务也是一种“需要”，国家明令要禁止，但操作起来有很大的难度（既有技术上的原因也有制度上的缺陷）。按摩女的收入一般都有两块，有明有暗，有合法的也有非法的，目前只能对明的进行合法的征税。这是一种现实，谁

> 也不能否认，因而向按摩女征税其实根本就不是问题，根本就没什么可争论的。

作者最后指出，事实上，洗浴场所和按摩女的存在与否并不是由税务部门来决定的，而是由人性和国情来决定的，把道德大旗交给税务部门来扛本就是一种错位。在道义和法律上禁止色情业的存在，都表明了我们这个国家和社会没有丧失道德理想和人格尊严。这也迫使许多人不可能脸不红心不跳地“享受”性服务。他们的性交易也只能是暗地里进行，即便是公然行之的也多局限于一个小圈子里。这应该是道德和法律威慑的结果，尽管不理想，但却是不容否认的。评论针对典型事件、敏感话题，经过充分的深入剖析，表达观点，明辨是非，帮助人们正确认识问题的实质。

五、现实生活中的新情况、新问题

社会处在日新月异的变化发展之中，改革开放带来了经济的繁荣和思想文化、科学教育等方方面面的进步，政治体制和经济模式也处在变革和转型的特殊时期，社会生活的各个领域都会有一些新情况、新问题不断出现。新闻评论必须跟上时代的步伐，不断追踪社会现实，针对这些新情况、新问题发表意见，表明立场。

如《中国经营报》刊登的评论《没有品牌谈何将来》（范卫华、闫荣伟文，2002年11月11日）一文，针对近些年来中国日化品牌因盲目合资，最终丢失了品牌，失去了市场，评论作了深入评介。评论者指出，品牌就像一个人，有时坚强有时却很脆弱，因而需要保护，才不致受伤害。而保护的最好方式，还是要靠自己不断的努力去壮大品牌的实力。作者深刻分析了中国企业丢失名牌的原因，评论指出：

> 那些一度上错合资花轿的中国日化品牌，当初的意愿一定是想沾外国情郎技术、资金、人才、营销经验等的光，来增强自己品牌的实力，达到维持生存或扩张市场的目的，但没有想到外国情郎却更高一筹，其结婚不是要继续打造中国的品牌，共享中国品牌成功后的利润，而看中的是中国品牌手中的生产线、劳动力，以及大片忠实的消费者群体甚至是销售网络，最终来冷冻中国的合资品牌，以达到扩大外资自有品牌市场、赚取更高利润的目的。所以，这场婚姻从以开始就是南辕北辙的婚姻，其结果注定要南辕北辙。
>
> 中国的老日化企业当初合资时犯了个最大的错误，就是将自有品牌

与设备转让给外资，而在合资公司里占据不到一半的股份，然后因为这不到一半的股份丧失了在企业中的决定权。而一个对自己的品牌没有决定权的企业怎么可能有效的保护自己的品牌？

分析了国有品牌失败的原因之后，对于今后如何决策，评论者亮出自己的观点：任何时候品牌都需要细心地呵护。包括合资，绝不能失去自主，否则，一旦因为不堪忍受受制于人的局面而结束婚姻想重新找回自我时，就会发现后悔已为时过晚。这从许多中国日化品牌留下合资的累累伤痕后，在花巨资回购期望重新开始生活却发现元气再难恢复的事例中可以看出。所以，在与外资的联姻中，一旦丧失自我，就不可能有自己的好品牌，而没有自己的品牌，就不可能有中国日化企业的长远发展。

新闻评论对现实生活中、工作中出现的新情况、新问题发表看法，能够提醒人们注意，在新事物产生和发展的初期就有比较清醒的理性的认识，既起到舆论指导作用，又有明确发展方向，促进社会进步的作用。在社会处于急剧变革的时代，新闻评论的这一作用就更加显著。

思考与练习

1. 选题在评论中占据什么样的位置？
2. 评论选题的来源有哪些？
3. 对于涉及范围广、题材复杂的选题应该如何处理？
4. 针对校园生活中的具体问题，选择大学生关心的话题写一篇评论。
5. 从选题角度分析以下评论：

战与和的天平倾向何方

“生命是死神唇边的微笑”。对生命这一极其庄重并令人敬畏的概念阐释，诗人的言说总是充满了睿智与凝练。11月21日，当一名来自约旦河西岸城市伯利恒的23岁青年一脚踏上一辆以色列公交车，并且抱定了一种不再敬畏生命的姿态时，死神的表情再度木然，车上多名上学途中的儿童的生命也戛然而止。从以色列公交机构提供的一份材料，我们更能看到一些残酷的事实，近几个月来，仅在公交车上发生的爆炸事件已经造成100人死亡，600余人受到不同程度的伤害。而就这起事件可以预见的一种结果就是巴以间的“和平路标”又搁浅了，新一轮无休止的报复与反报复又要上演了。

不难看出，巴以间这种畸形的报复行为有着深刻的背景：以色列长期对巴地区的占领，让巴人在心理上难以接受；同时，以色列打着“反恐怖主义”的旗，不断到巴控区滋扰；还有重要的一点就是双方不平等的力量对比，让巴极端组织无法不选择这样一种不人道的报复手段。但巴以局面不是一日形成的，任何以极端手段来挽回和平的想法与做法，亦都没有成功的先例，若以“不安全”和“为和平”为借口而不惜牺牲无辜生命去以暴易暴显然会遭到更多的谴责与不屑。因为和平之路的选择方式有多种多样。

而萨达姆在与美国的斗法中选择的余地却要小得多，他尽量乖巧地与联合国武器核查小组人员合作，没有让核查小组失望。而这种结果并非美国想看到的，在布什先入为主的思维指引下，核查小组迟早会遇到麻烦，而他们也将会有“出师”之名，所以，人为刀俎，我为鱼肉的伊拉克往后的日子可能更要小心翼翼了。

暂时没找到碴儿，让布什“倒萨”的前线受到了挫折。但北约东扩的脚步又向前迈进了不少。在原华约国捷克首都布拉格举行的北约首脑会议又接纳了七名新成员。北约的东扩不仅有欢声笑语，人们甚至听到了另一种不同的声音：北约已变成了一件百家衣，外表花哨了许多。而实际的苦恼也接踵而来：北约一个苦恼是如何调整它与美国的关系，法、德等国想极力摆脱美国对北约的控制。“9.11”后，“打击恐怖袭击”给北约提出了新的战略，新成员的进入，并没有增加北约这方面的力量，相反，却成了北约的包袱。

看来，北约东扩的必要性受到越来越多人的质疑。

（今早报2002年11月23日环球七日谈，赵峰文）

第四章　新闻评论的立论

立论也称立意，立论与选题是评论写作中不可或缺的两个相互联系的环节。选题要解决从现实中选取哪方面的事实或问题作为评论对象；立论要解决的是对这一事实或问题怎样认识和评价。新闻评论属议论性文体，其写作过程是一个运用论据对论点进行论证的过程。所谓立论，是评论者确立要表达的观点、立场，是指评论者对所要评论的现象或问题提出自己的看法，表明自己的意见，也就是确定评论文章的中心论点或主题。

就一篇新闻评论而言，不管它的篇幅是长是短，评论的对象是人物、事件或是观念、现象，是正面的宣传还是对阴暗面的揭露，都必须有一个明确的中心论点，而不是简单地罗列现象和问题。一些内容较丰富的评论文章，在其中心论点之下，又有从属于中心论点并为之服务的分论点，分论点之下还有围绕、说明分论点并为之服务的材料。在评论中，中心论点是全篇的纲，它统摄文章的分论点，全部的内容必须围绕中心论点来组织安排。同时，中心论点又是通过分论点及全部材料来表现的。立论解决的主要是中心论点问题，是评论者在动笔之前，在文章酝酿构思阶段对文章主题的思考与确定，是评论至关重要的一个环节。

第一节　立论是选题的进一步深入

对于新闻评论而言，一般选题在先，立论在后。选题是立论的基础，立论是在选题基础上的进一步深入。同时，我们还应注意到，选题与立论常常是相互交融，难以截然分开的，评论者往往在选题的同时就已经考虑到了立论问题。在现实生活中，某一问题、现象，或者某种言论可能会触动评论者，使评论者对此有所感，利用所占有的材料，进行分析思考，将自己的体会与观点表达出来。这在评论写作中是很自然也是很常见的情况。但是，也不排除评论写作中论点的变化与更换。由于人的认识具有反复性，立论常常不是一次性完成。作者一开始对于某个问题形成看法，有时需要回过头来对此看法进行修正和完善。这也符合辩证唯物主义认识论的客观规律：人们对事物的认识，是一个从外到内、由表及里、由粗到细、由浅到深的过程。认识是在不断地深入、不断的修正和完善中，是一个明辨是非的过程。

只有当选题与立论的关系相互协调统一了，这两个环节才落到了实处。选题作为立论的基础，一般而言，能够对立论产生重要影响，决定着立论的方向。但是，由于事物的复杂性，事物内部矛盾的不同方向及其与其他事物间的各种联系，有时立论会呈现出比较复杂的情况，归纳之，主要有以下两种：

一、选题趋同，立论角度各异

对同一新闻事实，不同的评论者在评论时会以不同的角度立论，从而提出各自的观点立场，这是评论中经常会有的情况。从客观方面来说，其一是因为人们观察问题的角度各有不同；其二是因为一篇评论文章，篇幅有限，不允许评论者面面俱到，只能够选择某一个角度来评论。从主观方面来说，评论者在立论时会极力避免与其他文章雷同，力求从其他角度挖掘出新闻事实的新内涵，提出自己的观点，谈自己的感受，以使自己的文章具有鲜明的个性，而不是人云亦云。毕竟，立论是文章的优劣、成功与否的一个重要判别标准。当然，这也是受众的需要，人们往往期望通过各种文章了解各个方面对同一问题所持的不同观点。这样，不同媒体针对同一新闻事实所发的评论，就不是整齐划一、口径一致的“千文一面”，而是围绕同一问题，从各个角度各个侧面的全方位的探讨。这样，各篇文章之间就产生了相互映衬、相互补充的客观效果。文章对于受众而言，既更加深入全面，同时又丰富多彩。这是一篇评论无法达到的效果，其强大的舆论影响力也是不言而喻的。

例如，对于典型人物或典型事件的评论，评论者可以从不同角度立论，挖掘人物或事件的内涵及其意义。有媒体报道，2002 年 11 月 25 日，位于西安市东二环路的安利公司遭三名持抢歹徒抢劫，10 余万营业款被劫，一名工作人员被枪打伤。这是安利中国公司继今年 1 月 26 日河南郑州安利公司遭持枪歹徒洗劫，91 万元现金被抢之后的第二次被抢。安利中国公司一年之内两次被抢，引起社会各界的警觉和思考。《三秦都市报》发表了两篇立论角度不同的评论。第一篇是《两次被抢的启示》(2002 年 12 月 3 日，记者逸鸿)，文章指出，“被抢后的公司人员对此极为漠然，甚至有人说：‘这对我们没啥影响，说不定安利的知名度还提高了呢!’‘歹徒为什么要抢劫安利，这说明安利实力雄厚。’“评论者认为，安利公司一年之内两次被抢，一则说明公司的保安措施有薄弱环节，二则说明，公司从员工到管理人员，没有树立正确防范意识。评论置疑，为什么被抢的不是其他金融机构，而是安利呢？公司的管理层应该反思。该评论文章立论的角度是：公司的管理层及员工的防范意识问题。第二篇评论是《出事以后怎么办》

（2002年12月3日，郝国庆文）评论认为：“公司出事了，出事以后，如果抱着忍一忍就过去的想法几乎是不可能的，因为现在的犯罪更多的是一种非法牟利的职业，不是一句“我鄙视你”，对方便抱头鼠窜，再不上门的。最重要的是，亡羊补牢，未为晚也，该补的漏洞补上，让对方无利可图。”立论是从加强防范措施的角度提出。两篇评论，由于立论角度的不同，对安利公司遭抢劫的新闻事件提出各自的见解，起到互补作用，观点明确，具有一定的指导意义。

二、选题趋同，立论不同

选题趋同这种情况是指不同评论者选取了共同的新闻事实、现象或同一言论等作为评论对象。在立论中，由于个人的世界观、人生观及每个人的知识水平、认识能力的差异，在立论上产生明显差别，对于同一问题提出不尽相同甚至相悖的观点，这在评论中属于正常现象。这种情况大多出现在署名评论中，评论对象一般表现出一定的复杂性或多面性。

某报曾登载一则消息：一队迎亲的车队浩浩荡荡行驶在车水马龙的大街上，当车队行到一条交通要道时，大小车辆堵在路上，迎亲车队退也不是，进也不成。迎亲的人们不知所措。有人提议，结婚的车队退回去，走另一条人少车少的路。这一提议立刻遭到反对，因为就中国传统的观念而言，新娘子走回头路是不吉利的，迎亲车队无论如何不能退回去。在迎亲车对进退不能之时，一辆公交车的司机带动其他车辆，给迎亲结婚车队让了路，使迎亲车队得以顺利通过。事后，有乘客称好，也有乘客抗议、埋怨。一时间，议论纷纷。

此事在报纸上引起了讨论。究竟公交车的做法对还是不对？对此，有的评论文章认为，公交车的做法值得肯定，因为结婚毕竟是一个人一生的大事，况且每个人遇到这样的事情，都希望能得到大家的热情帮助。公交车司机的做法是对结婚者的成全，是做了一件大好事，体现了社会大家庭的温暖。也有人提出截然相反的观点，他们认为：作为公交车，首先应该保证乘客的利益不受损害，这是每个司乘人员应尽的责任，是他的法定义务，不应该为了某一个人的利益而放弃和牺牲众多乘客的利益。为婚车让路，看起来是做了一件好事，实际上是放弃了原则，牺牲了广大乘客的利益，是司乘人员的失职行为。

针对同一事件，人们提出不同的看法和见解。在这样选题相同、立论相悖的评论中，评论者所持观点各不相同，这是由于评论者各自的出发点不同，看问题的角度不同。在上述的事件的评论当中，肯定司乘人员做法的观点，是从“情”的角度出发，主张每一个有爱心、讲感情的人都应该体谅“人之常情”，应该互相帮助，热心为别人排忧解难，让我们的社会成为一个温暖快乐的大家庭，真正做到“人人为我，我为人人”。而持相反意见的评论者是从“法”的角度出发，认为在法制社会，一切问题的解决都应该以法律为准绳，应该将义务和责任分清。

评论的这种选题相同，立论不同的现象当属正常。这是社会生活的复杂性、多面性的表现，也是人们在认识事物上存在差别的体现。再如，2002 年底，我国著名导演张艺谋执导的大型武侠影片《英雄》，在一片沸沸扬扬声中上映了。褒贬不一的评论鹊声四起。有评论说《英雄》是中国电影的一座里程碑，是一部举世瞩目的佳作，对它在国际电影节上获得大奖寄予厚望；也有媒体评论说，这部影片从商业炒作的角度来看是成功的，从艺术上看，既无吸引人的故事情节，又无人物鲜明的形象可言，简直是一无是处，对它失望之极；而得到丰厚的票房收益的电影发行商和电影院则喜不胜收，认为这是继美国大片《泰坦尼克号》以来票房最好的一部，其影响力甚至超过前者，是近些年来国产片中少有的一部好影片，等等。各种观点的评论文章数量繁多，不同的人从不同的层面、不同的角度，用不同的标准来评判同一部影片，得出的观点各不相同，甚至相悖。究竟孰是孰非，对于广大的受众而言，了解了人们对于一部电影的各种不同的看法，有利于深入全面地认识此部影片。

另外，在选题趋同的情况下，立论角度的不同、或观点上有差异的新闻评论，也是媒体宣传的需要。对于方向性问题、大是大非问题或重大新闻事件，媒体不能态度暧昧，应该以鲜明的观点，表明自己的态度、立场。但同时，媒体又不能总是完全照搬核心媒体的评论，或者一味地附和核心媒体的观点而完全失去主动，失去自己。在立论方面必须结合自身特点，发挥主观能动性，尽可能从新的角度，深入挖掘，表达出新颖独特的观点，避免人云亦云。

从文章写作的角度来看，立意的新颖与否，是判断一篇文章高下的重要标准。清代文论家李渔在《闲情偶话》中说："人维求旧，物维求新。新也者，天下事物之美称也。而文章一道，较之它物，尤加倍焉。"任何文章写作，对立论的要求都是相同的。求新，应该是文章写作的最高境界。新闻评论的写作，在立论上追求新颖独特，"言人之所未言，发人之所未发"，力求有新道理、新思想、新见解、新观念，这样既符合文章写作的一般规律，同时对于丰富和活跃我们的评论阵地，无疑也有着积极意义。由此，我们可以看出立论对于新闻评论的写作所具有的重要意义。

《羊城晚报》(2003 年 1 月 9 日，吴海菁文）登载评论《手机单向收费，该来了》。手机能否实行单向收费，以及何时实行单向收费的问题一直是人们关注的问题。对此，国家电信部门对于因竞争而实行单向收费的联通、移动两大电信集团多次行政干涉，监管部门更是一再重申单向收费不会在短期内实行。一些评论文章也是极力分析了个中的原因。《羊城晚报》的这篇文章针对目前手机的双向收费，提出自己的观点。作者认为，“2003年不是讨论该不该实行单向收费的问题，而是应该讨论如何实行单向收费。”评论首先分析了此前国家不实行单向收费的原因是单向收费难以保持电信市场已经逐步形成的竞争格局，单向收费不利于保护中低收入者，还会面临消费分摊的问题。但是同时评论认为，单向收费势在必行，是电信事业发展的趋势使然。评论者提出：从实际情况来看，联通和移动这几年相互竞争，从而实行变相单向收费的例子，已经数不胜数，监管部门一方面无力做出更多的干涉，另一方面却咬住双向收费不松口，山高皇帝远的地方享受的被叫免费的优惠措施在北京上海等大城市却只能沿袭一成不变的资费。评论认为，联通和移动一再打出的政策擦边球，说明政策的无奈，事实的存在，也为单向收费做好了铺垫。评论提出的观点，让我们看到，单向收费是电信激烈竞争的必然结果，它能够使政策的制订者重新思考单向收费问题。同时，评论指出，通信资费标准的制订是一件复杂的事情，必须平衡各个方面的利益，而且也应该通过电信价格听证会的方式，由国家价格监管部门、电信监管部门、运营商和消费者共同讨论最终决定。

这篇评论提出的观点与其他媒体的观点有明显的不同，是核心观点之外的另一种观点，但是文章立论有力，对于受众而言，具有可读性，同时具有启发人们思索的作用。

对于现实生活中存在的问题、现象和观念，不应该只有一种声音、一种观点，应该允许有核心媒体、主流观点之外的意见和观点存在。这既是新闻评论自身的客观规律，同时也符合改革时期党和国家的“百花齐放、百家争鸣”的方针。

第二节　新闻评论论点的形成和提炼

新闻评论论点的形成和提炼，是一个复杂、变化的过程。在讨论这一问题之前，有必要对评论论点的表现情况做出分析。

如前所述，立论就是确定评论的中心论点，中心论点是评论者通过对评论对象的分析而表现出的态度、看法、意见或主张，一般是可以由一个表示判断的主题句来表达的。论点可以出现在标题中，也可以出现在正文中。

在篇幅较长的评论中，尤其是社论、评论员文章，一般会在标题将中心论点表达出来。例如评论《依法治国，严惩邪教》、《建筑民工持证上岗亟须规范》、《准确把握干警思想脉搏，做实做活思想政治工作》、《把钱用在刀刃上》等即如此。首先在标题中表明观点，进而在正文中进一步深入阐发和论证观点。

2002年8月27日新华社的一篇报道说：河北省教育厅对今年高考中市县申报三好学生、优秀学生干部进行审查时发现，有80名三好学生和优秀学生干部不符合条件，被取消资格。教育部门指出，一些学生为达到高考录取时“加分”的目的，千方百计地走后门、拉关系，甚至制造假证明、假材料，以骗取三好学生和优秀学生干部的荣誉。

针对此，《中国青年报》登载评论《荣誉不需要加分》（2002年8月21日，马少华文），评论指出，高考作弊有多种形式与途径，这一种在考场之外可能产生的弊端，更分散，更不容易控制，给高考公正乃至整个教育公正带来的伤害更大。

按有关规定，省级三好学生和优秀学生干部在普通高校录取时要加10分，只有两次获校级、两次获县级和一次获市级的三好学生和优秀学生干部，才有资格申报省级三好学生和优秀学生干部。尽管记者采访时发现，河北一些地方还出现了专门为学生制造假荣誉称号、假手续的公司，有的还使用高科技防伪技术。高考时用得上的假荣誉，不同于大街上买到的假文凭，它们要走“后门”、拉关系，要通过学校、市县的一层层“申报”，才能达到目标。

评论指出：在获得荣誉的这个过程中，“实际上形成了一条妨碍公正的人际链条。这实际上是一种“蛀害”——随着一名学生被送入大学，一长串的不公正，不公正的人，不公正的心灵，都留在教学和教育行政系统内部。

评论者分析了荣誉加分制度带来的种种弊端：学生在校时获得的荣誉成了高考寻弊之途，是因为这种荣誉在高考时要加分。反过来，加分成弊，就有可能毒化学校的荣誉。

基于此，评论旗帜鲜明地提出：荣誉是不需要加分的。因为在人生中，荣誉本身就是“加分”。真实获得的荣誉也不需要补偿，因为它并没有“亏空”。评论进一步论证自己的观点，指出：荣誉本来就是精神和心灵之所获。一个学生不带平时的荣誉走进考场，他并没有失去什么，他的优秀素质还在身上，等着发挥。但是因为别人荣誉加分而落榜的考生，在考场上和试卷上是找不回来这个分数的。没进考场他就先输了几分。考场上决胜的几分，要到考场之外学校的荣誉中争取，考场本身的公平性就成了问题。荣誉成为高考分数的等价物，就可能把学校的荣誉体系、荣誉标准搞乱。

荣誉应该是独立出来的东西，尽管学校的荣誉难免与分数有关，但荣誉不应该是固化的分数。人生的一切得失都没法固化。以高考的荣誉加分固化一些同学的优势，在公平的伦理上值得怀疑。

对于篇幅较短的评论，如短评、杂谈等，有相当一部分并不在标题中显示出中心论点，只表明所评论问题的方向。如《重提“人人为我，我为人人”》、《中国军事形势的重大变化》、《再说行业打假》、《恐怖片和恐怖文化》、《督促程序中能否适用财产保全措施》等，标题只涉及评论的问题方向，并未将中心论点表达出来，论点将在正文中提出并加以论述。如《中国青年报》（2002年4月18日，舒广文）登载的评论《再说“偷一罚十”》。

评论指出，目前，越来越多的商店、超市规定“偷一罚十”，对其合法与否的讨论，也是众说纷纭。有人认为，经营者不能行使处罚权。而也有人认为，商店超市做出“偷一罚十”的规定完全是合法的，只是用“罚”字不妥，改成“偷一赔十”就无懈可击了。

评论认为：从民法角度出发，能否推导出这种规定的合法性，这还存在很大疑问。首先，商店、超市做出“偷一罚十”规定的行为，并不是一种单方法律行为。因为单方法律行为是一种只需要一方当事人做出某种意思表示，就可以产生法律后果的行为。比如我将一本书送给某位朋友，我将一个觉得没有用的柜子扔掉等。

评论指出，这种单方法律行为不需要他人的同意，但其行为不能有损他人的利益。所以，不经他人的同意，强加给别人一些有损其利益的事情，肯定是不合法的。由此可以看出，商店、超市的这种“偷一罚十”的规定，并不是单方法律行为，只不过是一种单方行为，但不合法。

评论者从法律的角度进一步论证观点：这种“偷一罚十”的规定，实际上是商店超市与消费者的买卖合同中，由经营者一方提出的合同条款。即使消费者只拿走商品，而不支付金钱，则必须赔偿给经营者十倍于商品价格的违约金。根据我国现行法律，这种“偷一罚十”的合同条款显然是不合法的。

根据《合同法》的规定，这种由经营者事先规定的，用来与不特定消费者进行交易所使用的合同条款，叫做“格式条款”。对于格式条款，由于消费者没有进行增删和选择的自由，因此，《合同法》第40条规定，加重对方责任的格式条款无效。这种“偷一罚十”的规定加重了消费者的违约责任，应认定其无效。

而且，也可将“偷一罚十”认为是买卖双方合同中的违约金条款，但是违约金应该是与经营者的损失大致相当。《合同法》第114条规定，约定的违约金过分高于造成的损失，当事人可以请求人民法院或者仲裁机构予以适当减少。因此，从这个角度来说，规定消费者必须以十倍赔偿也是不合法的。

可见，无论是从行政法的角度，还是从民法的角度来说，商店、超市做出“偷一罚十”的规定都是不合法的。

在评论的标题中，评论者并未将观点概括出来，只是标明了论题的方向。通过标题，我们只是看到：评论将对超市所做的“偷一罚十”规定进行评介。至于对此所持的观点，必须通过正文的阅读方可获知。评论伊始，作者首先批驳了

"偷一罚十"的观点，指出它是超市单方行为，而不是单方法律行为。在评论的结尾，作者指出，根据我国相关法律规定，这种"偷一罚十"的规定实际上是加重了消费者的违约责任，应认定其无效。无论是从行政法的角度，还是从民法的角度来说，商店、超市做出"偷一罚十"的规定都是不合法的。

不论是在长篇、短篇的评论中，在社论、杂谈、评论员文章、还是无标题的编者按语中，评论的中心论点的位置并不固定。既可以出现在文章的开头，也可以出现在文尾或中间部分。一般说来，在开头表达观点、在结尾时总结概括的评论较为多见。如评论《农村发展靠能人》(《各界导报》2002年5月10日，王厚坤文)，文章一开头就提出了中心论点："农村与农业经济发展的核心是能人。能人发展思路清、群众看得起，说话有分量，让那些通过合理合法手段先富起来的能人当'村官'，不仅有利于增收，农民致富，而且有利于改善干群关系，有利于社会稳定。"评论开门见山，干脆利落，观点清晰，一目了然。《不要讳言困难和危机》(《中国青年报》1986年11月14日，陈小川文)，此文持论新颖，独具卓见。文章伊始，评论者提出，任何事情不要讳言困难和危机，应该及时通报情况，让人们及时了解面临的困难和危机。评论列举了北京市两件颇有新意的工作，一是大抓节约用水，媒体大讲水源危机，几场大雨过后，马上如实报告城郊区降水量和水库蓄水量，并说明库区上游降水不多，危机未缓，告诉人们，如果不节水，北京市将面临生活用水管制；二是永定河上修了一座大桥，过往车辆一律收过桥费，一时怨声四起，媒体如实地为人们算了一笔帐，修桥的费用几何，国家没有投资，政府筹钱，过桥费一年可收回多少，收了以后还派什么用场，不收费前景是桥坏了没钱修，过往车辆还得在这儿卡脖子。文章接着从反面分析，如果讳言困难和危机，吃亏的是自己。最后在结尾，作者将自己的观点和盘托出："把危机和困难如实告诉人民，唤起人民共同战胜困难和危机，推动我们的各项改革事业，这才会有真正的同心同德。"这样的安排，是先把正反面论据充分摆明，之后将观点和盘托出，可谓水到渠成。

在评论的论点提炼中，需要注意的是，中心论点与分论点之间既互相区别又互相联系。如《解放军报》登载的评论《安逸也是一种考验》(2002年2月10日评论员文章)，评论的中心论点是，真正发奋图强、励志有为之士，才能自觉地把舒适安逸当作人生的一种考验，才能保持奋发有为，昂扬向上的精神状态，才能积极应对今后可能遇到的困难挫折。围绕此论点的分论点是：意志薄弱的人，处安逸舒适之中，必然会懈怠拼搏的斗志，泯灭奋斗的激情，停滞进取的步伐。分论点从反面论证：现实中有些人，包括有的领导干部，之所以犯罪，很多是从贪图安逸享受，不愿意过清淡平凡的生活开始的。中心论点与分论点之间既互相独立，又密切相关，分论点始终是围绕着中心论点服务的。

任何一篇文章，其中心论点只有一个，但是围绕中心论点则可以有多个分论点。有些评论文章，在中心论点之下就有从属于中心论点的分论点，分论点是作为中心论点的论据而存在，是为了论证中心论点而存在。中心论点是评论的重心，分论点必须围绕中心论点并为它服务。一般来说，评论从问题的几个方面去分析，就应该有几个方面的分论点。

任何一篇文章，其中心论点只有一个，但是围绕中心论点则可以有多个分论点。分论点是作为中心论点的论据而存在，是为了论证中心论点而存在。中心论点是评论的重心，分论点必须围绕中心论点并为它服务。一般来说，评论从问题的几个方面去分析，就应该有几个方面的分论点。例如在“要重视素质教育”这个中心论点之下，就可以从素质教育的准确把握与理解、素质教育的重要性、素质教育的迫切性、如何进行素质教育等几个方面进行论述。围绕素质教育问题的几个方面表达出的观点，就构成了整篇文章的几个分论点。它们既是围绕中心论点的分论点，同时也是“重视素质教育”这一中心论点的有力论据。在一些内容丰富、篇幅较长的评论中，在分论点之下，可能还有更小的分论点，这些小分论点围绕分论点，最终为中心论点服务。

我们讨论论点的形成和提炼，主要是针对评论的中心论点而言。当然，论点的形成与提炼也必然与分论点发生关系。评论写作者在考虑中心论点时，同时也必然会涉及分论点。那么，论点从何而来？如何确立评论的中心论点？我们试从以下几个方面来分析。

一、论点源于对现实的思考

论点从何而来？从评论的写作角度来看，论点源于对评论对象的分析。评论者必须对评论对象所涉及的问题有所思考，有所触动，并进行深入的分析，对问题有一个较全面的认识，继而得出自己的观点。

在新闻评论中，评论者作为主体，评论对象作为客体，二者都与社会生活息息相关，都不可能脱离现实而存在。从主体的角度来看，评论者的思想、立场、观点，是在不断的社会实践中形成的，离开了社会实践来谈论思想、立场、观点，就斩断了思想的源泉，就可能陷入唯心主义的泥淖之中。从客体的角度考虑，评论对象本身就是一种客观存在，是整个客观世界、现实生活中的一部分，是整个历史长河中的一个个不可分割的点。评论者对新闻事实进行分析从而得出论点的过程，就是依靠在实践中积累的经验及其所形成的世界观、价值观，对社会现实中的某种事物、现象、观念、行为进行评价，并发表意见、表达观点、表明立场的过程。

在这一过程当中有两个关键问题必须注意，它们对立论的高下、论点的正确与否及深刻程度有着重要影响。一是评论者在长期的学习、生活实践中形成的思想意识及所达到的认识水平，理论水平；二是用理智的头脑对事物分析的广度和深度。对第一点，我们应当不断追求，不断进步。但是思想水平、认识水平及理论水平的提高是一个渐进的过程，不是一时半会儿就能解决的问题，不可能一蹴而就，需要长时间的不懈努力。相比之下，对第二点的追求却可以在相对较短的时间内有所收获。我们说，论点源于对现实的思考就是从这一角度提出的，这种思考越广泛越深入，立论的基础就越牢固，实现论点的正确、鲜明、深刻和新颖的程度就越高。

1993年底，据媒体报道，中国著名的当代诗人顾城在新西兰的荒岛上用斧头砍死妻子谢烨，然后自缢身亡。有人在报刊上发表文章，公开为顾城大唱赞美歌，惋惜顾城是“一颗如烟而逝的心灵”，也有人说顾城杀妻是因为“他太爱她了”，竭力美化顾城的杀妻的行为，而对顾城暴行的受害方——谢烨的惨死却只字不提。《杂文报》发表评论《滴血的斧头不是诗》（1993年12月4日，陆建华文），评论者鲜明地指出，那些对谢烨之死表示沉默，而对顾城杀人表现出悲伤不已、深情悼念的作者和编辑，他们的文章对受众存在严重的误导，对人们的社会道德规范评价有负面影响。因为在他们的笔下，顾城那只“滴血的斧头被美化成了入梦如幻的诗”。针对媒体在这一事件的浮躁炒作，评论者以冷静的头脑分析了事件，理智地指出：舆论的误导，实在值得我们问一个“为什么”。然后针锋相对地表达了自己的立场：“滴血的斧头毕竟不是诗”。这篇评论在广大读者中产生了较大的反响。冷静的分析、深刻的思考，对于人们清醒地认识问题，起到了明辨是非、纠正错误舆论导向的作用。对于一些大是大非的问题，评论者必须保持清醒的头脑，抓住本质，分清本末，认真分析，深入思考，在立论时力求正确。

二、立足全部材料，进行全面、深入的分析

论点的形成有一个循序渐进的过程。人们在开始接触到一件事物时，依赖已有的思想观念，对这一事物就可能产生某种先入为主的看法。当然，这种看法未必就一定是错误的，但无论正确与否，都不能将此作为评论的观点，而只能将其作为评论主题的雏形，还应该进行更深一步的思索与挖掘。一般情况下，这个主题的雏形与最终完成后的主题，在方向上是一致的，也是相互统一的。所不同的是，前者只是一种初步的思考，后者是在前者的基础上成形的思想。但是，也有这么一种情形，作者在初步思考之后得出观点看法，在进一步对材料进行深入充分的分析后，有可能改变对问题的看法。原因是作者可能认识到原有的思考和观点过于片面和简单，是不切实际的，甚至得出与原先思考完全不同的看法，这样

就形成了主题的雏形与最终完成后的主题有所不同或完全不同的结果。

由此我们可以看到，在评论写作中，立足全部材料，进行全面、深入的分析是如何的重要。我们所说的全部材料，不单指某一事件或某一新闻报道的全部材料，而且也包括与此相关的历史资料和现实的其他材料。评论的写作，从立论到主题的论证，都不能脱离开材料。对于评论者而言，材料的积累是无止境的。对于评论文章的写作而言，对材料的占有是多多益善。如果材料不足，而评论者又浑然不觉，就可能给立论带来不良影响，在运用材料进行论证时更会感到捉襟见肘，势必影响到对论点的论证。反之，如果材料充足，评论者一则眼界开阔，二则运用起材料来能够游刃有余，这样就为立论奠定良好的基础，分析才可能全面，论点也才能站得住脚。

占有了材料，进而分析，得出正确鲜明的论点。这是评论写作过程中一个复杂的环节。在新闻评论中，所谓全面分析，就是要从事物的多个方面、各个角度去探求它，认识它，发掘它。如果局限于某一个方面或某一个角度，对事物的认识就有可能是片面的、浅层面的，不能深入其内里。对于评论者来说，要力求站在时代的高度去把握和认识事物，透过问题的表面去深入挖掘事物的本质。有了如此坚实的基础，通过深入的分析，才可能提出强有力的论点。在现实生活中，事物常常表现出多面性和复杂性，而且因为事物之间是互相关联的，因而使人不能轻易认识到其本质。随着历史的进步，时代的发展，人们对某一事物的认识与评判也可能会不断地发生变化，正如人们的世界观、人生观并非一成不变。美联社的一位总裁曾经说过，一百年前被奉为经典的东西，百年之后则可能被时代淘汰。在评论中，必须充分占有材料深入分析，充分认识蕴涵其中的复杂性，力求挖掘出事物的本质。

例如，近年来议论较多的舆论监督问题，新闻媒体有权力、有责任对社会不良现象、违法犯罪行为进行揭露和抨击。新闻舆论监督对于推动我国的法制建设无疑具有重要作用。遗憾的是，在履行这一职责时，发生了新闻记者被无端殴打、扣押，甚至遭黑枪、遭暗杀的情况都曾发生过。记者因为采写批评性、揭露性报道而受到打击报复的就更不在少数，不少媒体也因为发表批评性报道而陷入了旷日持久的新闻官司之中。可见，现实中的新闻媒体监督难的问题严重存在。要切实地实现媒体的舆论监督，就要保护监督者，在制度上设立保障机制，在法律上给他们撑开保护伞，解除新闻媒体、新闻记者的后顾之忧。

同时，我们还应看到，舆论监督的实施过程中的确存在一些问题。有些新闻报道出现了部分失实，甚至完全失实的情况，有些新闻媒体一味地强调新闻自由及知情权，而忽略了新闻报道对于公民的隐私权的尊重和保护。舆论监督的实施过程中，有些媒体热衷于新闻炒作，一些不负责任的新闻记者为博取轰动效应而忽视了新闻报道的真实性。因新闻媒体的滥“炒”和“宣判”而影响到司法审判甚至影响司法公正的情况也有发生。这也是近些年来在实际工作中新闻官司、新闻纠纷接连不断的原因之一。所以，如果评论者就舆论监督问题要发表评论的话，就应当全面地看问题，从舆论监督问题的各个角度、各个方面去分析，既要从问题的正面去考虑去分析，又要从问题的反面去思索去把握，以防止得出片面的结论。尽管在一篇具体的评论写作中，可以对其中的某一个问题、某一个方面有所侧重，但是在立论时必须全面地占有材料并进行全面地分析，以得出正确、有力的观点。

决定新闻评论立论的高下，还要看评论者是否对材料进行深入的分析研究。作者必须开动脑筋，充分发挥主观能动性，对所占有的材料进行认真思索，力求对事物的认识深入表里，努力挖掘事物的本质。对于新闻评论而言，鲜明、深刻、新颖的认识正是来源于对材料的充分占有及对事物本质的深入挖掘之中。《中国青年报》登载的评论《是非不是理由——“王超伤亲案”引发的思考》（2002年10月18日，钟潮文）就是一篇分析深入的文章。据媒体报道，山东鲁能队的球员王超殴打妻子和岳母，把50多岁的岳母打伤，老人被打进医院就诊。评论文章首先指出：从2002年5月24日到2002年10月17日，尘封100多天的“王超伤亲案”终于被媒体曝光。但让人不解的是，在挖名人隐私恨不得掘地三尺的今天，“王超伤亲案”竟然无声无息地与岁月一起流逝着。更让人不解的是，当此事被曝光后，网友们对王超的同情声竟然超过了讨伐声。在声声同情中，王超为什么伤亲成了主要矛盾，而与大多数公众素未谋面的王超妻子及岳母似乎成了“罪有应得”。就连一位与王超相熟的记者亦感慨到：“王超其实很单纯，很老实。”

评论明确指出，这是一起家庭暴力案件中的是非，是无法将本案化了的是非。评判名人的是非是件很容易的事情，但当是非演变为暴力事件，并已被公安机关立案侦察后，公安机关侦查的将是钉是钉铆是铆的证据，法院量刑依照的将是《刑法》有关条款及本案的犯罪事实，而不是那些所谓的是非。

评论进而分析这起伤亲案的原因。指出其深层的原因是中国职业球员整体素质的低下：“或许王超的妻子行事确有不通人情之处，或许王超其人果真如俱乐部及当地记者所言单纯老实，但我们真要给伤亲一案画个问号的话，答案不应该是那些是非，而是中国职业球员低下的素质，是很多人金钱至上的道德标准，是形同染缸的中国足球大环境，还有某些俱乐部有意无意张开的保护伞。”

评论并没有停留在事件的表面就事论事，评论者更进一步地分析说，中国足球职业化走了近9个年头后，联赛水平没见提高多少，但足球圈内污七八糟的事儿却愈演愈烈。假球、黑哨、赌球已经成风，现在连暴力事件也从球场延伸到场外。在“王超伤亲案”之前，山东鲁能队就曾出过郝伟伤亲事件，还有早前曝出的“金德球员伤人案。”至此，评论者大声疾呼：这些血的教训，足以警醒中国足协和各俱乐部，中国球员的素质已到了必须整顿的地步，那种一心想大事化小、小事化了的心态，不仅对球员是一种纵容，更是法制意识单薄的表现。

在进行了层层分析后，评论总结说，“王超伤亲案，对于公安机关来说只是个小案子，但对素质教育严重缺乏的中国足球圈却是具有警示作用的案例。很多足球学校都有这样的横幅：踢球从做人开始。但我们的教练员、管理人员不妨扪心自问，你们是如何为人师表，又是如何教球员做人的？”文章不是就事论事，而是从王超伤亲案这一具体的事件，深入分析了事件所反映出的中国足球运动员及足球教练及管理层存在的问题，对于所有关心中国足球的人们（包括球员、教练员、俱乐部、足球协会及足球管理层及球迷）来说，敲响了警钟，促使人们深刻思考这一事件背后所包含的现实意义。

三、要以正确的立场、观点、方法为指导

在新闻评论中，正确的立场、观点、方法起着举足轻重的关键作用，是写作的思想基础。评论者进行立论，必须对所要评论的事件或问题提出自己的观点和主张，表达自己对事物的主观认识和评价。在这一过程中，要保证观点的正确性和充分的说服力，离不开正确的立场、观点和方法的指导。

所谓立场问题指的是，评论者究竟是不是站在绝大多数民众的一边，代表大多数人的利益、为人民服务。是站在公正的立场，还是站在少数人的一边，站在狭隘的个人立场上，为少数人的利益服务。所谓观点问题，指的是评论者个人的思想认识是否符合客观事物的发展规律，是否反映事物的本质、代表历史前进的方向。所谓方法问题，指的是评论者究竟是以科学的辩证唯物主义为指导，还是以唯心主义为指导来分析研究问题。

立场、观点、方法，既决定着立论的方向，也决定着立论的成败。针对同一事件、同一问题，评论者的立场、观点、方法不同，必然会得出不尽相同甚至完全相悖的结论。例如，在中国近现代史上，一些御用文人站在少数人的立场上，代表封建官僚、买办、反动阶级的利益，逆历史潮流而动，他们的言论必然是腐朽、保守和反动的；而代表广大人民群众利益，反映进步思想的革命者李大钊、瞿秋白、鲁迅等人的言论则是革命的、进步的和充满生命力的，它们代表着社会发展的前进方向。

对任何一个问题的看法，都存在立场、观点、方法的问题。立场、观点、方法问题不仅表现在对大是大非问题的看法上，也同样表现在对具体事物、具体问题的看法上。以正确的立场、观点、方法为指导，是评论者在立论时必须重视

的，它是新闻评论立论成败、正确与否的关键。

第三节 立论的基本要求

立论在某种程度上决定着一篇评论文章的成败。那么，怎样的立论才算成功的立论？如何立论？新闻评论的立论有哪些具体的要求呢？

一、有的放矢，针对性强

新闻评论面对的是广阔的现实生活，评论的题材范围几乎不受限制，可以涉及社会生活的政治、经济、文化、科技、军事、体育、金融等各个领域。但是，新闻评论必须做到有的放矢，有针对性的选择评论对象，不能盲无目标。所谓有的放矢，就是要选择那些有评论价值、有指导意义，属于广大人民群众关心瞩目的焦点问题等发表评论，表达观点。这样，评论文章才能产生较大的社会影响和社会效应，才能有较为明显的舆论指导作用。现实生活中的问题无奇不有，复杂多样。大到国际国内重大事件，小到日常生活中的琐事，都可以成为评论的对象。新闻评论既可以对大的问题表达观点，也可以针对小问题发表见解。无论评论的问题是大是小，其衡量的标准关键是要看选择的问题是否有意义。对此，评论者绝不能片面地认为只要评论涉及的是大问题，针对性就强，而评论涉及的是小问题，针对性就差。必须注意到评论问题的现实意义。否则，即使是对大问题进行评论，也可能因大而无当，造成文章针对性并不强。还可能会因此将一些有现实意义的生活现象、看似琐碎细小的问题忽略。

总之，在立论时要考虑文章是否能产生社会效应，能否产生较强的舆论指导作用，是否具有现实意义，这是立论有无针对性的总体衡量标准。具体地说，立论时应该注意以下几个方面：

1．针对重要事件、大是大非问题立论。对于重大事件、大是大非问题，新闻评论应当积极关注，旗帜鲜明地提出看法，表明态度，起到引导舆论的作用。例如，近几年的有关美国公然轰炸我驻南联盟大使馆事件、“法轮功”问题、台独分子企图搞分裂的问题、重大的贪污腐败案件、单位个人严重的偷税漏税问题等，众多媒体曾发表过大量评论文章。《中国青年报》发表评论《不明财产该当何罪》(1999 年 10 月 14 日，李天伦文)。在现实社会中，随着国家反腐力度的加大，腐败分子落入法网之中越来越多。但不少贪污受贿数额巨大的腐败分子，却说不清自己的财产来源。评论者首先列举了一个典型事例，广东某市委书记的私人存折里有来历不明的现金 5 000 万元，创下了历年来广东省检查机关侦破的巨额财产来历不明案中数额最高的记录，而他自己所供认的受贿所得只有30多万元。评论者针对此，一针见血地指出，所谓的“财产来源不明”实际上是腐败分子造成的假象，目的是钻现行法律的空子。他们并非说不清楚巨额财产的来源，而是故意不说、不愿说清楚。评论分析了个中原因：“腐败分子实际上心里很清楚，我国刑法规定犯巨额财产不明罪，顶多处5年有期徒刑，而你一旦讲明巨额财产来源于贪污受贿，数额巨大的便会有性命之忧。两相权衡还是不说为上策。”

评论者从腐败分子的心理上进行了分析，指出“行为人在非法所得的事实被发觉后，往往利用罪与罪之间法律定刑的差异，规避法律的重刑，拒不供认巨额财产的来源。”评论者认为，从这个角度上来说，某些法律条款在一定程度上增长了犯罪分子的侥幸心理。这样的结果，无疑与党和政府反腐败反诉贪的决心相悖离。

揭穿了腐败分子的所谓“财产来源不明”的假象，评论者点明了全篇的观点：“应该完善法律，将法律的漏洞堵上，使得腐败分子无空可钻，这将对于我们反腐败具有强有力的效用。”在经济发展中，腐败已成为我们社会的一大毒瘤，是党和政府致力于根除的一大弊端。评论者针对这一现实问题提出观点、表明态度，集中体现了新闻评论对社会热点问题的关注，具有较强的舆论引导意义。

2．针对迫切需要解决的实际问题立论。任何时候都存在迫切需要解决的一些实际问题，例如目前的国企改制问题、机构改革问题、社会保障问题、司法公正问题等，评论者应当给予关注，提出看法和意见，积极宣传和呼吁解决，起到促进作用。如前两年关于下岗职工再就业问题，是整个社会普遍关注的大事，关系到每一个下岗职工，也关系到整个社会的安定。媒体对此给予极大的关注，发表了一定数量的评论文章。江泽民总书记在刚刚闭幕的全国再就业工作会议上强调，国有企业下岗失业人员，为国家建设做出过贡献，理应得到国家和社会的关心和帮助。解决好他们的再就业问题，是整个就业工作的重中之重，是各级党委和政府以及全社会义不容辞的责任。各级党委和政府一定要下更大的决心，花更大的力气，集中力量搞好国企下岗失业人员再就业这项重大而紧迫的任务。

当前，我国面临的就业整体形势十分严峻，其中最为突出、最为紧迫的是国有企业下岗失业人员的再就业问题。下岗失业人员上有老，下有小，家庭负担很重，生活难。他们普遍年龄大、文化程度低、技能单一，就业竞争能力弱，再就业难。这是近几年来党和政府一直关心的大事。对此，评论列举了有关数字资料：

这几年下岗失业人员再就业率呈逐年大幅下降之势，1998年为50%，2001年为30%，今年上半年仅为9.1%。评论指出：从各地大量的实践分析，对下岗失业人员如不采取积极的扶持政策，很难实现再就业。而他们的长期失业又会进一步加剧生活困难。只有帮助他们实现再就业，靠劳动收入的提高才能从根本上解决问题。

评论分析了国企下岗失业人员的诸多问题之后，阐明了观点：

重点解决国企下岗失业人员再就业问题，关系改革发展稳定大局。如果这个问题解决不好，不仅会影响已经取得的改革成果的巩固，影响企业改革和经济结构调整的深入，还会影响社会的安定团结。正因如此，在做好“两个确保”工作的前提下，积极帮助下岗失业人员实现再就业，使其安居乐业，是当前和今后一段时间实现企业和社会稳定必须解决的紧迫问题。

3．针对社会弊端立论。在社会发展过程中总是存在着这样或那样的问题，新闻评论的针对性也体现在评论者善于发现和敢于披露社会弊端。例如贪污腐败问题，乱收费乱摊派问题，走私、贩毒吸毒、制假售假问题、社会不良风气问题等，新闻评论应当给予揭露和批判，分析其危害性，挖掘其根源，以利于消除弊端。

《中国青年报》经济时评栏目登载评论《汇款附言收费的“牌坊”》（2002 年 8 月 17 日，许迅雷文），据北京媒体 9 月 12 日报道：国家邮政局负责汇兑业务的部门说，邮政汇款留言收取“附言费”的执行时间肯定要推迟。而此前的报道是，国家邮政局今年 7 月下发文件，规定附言费收费标准：附言中每个汉字收取 0.1 元，从 10 月 1 日起，全国邮政系统全面推行。

言下之意是，推迟也好，不推迟也好，反正汇款附言费是要收的。

涨价对于中国的老百姓来说，并不陌生。评论者选择了一个大家熟悉的现象。评论向我们描述了邮政汇款涨价带来的收益：邮局实行电子汇兑以来，收汇款者可以在所在地任意一个邮局取款，这样很方便，很好。汇款几乎都要有附言，规定每张汇单在 30 字以内，也差不多够用了。但问题是，“附言费”按每个汉字 0.1 元收费，30 字就是 3 元，这样甚至能超过小额汇款本身的汇费；每笔汇款附言费取中间值，以 1.5 元计，这是一笔不菲的收入。据报道：“自 1996 年全国邮政汇款总额突破 2 500 亿元大关后，以后几年一直维持在 2 800 亿元左右，最高的 1997 年达到 3 600 亿元。如果一笔汇费收入按 1% 计算，每年邮政的汇费收入可达 28 亿元左右。”汇款总额 2 800 亿元，就算每笔 2 800 元，那也有一亿笔，可见附言收费是个“亿元大计”。

紧接着，评论让我们看到邮政汇款涨价的原因是什么。“在这番粗略的估算后，我们来看有关部门工作人员对收费做出的‘解释’。”

解释一：据报道，广州市邮政局有关人士表示，国家邮政局正是出于对用户负责才会暂时取消收取留言附加费的计划，“其实收费的目的并不在于增加收入。”这真是一个伟大的解释：一年有上亿元的进账，却不是收费的目的和初衷。

解释二：有报道说：“有些用户往往为了几个字的留言一改再改，使原本一两分钟就可以办妥的业务，耗时大大增加，影响了邮政部门的工作效率，也浪费了其他用户的时间，而当留言收费之后这样的情况有望减少。”这个理由让我这个难得一笑的人也忍不住笑了出来。用户在窗外写留言改留言怎么会影响窗内工作人员的“工作效率”？如果能，我在窗外写留言花上8小时，你岂不是在窗内一天都无法工作了？就算“写留言改留言影响了邮政部门的工作效率”，那么，相信收费之后，顾客为了省字，会花更多的时间写留言改留言，岂不是更影响了邮政部门的工作效率，也浪费了其他用户的时间？

解释三：有报道说：“现在难免出现敲错字的情况，如果适当收取费用，也会增加职工的责任心。”敲错字、不负责，是职工的素质问题，是单位的制度问题、管理问题，跟顾客交不交费何干？或许也有关系，那就是收费收多了，职工工资奖金就能多发，工资奖金拿多了，那就要讲讲良心，别把字敲错。但是，不要忘了，没有严格的管理制度，拿5 000元月收入的员工照样会把你的字“敲错”，其敲错率决不会比一个拿1 000元但受严格管理制度制约的员工低。

作者列举了邮政部门令人啼笑皆非的涨价“原因”，继而予以有力地驳斥。层层剖析之后，作者的观点态度十分明了：对邮政部门的这一做法及其解释提出置疑并予以完全否定。“邮政汇款涉及千家万户，如果现在汇款仍然是邮政的垄断业务，那么，此刻我们在这里讨论收费不收费是没有意义的。问题就在于，近年来各银行纷纷携电子汇兑的技术优势，开始与邮政争抢汇款市场，垄断的肥硕果实邮政已经吃不成了。在此情况下，邮政管理部门的确需要多一点将来的市场经济意识。如果“附言费”是市场经济这只“无形的手”使然，那就大大方方地收好了，干吗还要七解释八解释，既要收费，又要立牌坊？”文章语言犀利，立论大胆。评论者旗帜鲜明的指出，中国这个日益与世界接轨的发展中国家，应该有市场经济意识，而不是借助计划经济、垄断经济的这只“无形的大手”，作者更否定了邮政部门文过饰非、掩耳盗铃式的解释。

二、论题集中，观点鲜明

所谓论题集中，是指评论针对现实生活的具体人、事、现象、观念等进行立论，不能分散注意力，使论题过于笼统、宽泛。一篇评论所涉及的问题应当是一个，而不是两个或更多。必须要凝聚在某一点上，在这个点上立论，涉及的人或事可以不限于一个或一件，但必须是集中于一个点上，而无所旁骛。否则，如果论题过于笼统宽泛，必然使立论漫无边际，造成论点不深不透，泛泛而谈。只有集中目标，围绕一个具体的问题，文章才可能深入透彻。“伤其十指不如断其一指”的道理在此也是适用的。

在问题集中的基础上，还要做到观点鲜明，这是评论性文体的特点所决定的。新闻评论不同于新闻报道。新闻报道要讲求客观，用事实说话，记者一般只报道新闻事实，而不直接表达自己对于新闻事实的观点、立场；而新闻评论却要求评论者必须表达自己对评论问题的主观思想，而且要直接地、旗帜鲜明地表明态度，亮出观点，用不着委婉、隐晦、“犹抱琵琶半遮面”。正因为如此，一些评论的标题中直接概括了文章的观点。当然这并不是说所有的新闻评论的标题都应标明观点，评论的观点既可以通过标题反映，也可以在文中进行归纳，这只是观点表达问题的形式而已，并无高下之分。需要强调的是，观点是否鲜明，是衡量评论文章高下的重要标准。

有报道说，成都市某外国语学校初二的 4 名学生家长因提出转班遭学校拒绝而向媒体投诉，同时，全班 20 名学生也正酝酿集体向学校提出转班要求，原因是外语老师廖某夏天经常穿着露脐装就上讲台，还经常给孩子们讲与教学无关的内容，说什么某歌星是她的亲戚云云。针对学生的转学要求和家长的非议，廖某也很愤然地问：“老师就必须放弃自己的某些基本爱好和生活习惯?”针对此，《今早报》登载评论《讲台不是 T 型台》（2002 年 11 月 23 日，成彪文）一文，评论者指出：“的确，在这个崇尚自由和民主的时代里，穿什么衣服、说什么话都是每个人自己的事，别人不能干涉。”“然而，看到一个着装暴露、口无遮拦的人站到三尺讲台，我却无法保持沉默。”评论者鲜明地指出：“道理很简单，当她站到课堂上时，她就是一名教师，其言行已经不是个人行为，而是行使国家育人职能的公职行为；她所站的不是几十个学生的课堂，而是一个育人的阵地；她面前的三尺讲台不是 T 型台，而是祖国未来接班人的成长摇篮。

作者进一步阐述，“在法学中，有‘选择权利就要放弃权利’的提法。廖某选择了教师这个职业，就“必须放弃自己某些基本爱好和生活习惯”，如果再在三尺讲台上穿露脐装、随口讲与教育教学无关内容的话，也不符合教师职业工作规范，聘用她的学校就必须纠正她的失教行为。教师以教书育人为业，故不仅要给学生传授知识，教师自身的形象如何，同样也相当重要。

评论者提到另一件事：上海市虹口区第三中心小学要求女教师上讲台前必须化淡妆。同时，学校还要求女教师从进校门起，头发不能染色，不能穿超短裙、吊带衫等。评论者评介到：尽管穿衣打扮纯属个人私事，但作为为人师表的老师如何打扮才得体，至少在管理者和受教育者那里都有一个起码的“度”。

三、切合实际，说理透彻

新闻评论的说理是建立在现实的基础之上的，立论说理离不开对实际问题的分析，分析要实实在在、恰如其分，说理要符合客观规律，做到主客观的统一，不应故作高深，故弄玄虚，脱离事物的自身规律，这是切合实际的第一方面含义。第二方面含义是指新闻评论的立论说理要适应受众的实际需要，不能放空炮或偏离目标。

《光明日报》登载评论《令人担忧的“紧跟”》(2003年1月2日，景志强文)就是一篇切合实际，说理透彻的评论文章。评论针对目前大学生的高消费攀比心理，发出感慨：大学生在享受上处处事事地“紧跟”，实在让人担心。评论列举了一个典型事例：一间学生宿舍8个人，8部手机，5台电脑，7部文曲星，2部掌上电脑。面对这些拥有，大学生们笑称：“要紧跟时代的步伐”。针对此，文章指出，对于大学生的个人喜好，我们无意过多地去指责，但如果这种紧跟背离了明确的方向，仅仅在物质上让孩子们得到满足，不积极地加以引导和启发，那么很难想像，如此紧跟之后我们面前走过的将是怎样的一代。文章的分析说理步步深入，思路清晰可见：

> ——大学生的高消费大多来自家庭的赞助，真正靠自食其力高消费的人并不多，在享受上处处紧跟，而在学习上却很难步步紧跟。一旦出现这种状况，势必影响孩子们的成长。
>
> ——如此紧跟还会引发相互攀比的心理，在比较行头时和在这方面花费的精力必然会影响孩子们的正常学习和生活。一些孩子因家境困难，心理上难免产生自卑的情绪，甚至可能会有因此误入歧途的学生。

最后，文章得出结论：我们需要“紧跟”，不是在享受上的“紧跟”，而是在学习上紧跟世界的知识潮流，不是盲目地攀比的“紧跟”，不是无知贪图的“紧跟”，而是在事业上勇往直前去探索科学真理的精神……

评论是要说理的，如果只有观点而缺乏恰切透彻的分析说理，观点也就失去了基础，难以服人。在此文中，评论者使用了一些论证分析方法，紧扣论点，深入剖析，使文章论理透彻明晰，给读者留下了深刻印象。

四、善于发现，追求新颖

文章贵在创新，新闻评论也不例外。求新是受众的需要，所以它是评论者的追求。社会的不断发展变化为新闻评论的出新提供了条件，同时也提出了要求。求新，关键在于立论方面要能给人以新的启示和新的认识。要紧跟社会的发展，从现实中发现新矛盾、新问题、提出新见解。出新又可以表现在立论的不同层次，有以下几点最值得关注：

1．寻找引人注意的新由头和新论据。评论的由头多种多样，一般是一则新闻事实，包括现实生活中的人、事、现象等，也可以引用一段话、一句名言、一条俗语、一组数据，一个场面，不一而足。关键在于，不论使用怎样的由头，就由头本身而言，应当能给受众以新鲜感为好。

1997年7月4日《经济日报》登载的经济评论《指错就是指出路》一文，其由头是："前些时候听小天鹅股份有限公司的一位负责人讲课。他认真地对大家说：消费者指错就是指出路。"评论指出，作为企业将指错提高到指出路这样的高度，足见其分量之重。评论是有感而发，从一则具有新闻性的事件写起，新鲜而有吸引力。

论述中还应注意选择新论据，尤其一些未使用由头的新闻评论，其论据之新就显得更为重要。

例如《领导干部慎交友》（《法制日报》1999年12月7日，陈志坚文）一文，在说明"身居高位的领导干部时有落马，他们当中有相当一部分是与交'大款'朋友有关"时举了三个论据：一是原湛江市委书记陈同庆，结交一批大款朋友后，收受贿赂680多万元，处处为走私分子充当"保护伞"，使国家流失税款60多亿元；二是原广西壮族自治区副主席徐炳松，与社会上一些不法之徒称兄道弟，打得火热，不惜用党纪国法为所谓的"铁哥们"谋取私利；三是原宁波市委书记许运鸿，与"大款"朋友沆瀣一气，大肆贪污受贿，给国家造成上亿元的经济损失。

这几个论据，都是近一段时期发生的新闻事实，以此来证明观点，不仅有力而且新颖。

2．要有新的发现。有新的发现，是说评论涉及了新问题、新矛盾，从而引起人们的关注。

例如近年来辩论比赛曾一度兴盛，且把辩论现场搬到了电视屏幕上，不论是组织者、参与者，还是新闻媒体，都十分郑重和重视。辩题更是丰富多彩，五花八门。《辩论比赛的困惑》（1996 年 4 月 22 日，《人民日报》柴米河文）一文，针对有些辩论赛的辩题问题提出了质疑。文章列举了一些辩论比赛的情况：有一次国际辩论比赛，辩题是“愚公应该移山还是应该搬家”。认为愚公应该搬家的是中国一所大学的辩手，而外国一所大学的辩手则认为愚公应该移山。比赛结果，评委们判定，持愚公应该搬家论者的中国辩手为胜方。还有更出奇的，据报载，某学校举行辩论赛，辩题是“猪聪明还是人聪明”。结果是认为“猪比人聪明”的一方为胜方。

文章重点对“愚公移山”的论题问题进行了分析，指出这则寓言的“寓意是在艰难险阻面前，只要不屈不挠，坚持奋斗，终会取得成功”，“这种精神在激励和鼓舞我们党、军队和人民战胜艰难困苦，夺取革命和建设胜利的伟大斗争中，起过很大的作用。愚公移山的故事及其含义在我国家喻户晓，妇孺皆知。如今，在同外国学生的比赛中，愚公的后代——中国的大学生却在滔滔不绝地论述愚公移山的行为多么愚蠢，搬家避开困难显明智；……而最后还是中国学生的‘搬家论’取胜，这对于普通的中国人在理智上和感情上都是无法接受的。”文章最后谈到：……如果这种辩论比赛确如某些人所言，只是为培养“辩才”所需要，那就关起门来让少数人去辩论吧，大众媒体大可不必传播这样的活动。如果想对大众有益，非要公之于众不可，那就得换一些更有感染力，更能让人理服情动的节目。

在这里，作者敏锐地关注到一个容易被人们忽略的问题，即公开传播的辩论赛辩题不当所产生的副作用，这是由辩论比赛这一新事物所带来的新问题。文章通过深入恰切的分析，言之成理，令人信服。

也有一些评论紧跟时代的发展变化，关注到了一些全新的问题，由此立论，发表看法。《网络世界：法律的新课题》（1999 年 10 月 11 日，《法制日报》秦平文），就是对网络违法这一新问题进行分析，呼吁符合网络世界自身规则，又在现实中切实可行的网络法能够尽快出台。

3．要有新见解。社会生活中的新问题层出不穷，新闻评论应该及时抓住复杂的矛盾予以深入地分析，提出有建树性的见解，以期对当前的实际工作起到指导作用。新见解可以从新问题中得出，也可以从老问题中得出，关键是立论独特，有新意，且要言之成理。新闻评论应该有使命感——对于社会生活不合理的现象应该予以毫不留情地批判，充分地把握与深刻地分析其不合理的内涵。

《中国经营报》2002 年 11 月 11 日登载一篇题为《专利费由出口波及内销 DVD 面临 100 元大考》（记者侯雪莲）的新闻报道。报道称，继中国出口的 DVD 相继向国外企业交纳专利费用后，国外专利企业再次提出要求，从明年开始，在国内生产销售的中国 DVD 产品也要开始交纳专利费，费用折合人民币 100 元。

目前有关收费额度、收费日期的谈判正在进行中。相关人士分析，继今年出口DVD被迫涨价之后，明年内销DVD机价格仍会上涨。

针对此报道，《中国经营报》发表评论《专利麻烦为何频袭家电企业?》(2002年11月11日，濯吾足文）文章深刻指出：外国公司向中国企业提出收取专利费的要求，绝对是来者不善。即使这次有幸像上世纪80年代末美国无线电公司（RCA）向中国企业征收专利费那样无果而终，中国企业也不会那么轻松。据知情人士透露，目前关于征收专利费的前期谈判已经有几个回合。

> 中国多次受到该问题的困扰，究竟是为什么呢？文章进一步分析了个中缘由，指出，专利费的本质是知识产权问题，过去，缺乏自主知识产权的中国企业，生产的产品绝大部分在国内销售，对外国市场的影响不大。那时，拥有自主知识产权的外国企业采取了“放水养鱼”的策略。但是现在不同，像彩电、微波炉、DVD这样的产品，中国都是世界最大的生产国，对外国市场的影响越来越大，对外国产品的威胁也越来越大，他们不会再坐视中国产品将原本属于他们的市场一口一口地侵蚀掉。正因为如此，在谈到中国企业获得欧盟40万彩电出口配额的时候，仍然有市场人士理性地指出：中国彩电走向欧洲市场的路绝非从此坦途。

文章说，对于如今又遭到的彩电的知识产权和专利费的麻烦，对中国企业和中国产品来说，知识产权已是绕不过去的坎儿。作者明确指出，如果这类问题不能从根子上解决，即使这次侥幸过关，还会有其他外国企业给我们制造麻烦。再一步讲，这种索取专利费的事情会不会发生在其他产品身上，都是不可预知的。

评论最后指出，国人必须对这个问题的严重性有充分的认识，企业必须在中长期技术、重大技术、核心技术开发上投入人力、物力、财力，否则将无法和外国企业竞争。

思考与练习

1. 什么是新闻评论的立论？如何看待它在评论写作中的地位？
2. 怎样认识新闻评论立论与选题之间的关系？
3. 如何在评论写作中做到立论新颖？
4. 试对以下评论的立论予以评析：

“捧高的感觉”

兰贵来可以说一夜之间成为南京城里的新闻人物。7月初，当其举报人身份公开后，老板把他解雇了。举报英雄被解雇，于是成了南京媒体大炒特炒的热点新闻。身处热浪之中的兰贵来，头脑非常冷静。他说：“我只是个普普通通的贫民百姓，只因为痛恨腐败说了些真话，不想现在受到那么多的关注，我有种被捧高的感觉，这种感觉让我不安。”(参见7月9日《南京晨报》)

这种“被捧高的感觉”来自何处呢？我看主要来自媒体的“捧”。自从兰贵来公开举报人身份后，各种桂冠纷至沓来。当他被解雇以后，媒体更是狂轰滥炸，专题热线持续火爆，响个不停的电话铃声带着种种“关怀”不期而至，乃至“成为温暖与爱心的海洋”。老同志固然以兰贵来为荣，原来不熟悉的同志也特意赶往媒体给他打气，表示向他学习。甚至有关学者及法律界人士也高度关注此事，认定媒体对举报英雄兰贵来的报道对推进反腐败工作有着非常重要的意义，呼吁营造能够切实保护举报人的规范制度，从法律、法规入手保护举报人的正当合法权益，让举报人放心大胆举报腐败，从根本上解除举报人的“后顾之忧”。看起来，这都是正常反映，这些报道与“捧”似乎完全不相干。但是，翻开这几天的报纸，人们还是可以从字里行间分明感觉到让兰贵来深感不安的那种“被捧高的感觉”比如有的媒体对准备雇佣兰贵来的人受到匿名电话威胁大肆渲染，连兰贵来自己也感到莫名其妙。兰贵来说，自举报以来，他自己都没有接到恐吓电话，现在有人要聘用他的事刚刚经媒体报道几分钟后，竟已有人打恐吓电话，这事太可怕了！也正因此，兰贵来对未来的工作产生了犹豫，他一遍遍地说：要是因为我去上班，导致人家人身安全受威胁，导致这个单位集体财产受威胁，我该怎么办？而我去哪儿上班，自己的安全又哪里谈得上有什么保障呢？举报腐败的人，本来就是普通人，而根本不是不能融于社会的“刺猬”。这种“被捧高的感觉”，真让人不寒而栗。至于有的媒体名义上“捧”兰贵来，实际上在“捧”自己，更是媒体自我炒作的老手段，明眼人一望而知，那就更加不必多费笔墨了。

这种“被捧高的感觉”，让人想起我们过去对英雄人物的宣传。刻意把英雄模范人物宣传成“神”，让普通人与他们之间的距离变得可望而不可及，是过去司空见惯的宣传方法。这种“捧高”，其实是一种隔离，把英雄模范人物与最广大的人民群众分离开来，高是高了，结果却高高在上，孤立得很。这样的宣传效果往往适得其反。有的模范英雄人物原来做了许多让人钦佩的事情，周围的人对他们也非常敬佩，大家工作生活在一起，非常融洽。结果被几个秀才一宣传，一下子变成孤家寡人，谁也不肯再接近他。原因不是周围群众觉悟低，而是我们的宣传方法有问题。故意拔高、拔苗助长只能神话宣传对象，使之脱离群众。这种经验教训，言犹在耳，为什么许多媒体偏偏视而不见呢？让举报人重新感受这种“被捧高的感觉”，真是于心何忍！

（《中国青年报》2002年7月17日，金陵客文）

第五章　新闻评论的论证说理

新闻评论的论证说理是经过选题立论之后进入的另一个重要环节或阶段，这个阶段的主要任务就是怎样选择、使用好论据，用恰当的论证方法来证明论点。用论据证明论点的过程叫做论证。论证并不是论点和论据的简单拼合，而是要努力揭示论据与论点之间的必然联系。许多评论文章的论证过程往往表现得比较复杂，需要进行认真的分析和推理，否则，就是有了好的论点和论据，也未必能写出好的评论文章。

新闻评论的论证说理与一般议论性文体的论证说理有相通之处，在论证类型、论证方法、论证说理的要求方面基本一致。同时，作为一种新闻文体，新闻评论的说理又具有一定的特殊性，在论理方面会呈现出一些特点，下面也将论及。

第一节　新闻评论的论证类型

新闻评论与一般议论性文体一样，通常可分为立论和驳论两种基本论证类型。就一般议论性文体而言，还可根据文章是以立为主，还是以驳为主，将议论文分为立论文和驳论文两大类型。按理说，新闻评论也可以从这个角度着手，分为立论式新闻评论和驳论式新闻评论。这个问题涉及到了新闻评论的分类，后面有专章探讨这个问题，在此，我们仅就新闻评论的两种基本论证类型加以说明。所谓立论，就是证明一个论点是正确的；所谓驳论，就是证明一个论点是错误的。这里所说的论点既包括一篇评论的中心论点，也包括其中的分论点。

一、立论

新闻评论要对现实生活中的人物、事件、现象、问题等进行评议，提出自己的看法和主张，要肯定或倡导某种行为、思想，要宣传党和国家的各项方针政策，宣传依法治国、建设社会主义法治国家的大政方针。因此，正面提出看法和主张，并加以证明，是新闻评论最常用的论证类型。

例如《依法治国：安民兴邦的基本方略》(《法制日报》1998年12月16日)一文，评论的标题就是对中心论点的概括，文章以三个分论点来支持中心论点，这三个分论点分别是：1．依法治国方略的提出，确立了法律的权威；2．依法治国方略使民主建设有了空前牢固的法律制度保障，依法治国成为社会主义民主政治的实现形式和坚强后盾；3．依法治国方略把社会主义市场经济作为自己的经济基础，并成为这种基础的有力保障。在分论点之下，是对分论点，同时也是对中心论点进行的论证和阐述。文章采用正面论证的方式，有力地证明了中心论点。

二、驳论

新闻评论还要对一些错误的思想、行为发表看法，对其进行反驳和批评，这样就必然要使用驳论的论证类型。在评论实践中，存在着反驳和批评两种情况，二者关系紧密，不可分割，但又各有侧重，处在不同的层次上。反驳主要针对某种思想观念而言，批评主要针对某种行为、现象而言。批评某种行为或现象是为了遏止它，同时也是为了肯定和提倡另一种行为或做法。反驳是为了论证对方论点的错误，驳倒对方的错误观点，同时也是为了树立自己的正确观点。

在评论实践中，立论和驳论这两种基本类型常常是交互使用的，“立”中有“驳”，“驳”中有“立”的情况大量存在。一篇以“立”为主的评论，会提出一些错误的观点并进行批驳；一篇以“驳”为主的评论，除了批驳之外，还要提出自己认为正确的观点并加以肯定。

如《发牢骚与听牢骚》(见《人民日报》2002年8月12日，柳桂珍文)，就具备这样的特点。

本报七月八日《牢骚有害无益》一文，对一些同志爱发牢骚的现象进行了剖析和批评，读后颇受启发。在此，想对问题的另一面做些补充。

牢骚多半源于郁郁不平之感。人们生活在社会中，总会遇到各种各样的问题，各式各样的矛盾。一旦问题和矛盾解决不了，难免发些牢骚。牢骚有别于意见和建议，意见和建议多是从正面谈，牢骚大多从反面说，比较消极。发牢骚可以理解，但不能提倡，牢骚还是越少越好。但牢骚终究是一种客观存在，对领导者来说，对牢骚不能不听，也不能全听。被牢骚所左右，或者简单批评斥责，都不是明智的态度。对牢骚加以鉴别、分析和思考，或许可以从中汲取一些有用的成分。

有的牢骚是对领导的批评。一个地方，一个单位，有些牢骚怪话不足为奇，但如果发牢骚的人比较多，就很值得注意。好比风是雨的头一样，这是一个信号，一种提示。沿着这个线索，可以发现平常注意不到的问题。看一看自己在工作中是否有疏漏和不足，看看个人品质方面哪些需要检点，并及时加以改正。“有则改之，无则加勉”，这是领导者应有的胸怀。一般来说，牢骚确实偏激、消极，但有些牢骚还是有可以斟酌之处，其中甚至不乏好的意见和建议，即使是没什么道理，听听也无妨。该澄清的澄清，该解释的解释，该改进的改进，这也是在有针对性地做思想工作。思想工作做到家，牢骚自然就少了。牢骚多，一个重要原因是群众没有说话的地方。所以，要减少牢骚，一个重要问题就是要从制度上保证下情上达。干部和群众之间要打成一片，保持经常的思想交流，真正做到知无不言，言无不尽。

有的牢骚是对社会生活中某些不良现象看不惯，气不打一处来。对不良现象的气愤可以理解，但都化成牢骚怪话则于事无补。对这类牢骚不提倡、不鼓励是对的；但更重要的是要做工作，帮助干部群众正确看待社会生活中存在的这样那样的问题，区分什么是支流，什么是主流，什么是现象，什么是本质。绝大多数干部群众是通情达理的，经过帮助，可以分清轻重是非，掂量大局和局部。问题是我们必须乐于并善于和群众交流思想，做思想工作。如果遇到尖锐一点的问题就躲，不敢面对面地做工作；或者做工作也只讲一般性的道理，不能把理讲明，把话说透，就不能掌握思想工作的主动权。

总而言之，牢骚是消极的，发牢骚是不可取的，但牢骚往往“事出有因”，有些牢骚中还有些可取之处，关键是我们要正确对待它，给予正确的教育和引导。这样，就能化消极因素为积极因素，使我们的工作不断得到改进。

文章开头先告诉我们牢骚由何而来：现实生活中存在着各式各样的矛盾，问题解决不好，难免引来牢骚。经过论证最后得出结论：对牢骚要具体分析，不可不听，也不可全听，要正确引导，化消极因素为积极因素。文章摆事实、讲道理，边驳边立，说服力大增。

在立论性评论中，没有明显驳论或批评的文章也占有一定数量。但是大多数立论性评论都不同程度地关注到问题的另一方面，含有驳论或批评。在驳论性评论中，有驳论或批评，就一定会有立论或肯定。反驳一个论点是为了确立另一个论点，批评一种做法，是为了倡导另一种做法。如果没有后者，驳论和批评也就失去了立足点和方向。

"立"和"驳"是评论者从正反两个方面思考问题的结果，有利于新闻评论说理的全面和深入，有利于充分地论证和突出论点，增强文章的说服力和战斗力，应当予以足够的重视。

第二节　新闻评论的论证方法

论证方法是评论者在论证过程中思维脉络的表现，是把论点和证据或观点和材料组织起来的途径，评论者在进行论证的过程中必然要使用某种论证方法，否则论证说理就无法完成。

论证方法的形成以客观事物的相互联系为基础，依赖于评论者缜密有序的思考和组织，是主观与客观相统一的结果，在这方面，我们的前辈积累了大量的经验，形成了多种多样的论证方法。

论证方法是针对议论性文体而言的，由于新闻评论属于议论性文体，因此，适用于一般议论性文体的各种论证方法也同样适用于新闻评论。目前比较成熟和常用的论证方法主要有例证法、引证法、喻证法、比较法、反证法、归谬法、分析法、归纳法、演绎法等。在这些论证方法中，有的是形式逻辑的方法，有的是辩证逻辑的方法，有些则具有形象化的特征。

新闻评论对于论证方法的使用灵活多变，不拘一格。一篇文章既可以使用一种方法，也可以兼采多种方法，以综合使用多种方法的情况最为常见。论证方法既可以用于文章局部，也可以用于全篇，只要安排有序，就能够起到相互协调配合证明论点的作用。以下，我们对常用论证方法作一些简要说明：

（一）例证法

例证法就是列举出相关事实证明论点的方法。这里所说的事实既可以是历史的，也可以是现实的；既可以是具体的人或事，也可以是概括的某种情况或现象，或者是数据、图表等。

例证法是新闻评论最常用的方法之一。用事实来证明论点历来被人们所重视。使用例证法表面上看十分简单，但是要用好它却并不容易，必须注意把握好以下几方面问题。

1. 事例要典型。典型的事例是真实的，但真实的事例却不一定典型。所谓典型的事例，是指既有代表性又能反映事物本质的事例，它是共性与个性的统一，同时又是真实的。如果我们忽略了其中的某一方面，而随意选取，就可能犯片面性的错误。

典型的事例对所要论证的观点会给予强有力的支持。事物常常会表现出多面性，要作出科学、准确的评判就必须全面地考察它。例如公民举报违法犯罪行为这一问题，一方面因为人民群众的踊跃举报，而使一批批贪污受贿的贪官污吏和一批批偷税骗税的不法之徒落入法网。另一方面，也有不少举报人受到打击报复、诬告陷害，甚至倾家荡产，受到人身伤害。第二方面的情况是客观存在，要找到举报人被严重迫害的事例也并非难事。但是，如果仅凭这样的事例，就要证明举报制度不好，应予取消，这样的论据显然站不住脚。因为这样的事例本身虽然是真实的，但并不典型，所以无法反映举报问题的全貌和本质。加之缺乏广泛的代表性，无法让人心服口服。

2. 事例要充足。事例充足指的是在证明论点、列举事实时要有一定的量，材料不能过于单薄。我们发现，有时尽管事例很典型，但由于比较单一，就容易给人留下“势单力薄”的印象，而一旦事实充分，给人的感觉就是“无可辩驳”的。

如新闻评论《把死记硬背逐出现行教育》(《中国青年报》2000年5月15日，端木文)，在谈到转换教育观念、将死记硬背逐出现行教育的问题时举了这样的例子：

……5月15日中央电视台播出一条消息：山西省对高中会考做出重大改革，其中一项内容是政治、历史两科将采用开卷考试。这对高中毕业生来说真是一个好消息。我认为，这是将“死记硬背”逐出我国现行教育的一项重要举措。其意义，绝不仅是为了给学生减负。

众所周知，政治、历史两科，是最让学生头痛的，因为需要死记硬背的内容太多，人物、事件、年代、意义、结论，差一点儿都扣分；政治里的“时事”部分，年年翻新，老师惟恐覆盖不够，挖空心思编出的题目，让人眼晕。我曾看过一份中学生的政治试卷，里面竟有“论证国有大中型企业扭亏转盈的途径”这样的题——这种生吞活剥真让人啼笑皆非，不要说对企业经营毫无感性知识的中学生，就是经济学家、政府官员又有几个说得清楚！难怪一家中央大报的总编辑，在试着做完女儿高考的政治试卷后感叹：“我都没有把握考及格！”

这就提出了一个重要的教育话题：学生的脑子，究竟是用来做什么的？

在一次关于相对论的演讲中，有听众给爱因斯坦提出一个问题：“你知道音速是多少吗？”在座的以为爱因斯坦会脱口而出，没想到他想了一下说：“不知道”。于是举座大哗，觉得一个顶级科学家竟连这个简单的常数都不知道，简直不可思议。可爱因斯坦嘟囔道："如果在任何一本中学教科书上都可以查到，我为什么要记住它呢?"

这真是一个绝妙的回答，表明了他对什么样的知识应当"记住"的标准——举凡可以随手查到的知识，只要知道从哪里能找到就行了。也就是说，人的脑子不是用来装各种死知识的"容器"，而是用来思考、创新的"发动机"——"授人以鱼，不如授人以渔"!

我曾多次在报刊上看到过国人对美国人的嘲笑，好像那里的人连四则运算都有很大问题，中国人飞快心算得出的结果，美国人总是弱智般用计算器按半天——这与美国高度发达的科学技术形成了难以理解的反差。我就此询问一个在美国大学任教的朋友到底是不是这样，他说是，连许多数学博士都这样。"为什么呢?"我大惑不解。教授朋友笑着说："在美国，一切可以用电脑做的事儿，都交给了电脑。人的脑子，通常只做电脑做不到的事!"这个观察直让人沉思良久。

中学理科教育中的解题计算，是一点也不亚于文科死记硬背的沉重负担，学生做作业的大部分时间，都耗在解题计算上，这种繁复的计算与创造力毫无关联。上海教育界早早就认识到了这一点，几年前就将计算器引入了高中教育，去年更是破天荒地引入了高考。这个顺应人类社会发展潮流、将教学时间用在开发学生创造力上的明智之举，目前仍是形单影只，乏人响应。

我想，无论是山西的开卷考试，还是上海允许学生使用计算器，其意义，并不简单止于"减负"，而是教育思想的一次转换，是学生的脑子应该用来干什么的核心问题。

据瑞士洛桑国际管理开发研究院发表的2000年"国际竞争力报告"显示：中国的国民素质、科学技术和国际竞争力的世界排名在逐年下滑——国民素质由1998年的第24位滑至第29位；科学技术由第13位滑至第28位；国际竞争力由第24位滑至第31位。如果我们把这种令人不安的下滑与我国教育多年来的"发展"联系起来看，将教学时间和重点放在什么方面，就早已不是一个理论问题了!

这样的列举因典型事例的组合而增强了说服力，显然较列举单一的事实效果要好。当然，事例要充足，并不是说越多越好，过多的事实堆叠，不但影响文章的简明，而且会降低评论的说理性。

3. 揭示事例与论点间的联系。使用例证法，并不是列举了事例就大功告成，为了进一步揭示事实与论点之间的内在联系，将论题向纵深开掘，在列举事例后往往还需要给予必要的分析与议论。

评论《不要念念不忘自己的级别》(《人民日报》1990年8月5日，庄电一文)，在论说有些人过于看重自己的级别这个问题时，列举了几个实例：一是某次会议后，因软卧票紧张，只好给一位可以享受软卧待遇的人买了一张硬卧票，此公大为恼火。二是有位有级别的人出席某次会议，可能是会议组织者的疏漏，将其他同级别的人请上了主席台，而单单落下了他，气得此公愤然提前退席。三是有一位领导的级别提高了，可由于惯性作用，人们一时还转不过弯来，仍沿用以前的职衔称呼他，像以前一样对待他，弄得他心中十分不快……

列举之后，评论者分析议论道：一定的级别，按规定享受一定的待遇，这本是党和人民对某些人工作、生活的照顾。有条件，照顾一下未尝不可，但有时条件不具备，也并非一定要时时处处都享受相应待遇。至少作为个人不应把享受待遇作为追求的目标。

群众对级别高的人有更高的要求，不仅要求他们有较高的水平、能力，还要求他们有很宽广的胸怀、很高的思想境界。而闹待遇、讲排场、念念不忘自己级别的人，必将被人们所轻视。从个人角度来讲，闹待遇也往往得不偿失、自寻烦恼。

如果说常想着自己的级别的话，那首先应多想想自己是否具备了相应的水平和能力，是否做出了相应的成绩和贡献，是否取得了相应的威望和信任？只有这样，才有不断进取的力量，才有严于律己的自觉性，才能真正赢得人们的尊敬。

这三段文字紧扣事例中某些“有级别之人”的思想和行为，围绕论点，从正反两个方面进行了简明扼要的分析，揭示了事例与论点间的联系，论证过程也得以完成，论点呼之欲出。

(二) 引证法

所谓引证法，就是引用名人名言、格言、警句、科学公理、权威性言论等，来证明论点或说明问题的方法。与例证法的列举事实相比较，引证法引用的是理论性材料。理论性材料之所以能够证明一个论点的正确或错误，是因它们经过了时间的考验和实践的检验而被人们所认同，从而具有权威性。但引证不能过多，要避免以别人的观点代替自己的论述。

引用某一言论之后，一般应加解释，讲明其含义，并使之紧扣论点，发挥作用。此外，运用引证法还要注意以下几方面问题：

1. 要准确无误。引证的内容必须准确，准确无误是引证的最基本要求。引证时要抄录原话，注明出处，仔细对照，包括标点符号都必须毫无差错，不允许对原文进行任何改动，那种既要引用，又只表述个大意而不抄录原文的作法不能算作真正的引用。

2．要贴切。贴切与否直接关系到论证的效果，如果引用的言论等与所要证明的论点关系不紧密，不仅收不到有力证明论点的作用，还可能产生副作用，破坏文章结构的严密性和逻辑的严谨性。要注意具体分析，不可简单推理，要使引用的内容恰当贴切，关键在于认真寻找与仔细选择。在找不到贴切的言论或公理的情况下宁可放弃引用也不应勉强使用。

3．避免断章取义。断章取义的做法大多是有意为之。引用者在摘取被引用的材料时，从自我需要的角度出发，放弃了对自己的论点不利的一面，而只选取对自己的论点有利的一面，被引用的材料被割裂、肢解，只能反映原文的局部含意，而不是全部意义。这样的引用，从表面上看似乎并无大碍，经过分析议论与论点也相互贴合。但是，这样引用存在着隐患，一方面难使熟悉引文的人信服，同时也破坏了文章论证的严密性，给论敌留下了把柄，要避免断章取义的做法，关键要有一个严肃认真的科学态度，要有一种锲而不舍追求真理的精神，做到正确引用，无懈可击。

为了让大家有一个感性的认识，我们来看下面这个例子：

> 今天，本报发表的上海第一医学院附属中山医院开展医德教育的报道说明：医院要讲究精神文明。
>
> 有些医务人员道德观念淡漠，缺乏应有的医德教育，这是一个带有普遍意义的问题。抓住这个问题，大力提倡社会主义的精神文明，正是医务界思想政治工作方面的一个重要课题：
>
> 什么是“医德”？“医德”就是每个医务人员应该具备的职业道德。我国是具有高尚道德观念的文明古国，我国医务人员具有良好的道德传统，古代就对“医德”有专门的论述。如早在南齐的《诸氏遗书》中就曾指出：“大医者，非仁爱之士不可托也。非聪明理达不可任也，非廉洁淳良不可信也。”唐代医学家孙思邈在《千方金》中写道：“若有疾厄来求救者，不得问其贵贱贫富，长幼妍媸，怨亲善友，华夷愚智，普同一等，皆如至亲至想。”由此可见，古代医家十分强调医家的道德。

这篇评论员文章的论题是《医院要讲究精神文明》，在论题抛出后，作者首先回答了什么是“医德”的问题，他说：“医德”就是每个医务人员应该具备的职业道德，接着强调我国是具有高尚道德观念的文明古国。为了证明古代医家十分强调医家的道德这一观点，作者使用了引证法，用《诸氏遗书》、《千方金》中有关的论述印证自己的观点，显得厚重有力。

（三）喻证法

喻证法是一种用比喻来阐明事理，论证论点的方法。评论是以议论说理为主的文章，在论证中经常会遇到比较抽象深奥难以理解的问题，直接说明不容易把问题讲清楚，这时如果使用一个恰当的比喻，即用人们容易理解的浅显的事物或道理来比喻说明不容易理解的深奥的事物或道理，就容易把抽象的道理讲得深入浅出，形象具体，给人留下较深刻的印象。

在使用此种方法时，常常用“好像”、“好比”、“打个比方说”等提示性语言将比喻引出。当然，有些喻证并无提示性语言出现，而是直接使用，例如：“没有梧桐树，引不来金凤凰”、“从‘穷庙富方丈’说起”等。

喻证法因其具有形象化特征，在社论、评论员文章中一般很少使用，多用在署名评论，特别是杂谈、随感中。使用时多处在文章的局部，但有时也统领着整篇文章。例如评论《“一把手”想当“千手观音”》：

我不是“一把手”，但因工作关系，同“一把手”几乎是每天必打交道的。

一天，我们在一起研究完工作后，只听“一把手”重重地叹了口气：“我要是‘千手观音’就好了！”对他这难以言状的“苦衷”，我深表同情。

不是么？大凡上级在布置某一项重要的工作（我迄今尚未发现什么时候布置个不重要的工作）时，哪一次不都这么讲：“一把手一定要亲自抓！”自然，理由是十分充足的。可是，掰起指头一算，该“亲自抓”的又太多了！譬如，“两个文明”建设是全党的中心自不必说，理所当然应该亲自抓；计划生育是三大基本国策之一，要亲自抓；发展教育、扫除文盲，乃四化建设成败之关键，要亲自抓；植树造林、绿化祖国，是造福子孙的大事，要亲自抓；青少年的教育，事关祖国的未来，要亲自抓；民兵建设、政法工作，身系国家安危、社会安定团结，要亲自抓；还有审干、落实政策、干部培训、撰写党史、县志、发展广播电视……等等，等等。真是多如牛毛，不胜枚举！

“一把手”处在“一”的位置，当然理应对各方面的工作都加过问、支持。但是，应该明白（和体谅）“一把手”毕竟只有“一把”手（确切地说是两只手），他们的职责是议大事管全局，对各方面工作起指挥、监督、检查之作用，不能（也不应该）要求“一把手”每事躬亲，样样都要到堂，一回不到，就说人家“不重视”，“有偏心”，那实在是太有点冤枉。倘若借口要“一把手亲自抓”，而放松了自己应尽的责任，那更是大不应该。这里不妨举例说，在中国女排这个战斗群体中，郎平可算是老资格的“一把手”了。即使这样，我们总不能说：“一传重要，应由郎平亲自来！”“二传担子更重，应由郎平亲自干！”“副攻手也不轻松，也应由郎平亲自承担”……倘若这样，还建“队”干什么？就让郎平一人包干得啦！如是，别说“铁榔头”，就是“合金钢榔头”，我看不拖垮她才是怪事哩！

听了“一把手”文章开头所说的一番话后，说实在的，我不由得生出许多“恻隐之心”来。（特别是在他们“亲自”得精疲力尽，甚至病倒在床的时候。）我时常这样想：倘若大大小小的“一把手”们真能变成“千手观音”就好了——“一把”手“亲自”一项工作，不就是千把五百项么？（说不定，还可以腾出“几把”手来，下下象棋打打牌！）要不，能有孙猴儿的那套本领也好——需要亲自的事多了，扯下把猴毛这么轻轻一吹，得，变出千千万万只小猴儿来。然后，令旗一挥：小的们，赶快一个给我“亲自”一样！唉！可惜，“一把手”们不是“千手观音”和孙大圣，真是难为他们了。

所以，我要为“一把手”们呼吁：无论上级、下级，在发指示、提要求时，都应从实际出发，千万不要给他们出难题——因为，他们毕竟只有一个脑袋两只手啊！

在上面的例文中，喻证法的使用没有局限在几句话或几行文字中，而是贯穿全篇，融入了文章的总体思路中，成为组织、结构文章的手段。作者把“一把手”什么都要亲自抓比作“一把手”想当“千手观音”，比喻生动贴切。文章的中心论点是：无论上级、下级，在发指示、提要求时，都应从实际出发，千万不要给他们出难题——因为，他们毕竟只有一个脑袋两只手。

（四）比较法

比较法是将同种事物的不同情况，或者具有相同特征的事物放在一起形成比较，从而论证论点的方法。比较可以使事物的性质、特征更加突出，使事物的真假、美丑、善恶、好坏，显示出差别。比较法是评论文章常用的论证方法之一，根据其比较的特征，又可分为“对比”和“类比”两种情况。

1．对比法。“对比”，就是将两种性质截然相反或者有差异的事物进行比较，从而证明论点的方法。

一种是“横比”，即将发生在同一时期性质截然相反或者有差异的事物进行比较，也就是好的和坏的比，此一事物同彼一事物比。通过这样的对比，对错误的事物或者不好的倾向予以否定，对正确的或者好的事物予以肯定。

如《珍视荣誉》这篇文章（《南方周末》1996年4月19日，徐列文），就使用了对比法：

有些场面还是挺感人的。本来别人的事与我们无涉，可看着看着便两相比较，可圈可点的地方不少。

影星们为了每年一度的隆重盛典，专门请来了时装设计师，华衣美服下并不仅仅是形象的展示，更是对荣誉的尊重与珍视。获奖者兴奋不已，祝辞真诚亲情，总忘不了同事的提携和家人的支持；台下的亲朋好友也是拥抱祝贺起立鼓掌，迈克·道格拉斯更为老父亲的获奖而泪流满面，影后苏珊·莎兰登也要把颁奖台视为“神圣的地方”；尤其那些并不起眼的技术奖项的获得者，不少都是年逾花甲的老人，其激动之情溢于言表，丝毫不亚于那些大奖的获得者，这些热爱荣誉的老人为这一刻的到来怕是付出了毕生的代价；台下的电影人，包括只获得提名者对他人的成功都报以由衷的敬意，这种敬意也是对自己所从事的电影事业的热爱；正像黑人影帝薛尼·波特在颁发最佳影片奖时对电影人的崇高描述：“绕过内心的道路和思想的河流，直觉引领我们探索人类的意识，让我们面对自己，对抗心魔；我们有时战胜，有时失败，这些战争和旅程是电影的基础，在座有些人肯定经历过这些，全靠你们，创造了这个时刻。”人一生的追求莫过如此，这等崇高的荣誉怎能不珍视呢？

反观我们的艺术颁奖典礼，一些艺人（提名的或未提名的）的穿戴随意而散漫，甚至身着茄克衫牛仔裤就上台领奖，言辞也是既无兴奋之情又无真诚之意；个别被提名者怕落选而神色不安，落选后一脸的怨气；台下也是掌声稀疏没有气氛，观众对结果同样表现得冷漠。

“我爱荣誉胜过生命”，这曾是一部国产片的著名台词，可如今荣誉怎么就跌落到这个份上？究其原因，固然有物欲时代文化人遭遇冷落，价值观念的转变也使一些艺人敬业精神退化而心有旁骛。但有一点又觉着怨不得大伙，因为评奖不公的事（不仅仅是电影）在我们这儿时有发生。来自上方的干预和某一时期的政策导向，使一些不够水平的作品和艺人获了奖捧了杯。圈内人的学术之争个人恩怨及某些人的拉关系走后门也影响着评奖的公正性，戏剧“梅花奖”还出过贿赂评委拉选票的丑闻；为纪念世界电影诞生100周年而评出的“中国电影90年”十大影片，由于过分强化的意识形态色彩把一些经典影片拒之门外，留下不少遗憾，凡此种种都使荣誉大打折扣。一旦荣誉的权威性丧失了，谁还会去珍视她呢？

运用对比法可以有力地证实某个论点的正确或错误。同样的颁奖典礼，由于时间、地点、条件的不同，更因为对待荣誉的心态不同，所以表现截然不同。这里把具有相同特征的事物放在一起进行比较，通过辉煌的奥斯卡颁奖晚会与时下

国内一些颁奖晚会的比照，使作者的论点更加突出。这种方法既可以用于文章的局部，也可以用于文章全篇。

一种是将同一种事物在不同时间的情况进行比较，即现在和过去比，称为“纵比”。

如1990年11月4日《解放日报》发表的一篇小言论《“公照”小议》就较好地运用了这种方法：

在有些单位，照相机“嚓嚓”声常年不断。若是个人掏腰包的“私照”，旁人自不必“多嘴”。但可惜大多是名目繁多、毫无意义、慷公家之慨的“公照”。

“公照”，名目上有各种会议照、节日照、慰问联欢照、表扬庆功照、欢迎新人照、欢送留念照等等；形式上有单照、陪照、合照、轮照等等；姿式上有站照、坐照、走照、卧照、唱照、舞照、吃照、喝照等等；质量上则是逢照必“彩”，数量上更是以“卷”而论。

参“照”者，大多是一些身份“够级”的人，个个姿态那么潇洒自如，神情那么泰然得意。反正都是公家出钱，不照白不照，表情并不怕浪费，时间也充足得很。于是乎，左一张，右一张。有好事者统计，一个单位的主任，在一年内“曝光”378次，平均每天一次还多。

为了配合宣传教育或者对一些有纪念意义的活动照上几张相，本无可厚非，但过多过滥就成了浪费。一卷彩卷冲洗出来少说也得四五十元。党中央提出要过几年紧日子，不仅仅只体现在轿车、茅台酒上，也必须抓一抓“公款照相”这类事情。

走笔至此，笔者想起一则故事，有位画家在黄继光牺牲后，想给他画一张像。可黄继光生前却一张照片也没有留下，于是只好根据黄继光母亲和他战友的记忆，参考他兄弟姐妹的模样画了一张。而有的人酷爱“公费留影”，却何曾留给人们几分思念？

文章将动用公款拍照、一年内“曝光”378次的某单位主任与生前一张照片也没有留下的人民烈士黄继光对照，发出感慨：“有的人酷爱‘公费留影’，却何曾留给人们几分思念？”作者下笔巧妙，使有些“人民公仆”用公款挥霍无度拍彩照与战争时期的烈士为人民牺牲不留寸照形成了鲜明对比，进而对公款拍照的不正之风进行了辛辣的嘲讽。

2. 类比法。类比法是将有相同属性的不同事物进行比较，这种比较是借助一类事物的属性来证明另一类事物也具有同样属性。在进行类比时，要注意具体条件，防止“简单类比”的错误。否则，不仅无助于确立正确的论点，反而会妨害论点。

由于类比法是将不同时间、不同地点的不同事物的某些相同方面进行比较，这就决定了进行类比的事物必须有某种相同的属性。所谓类比，就是要在这共同的属性上做文章，如果只是为了使文章更加形象生动，只看到事物的表面而未找到事物间的本质联系，就轻率地将二者拉在一起相比，结果只能是弄巧成拙。

为了更好地说明类比的特征，我们来看下面的例子：

《联想到篮球规则……》(《人民日报》1996年11月1日，南振中文）一文就使用了类比方法，现将有关段落摘录如下：

> 市场经济是一种法制经济，没有健全的法制，市场自身的弱点和消极方面就会反映到精神生活中来，不规范竞争必然会带来无序和混乱局面，对这个问题应该怎么看？我想到了篮球比赛规则的变化过程。
>
> 据记载，一百多年前篮球运动诞生时。只是在球场两端挂两个篮筐，对上场运动员的人数和比赛时间都没有做出严格的规定。比赛开始，裁判员把篮球往球场中央一抛，双方队员蜂拥进场，任意奔跑，粗暴抢球，互相扭打。为了制止球场上的混乱，篮球运动的发明人詹姆斯·奈史密斯制订了十三条非常简单的比赛规则，规定上场运动员不准抱球跑，不准抱人、推人、绊人、不准打人。有了这些原始的竞赛规则，篮球场上粗暴厮打的现象明显减少。在此后的一百多年间，每当一种新的不文明动作在球场上出现，国际篮坛就着手研究医治的办法，对篮球比赛规则一次又一次地进行修改和补充。如今，国际通用的篮球比赛规则已经发展到十章六十一条，据说还有一些新的比赛规则在酝酿和试验的过程中，这些越来越细、越来越严的比赛规则，为参赛球队创造了一种公平竞争的环境，促进了世界篮球技术的进步。
>
> 当前，在建立社会主义市场经济体制的新形势下，人们的竞争意识、效率意识明显增强，但由于法律法规不健全，一些稀奇古怪的事情时有发生。据《报刊文摘》刊登的消息，一家酒厂制作了许多幅“隆重推出三奶酒——人奶、牛奶、羊奶”的广告。后来有人指责用人奶造酒是对妇女的歧视，这家酒厂的负责人才出来解释说“三奶酒”中并无人奶，广告词中说酒里有人奶，是为了制造“轰动效应“。价格欺诈、质量欺诈、品牌欺诈、服务承诺欺诈，使生产者、销售者、消费者之间互不信任，试想一下，在一个缺少规则、缺乏信誉的大市场上，经济怎么能正常运转？我们应该从篮球运动的发展史中受到某种启发，针对种种

见利忘义的不文明行为，不断规范市场主体规则和市场客体规则，引导人们正确处理竞争和协作、自主和监督、效率和公平的关系。只有尽快建立起与社会主义市场经济体制相适应的法律法规体系，才能确保新机制的正常运行。同时，我们又受到另一种启发：如同篮球比赛一样，市场经济由无序到有序，从法规不完备到完备，也需要有一个过程。对目前出现的某些问题，我们既不能听之任之，又不能操之过急，指望一朝一夕就得到彻底解决。

……篮球比赛给我们的另一个启示是，不仅要做到“有法可依”，而且要做到“执法必严”。在赛场上，只要攻击队员在对方禁区内停留超过三秒钟，裁判员会立刻鸣哨，判这个队三秒违例。比赛每半时，一个队的队员累计犯规次数达到七次，此后这个队的任何一名队员犯规，裁判员都要吹哨让被侵犯的队员罚球，毫不手软，毫不留情。在社会主义市场经济条件下，我们同样需要一大批像篮球裁判员那样铁面无私的执法者：谁违犯了市场规则，就向谁提出警告；谁屡次违犯、屡教不改，就果断地把谁“罚下场”；谁触犯了刑律，就依法追究谁的刑事责任……

这篇评论将市场规则同篮球规则进行类比，取二者都需要规则这一共同之处，来证明在市场经济条件下，应当像篮球比赛那样，不断完善规则，并严格执行规则，禁止不正当竞争行为，逐步形成健康有序的经济规范和生活规范。文章的类比没有局限在局部，而是通篇采用了类比的方法，使整篇文章看起来张驰有序，增加了形象性，可读性因之大大增强。

（五）反证法

反证法是一种从反面间接论证论点的方法。它不直接论证论点的正确，而是论证与之相对的论点是错误的，从而得出要论证的论点是正确的结论。反证法的另一种表现是：要证明一个论点是错误的，却不直接去论证，而是通过论证与它相对的论点是正确的，从而间接证明了那个论点是错误的。

例如评论《如果所有的母亲都生男孩》（《人民日报》1983年3月7日，癸亥文），在批评有些人认为生女孩“不能传宗接代”的观点时，没有从正面直接论证，而用了反证法：

有人说，生了女孩的家庭，将来女孩还要到男家，所以他们还是不能传宗接代。其实这是封建思想在人们头脑里留下的锈铸。女方到男家和男方到女家完全是一样的。我国的傣族从来就是男方到女家，他们还不是传宗接代到现在。

这里用我国傣族的情况，从反面论证了女方到男家不能传宗接代的观点是错误的。

再如评论《法律该向养狗让步?》（《法制日报》1994年2月28日，胡永球文），在批驳“实践证明只要注意防疫，狂犬病完全可以预防”这一可以养观赏犬的理由时，也采用了反证法：

“日本等发达国家的实践证明只要注意防疫，狂犬病完全可能预防。”许多文章列举联合国一份报告，说是西方某国进行过调查，两千多例犯有狂犬病的动物中，狗只有五十多例。我无缘出国，不知日本和其他外国的情况，但多次看到被狗咬得血淋淋的孩子，看到中国多家权威媒介报道，全国每年被犬咬伤达百万人，1980年以来死于狂犬病的有六万余人。

以上两例反证法都是用于驳论之中，也就是说，反证法是驳论中使用较多的一种论证方法。这也可以看成是反证法的一个特点。

（六）归谬法

归谬法是先假定对方的错误论点是正确的，然后加以合乎逻辑的推理，从而得出一个荒谬结论的论证方法。也就是欲擒故纵，充分暴露对方论点的错误，使其谬误显而易见。

例如《评“我们打天下，知识分子坐天下”》（《人民日报》1983年2月8日）一文就使用了归谬法，文章先假定“不让知识分子坐天下”的观点是正确的，既而进行了推论：按照自然规律，人都是要老的，打天下的人不可能一直坐下去，我们的各项事业都需要有接班人。以后教育发达了，人们都变成了知识分子，如果不叫知识分子坐天下，岂不就没有人坐天下了？那我们的各项事业怎么继续下去？经过这样的推理，“不让知识分子坐天下”的荒谬就被暴露了出来。

使用这种方法，要注意推理必须合乎逻辑，推理的结果应当使对方论点的荒谬显而易见，这样才能产生效果。归谬法也是驳论常用的论证方法。

（七）归纳法

归纳法是一种由个别到一般的推理方法。具体说，是以个别或特殊性知识为前提，推导出一般性知识结论的一种推理方法。归纳法在新闻评论中经常使用，请看下面的例子：

没听过专家算账，偶尔一听，很有意思，很受启发。

专家共有两位，一位是香港的投资分析专家，一位是新加坡的城市规划师。听专家算账者，并非本人，而是深圳万科集团总裁王石。

王石为什么要听专家算账？原来他接了一笔大生意，或者说发了一笔大财——沿海某新兴城市的市长大人，听说万科搞房地产十分在行，便打算以极小的代价，几乎是“送”给万科集团40平方公里土地，让他们来开发，搞房地产。

40平方公里！好家伙，差不多相当于深圳市2/3的面积！王石自然喜不自胜，摩拳擦掌，准备大干一场。

大干之前，王老总还算冷静，请来两位专家，听他们算算这40平方公里的投入产出账。

两位专家的账，算得非常明白。

一是投入账——每开发一平方公里土地，必须做到水电路等“七通一平”，一平方公里约需3亿元，40平方公里共需120亿元。

二是产出账——每1亿元资金投入，需有1.3亿元产出，这才算有效投入。120亿元投入，产出应该是150亿元。

一个120亿，一个150亿——听完这两笔数字，王石不由倒抽一口冷气。以年销售收入不足10亿元的当年万科，到哪里去筹来120亿元巨款？而以当年全市国民生产总值不过15亿的这个沿海城市，怎么可能一下子就搞出150亿的产值？靠你小小的万科，就能使全市国民生产总值增长10倍？

据说，两位专家是当着市领导算这笔账的。领导们听得热血沸腾，王石却听得手脚冰凉。账刚算完，他便逃也似的回到深圳，从此再不提什么开发40平方公里的事。

以上故事，是从北京青年报记者陈玉明的文章中看到的。这篇叫做《加法的海尔与减法的万科》的长篇通讯，写了不少发生在海尔和万科的耐人寻味的故事。两位专家的账，其实并不复杂，甚至不用请专家，稍有基建常识者，都能算得出来。奇怪的是，为什么这么一个简单的常识，却被堂堂万科老总给忽略了，乃至差一点干出蠢事来呢？

认真说来，王石老总的头脑发热，也怪不得这位王老总。现实生活中类似的现象还少吗！当某一件事尤其是一件异乎寻常的好事降临到我们头上时，我们不也晕晕乎乎，差点找不着北吗？你看这些年我们干了多少“开发40平方公里”的好事？有多少开发区的多少个“40平方公里”还在那里伸长脖子等待着热情的投资者？有多少彩电、冰箱、空调、洗衣机、VCD生产线还在那里等待着热情的购买者？有多少上万米甚至数万米的大型超大型商场还在那里等待着热情的消费者……

决策失误是最大的失误。而头脑发热、重复建设——决策过程中这相伴相生的两大痼疾，已经并还将给我们的经济建设带来难以估算的后患。从一定程度上说，当前国企职工的大量下岗，当前国企效益的连连下滑，都同这毛病直接有关。

治病，尤其是治老毛病，确实很难。不过，在拍板上项目之前，先得请专家——真正的专家——来算算账，这一条，是否可以成为一个规矩，把它定下来？

评论《听专家算帐》（《经济日报》1998年5月19日，詹国枢文）探讨的是如何增强决策的科学性的问题。文章没有板起面孔说教，不是空泛的说理和议论，而是由万科老总请专家算帐帮助决策工程是否上马这个典型事例切入，进而联想到社会上普遍存在的头脑发热、重复建设现象，以及由此引发的恶果，自然而然得出“决策失误是最大的失误”这个结论，是典型的由个别到一般的推理方式。

归纳法的一个显著特点是，摆出大量例证，在此基础上摆事实、讲道理、有理有据，有很强的说服力。如评论《方便公民，推进法治——写在行政复议法实施之际》(《法制日报》1999年10月4日，江必新文)，在论证行政复议法“强化了以行政管理相对人的请求救济权的保护，给了老百姓许多方便”这一论点时，就采用了归纳法，共谈及了八个方面的方便，从而有力地论证了论点。

归纳法在使用时多关系到评论的全篇，也有一些运用于局部的。例如评论《论讲正气》（《人民日报》1996年3月6日，王义堂文）中的一段：

值得注意的是，在我们的生活中确实存在着一些不讲正气的现象。有极少数党员干部或争名于朝，只要有针尖大的好处，眼睛就瞪得像鼓环；或争利于市，只要有一点蝇头小利，手伸得就像讨饭棍。也有极少数党员干部，或专好打听和传播马路新闻、小道消息；或捕风捉影，编造和扩大生活中的阴暗面；或聚在一起攀比着发牢骚、讲怪话。而我们一些领导部门和领导干部，对此竟视而不见，听而不闻，任其泛滥；一些地方甚至到了正不压邪、是非颠倒的地步，传播邪气者哗众取宠，坚持正义者受到嘲弄。讲正气者反倒显得理不直，气不壮了。

我们既可以将以上段落中的列举看作是不讲正气的种种表现，也可以认为列举这些问题就是为了证明“在我们的生活中确实存在着一些不讲正气的现象”这一观点。这就是用了归纳法。

（八）演绎法

从逻辑关系上说，演绎推理是一种借助一个共同概念把两个直言判断联系起来，从而推导出一个新判断的三段式论证推理，是一种由一般到个别的推理方法。基于此，演绎法就是用已被公认的一般原理来证明一个论点的论证方法，在使用演绎法论证时，论据是一般原理，而论点则是对具体事物的判断。

例如：真理是不怕批评的，

马克思主义是真理，

所以，马克思主义是不怕批评的。

又如：正义的事业是一定胜利的，

社会主义现代化建设事业是正义的事业，

所以，社会主义现代化建设事业一定胜利。

在前一个演绎推理中，借助“真理”这个共同概念，把两个直言判断联系起来，推导出新判断“马克思主义是不怕批评的”；在后一个演绎推理中，借助“正义的事业”这个共同概念，把两个直言判断联系起来，推导出新判断“社会主义现代化建设事业一定胜利”。

在新闻评论实践中，演绎推理并非表现得如此简单与明晰，而是在思想的逐步展开中、由各个段落逐层体现的。三段式的论证推理，一般由大前提到小前提，再到结论。大前提是一般原理，小前提是具体事物，结论是被证明的论点。例如评论《重视普及市场经济法律知识》（《法制日报》1994年9月26日，陆德生文）：

社会主义市场经济体制目标的确立，标志着我国经济体制改革进入了一个新阶段。这个新阶段的一个显著特点，就是注重制度和政策的规范化，用法律引导、推进和保障改革与建设的顺利进行。新的形势和任务，迫切需要加强法制建设，创造良好的法制环境。为此，加快立法特别是经济立法，做到有法可依，以及完善执法和司法机制，做到严格执法是非常重要的。同时，大力加强法制教育，重视普及市场经济法律知识，也是必不可少的。正如小平同志在1986年发表的《在全体人民中树立法制观念》的讲话中强调指出的那样："加强法制重要的是要进行教育，根本问题是教育人。"

在法制教育中要突出社会主义市场经济法律，这是深化改革、加速建立社会主义市场经济体制和促进现代化建设的客观需要，也是促使广大干部职工特别是领导干部学会用法律管理经济和社会事务的迫切需要。从一定意义上说，社会主义市场经济就是法制经济，这是市场经济的自身特点和运行方式所决定的。市场经济主体的多元化和自主性，市场运行的契约性和竞争性，市场体系的统一性和开放性，国家宏观调控的间接性和有效性，决定了社会主义市场经济要有健全的法制来规范和保障。如果没有统一的、健全的、强有力的法律体系和执法机制，在经济领域和社会领域就会出现无序和混乱状态，社会就不稳定，改革就无从推进，经济的发展也就寸步难行。所以，加强社会主义市场经济法制建设和法制教育十分重要。

长期以来，"我们国家缺少执法和守法的传统"，习惯于按政策办事。用行政手段和群众运动方式推行各项工作，尤其是由于过去在"左"的思想束缚下，把市场经济同资本主义等同起来，致使我们现在既不了解资本主义国家的市场经济，也没有实行社会主义市场经济的先例和经验可供参考。可以讲，我们从思想观念到领导方法和工作方式都要来一个相应的变革，才能适应新的形势和任务。对广大干部来说，只有学好社会主义市场经济法律知识，才能在市场大潮中应付自如，才能变外行为内行，才能真正做到自觉运用法律手段管理经济和社会事务。

基于以上原因，我认为，在实施二五普法教育规划中，突出市场经济法律是十分必要的。诸如《公司法》、《经济合同法》、《反不正当竞争法》、《消费者权益保护法》以及关于惩治生产、销售伪劣商品犯罪的决定等，都应该作为重点普及宣传的法律。

坚持学用结合、理论与实际结合的原则，把法制宣传教育工作提高到新的水平。法制宣传教育特别是关于市场经济法律知识的宣传教育，一定要与各项改革措施、与发展市场经济的具体实践紧密结合起来。各有关业务部门，要联系自身工作，抓专业法的学习和宣传，努力做到学用结合，使社会主义市场经济法律法规有力地引导、推进和保障改革开放与现代化建设事业的顺利进行。

本文论证的总体思路运用了演绎法，其大前提在第一自然段末尾，即对邓小平讲话的引用，"加强法制重要的是要进行教育，根本问题是教育人"。小前提在第二自然段中，集中体现在一句话上：“从一定意义上说，社会主义市场经济就是法制经济……”结论集中表现在标题以及末二段中，归纳之就是要重视对广大干部普及市场经济法律知识的教育。当然，文章中也使用了引证法等其他论证方法。

以上分别对论证方法进行了分析说明，在评论实际写作中，论证方法的使用要根据内容的需要来决定，论证方法常常相互交叉，共同发生作用。只有文字较少的评论有时使用单一的论证方法，多数评论总是综合使用数种论证方法。

第三节　新闻评论的驳论方法

前文中已提到，驳论是一种特殊的论证，论证的直接目的是为了证明某一论点的错误，从而确立与之相反的论点。由于驳论要在“破”字上作文章，怎样“驳”才能有效地攻破对方的论点，这里就有一个方法问题。驳论同样是一种论证，因此前文中讲到的诸种论证方法在驳论中也可使用，特别是其中的反证法、归谬法，常用于驳论。这里所要论及的方法与前文提到的论证的基本方法有所不同，指的是在驳论时怎样寻找突破口，从何处切入展开论证的问题。也就是说，在驳论时先找准突破口或切入点。然后再运用诸种方法进行深入论证，新闻评论的驳论包括揭露、批驳、论辩等形式，涉及到思想、理论、行为、观念等方面问题，驳论中惯常使用的切入方法主要有三种：

一、针锋相对，直接驳论点

此种方法是将某一论点作为驳论的对象，直接针对论点的谬误指出其不合道理不能成立，以达到明辨是非的目的。

例如评论《“警示”公式》（见《南方周末》2002年4月4日，刘洪波文）中这样论述道：

> 3月29日，湖南贪官蒋艳萍被二审判处死刑。一些报纸迅速刊出记者的“警示录”。蒋艳萍案历时久矣，有许多精彩的事实，本指望“警示”出点新意思，不想竟然全不着调。
>
> 有“警示”说，“一个年轻的女副厅级干部，本应好好珍惜人民给予的权力，全心全意为人民服务，然而，她却利用这个神圣的权力，疯狂地为自己攫取钱财，大肆受贿贪污”。
>
> 说她的权力是人民给予的，“人民”何曾如此有眼无珠！蒋艳萍的

贪欲也许随着权力和名声的上升不断膨胀，她的世界观却绝非随着权力和名声的上升才“开始放松改造”。她也不曾“逐渐背叛”什么，她至死没有背叛“掌权”的理想和信念。她的权力得自官场上一些人公然的私授，谈什么“本应好好珍惜党和人民给予的权力”？

“警示”又说她“几经拼搏奋斗”，“一跃成为头上罩满……荣誉光环的‘女能人’”，本应如何如何，“她却道德沦丧、自甘堕落”。看这“警示”，好像蒋艳萍是后来才堕落的，成长史还是可以肯定的。贪官多了，“当初提拔他是对的，只是后来出了问题”，已成为常见总结。这很使人宽慰：抓好“后半截”就好了嘛。这套路用熟了，现在又用到蒋艳萍身上。一个齐头烂的贪官，一个充分暴露公权私授之危害的个案，就这样失去认识意义。

说蒋艳萍“完全忘记了自己是一名共产党员和党员领导干部”，我估计蒋艳萍自己也要抗议。她的经历能够让她树立并不能忘记的“领导干部观”，用她的话说，是“共产党员和党员领导干部只要把上峰哄好了就可以当得稳妥”，对此她忘记过吗，忘得了吗？在她眼里，权力确实很“神”，但绝不可能“圣”。“摆平”了那么多人物，即使在看守所受关押也没有忘记施展她那一套，她以自己的实践证明了她那套观念的有效性。她在串供信中反复宣扬：“在中国是权大于法”，虽然最终“自毁前程”，毕竟在相当程度上也是亲身得出的有效“经验”。

“蒋艳萍从一名副厅级干部堕落成为一名巨贪”，莫名其妙，蒋艳萍哪里是从副厅级干部往下堕落，分明是因为堕落而上升为副厅级干部兼巨贪。“蒋艳萍是这场较量中一个彻头彻尾的失败者”，真的吗，她的失败可以说是彻尾，哪里谈得上彻头？[1] 蒋艳萍的开头何其成功！她试验了一个人在毫无业绩的情况下，积极奔走和交换，可以在官场上有怎样的收获。如果她的贪欲收敛一点，如果她的“工作作风好转”一点，又会如何？她确实有些“忘乎所以”，否则她可能升上更高的位置，最终“退下来”，安享天年。

贪官虽众，“警示”虽多，却只见一次又一次，用的总是现成公式：“自己放松了……”啦，“忘记了……”啦，“我们忽视了……”啦，后面的话人人都填得出来。一般时候，或许真有些“警示”相，不期蒋艳萍案另有所本，照章用来，便混作一团。这也就更加可见所谓“警示”，看似沉重，往往不过是拿着最现成的公式蜻蜓点水。再恶劣的罪案，都

---

〔1〕 本节文字在报纸上发表时为不同字体编排。

只作了谈资，而难以触及那些导致腐败蔓延滋长的祸根。

贪官可以辈出，“警示”写不到根子，这是智力问题，还是智力之外的问题？

文章针对某些人毫无原则的言论，深刻地指出：“所谓‘警示’，看似沉重，往往不过是拿着最现成的公式蜻蜓点水。再恶劣的罪案，都只作了谈资，而难以触及那些导致腐败蔓延滋长的祸根。”既有对论据的逐条否定、反驳，也有对论点的直接驳斥，很有“警示”意义。

评论《“用谁谁行”还是“谁行用谁”》(《人民日报》1988年4月25日，木公文)，也是一篇以“驳”为主，有破有立的文章。文章从两个方面对“用谁谁行”的观点进行了批驳：“用谁谁行”，作为“谁行用谁”的对立观念，在这里显然不过是“我让谁行谁就行”的代名词。用谁，也就给谁提供了“行”的机会。病马驾辕，或可月行七八十里；而把千里驹关在马棚呢？它也只能尥尥蹶子。所谓“虫居龙位即龙，龙遗草泽则虫”也。

既是“用谁谁行”，“行”与“不行”往往取决于领导者个人的好恶。一旦窥破了这“机关”，渴望“成龙”的人们难免修炼些溜须拍马，见风使舵的功夫。到头来，春风得意的往往是这些善投领导所好的庸才，被冷落的则是有棱有角的人才。

通过评论者的深入分析，“用谁谁行”的谬论和弊端便暴露无遗。作者告诉人们，这种观念所带来的结果只能是有利于溜须拍马者，冷落了人才，有害于事业，是应当抛弃的。取而代之的应当是“为事业计”，“以真才实学为尺度”，“谁行用谁”。

二、釜底抽薪，驳对方论据

论据是支撑论点的基础，论点缺少论据或论据虚假、错误，论点就难以成立。因此针对支撑某一论点的论据进行分析，指出其虚假、错误或不足，也是一种常用的驳论方法。驳倒了论据，论点自然也就难以立足了。

评论《法律该向养狗让步?》(《法制日报》1994年2月28日，胡永球文)，就是一篇以驳对方论据，从而达到驳倒对方论点目的的驳论性文章。对方的论点是：应当修改关于城市居民严禁养犬的条例，在城市中“可养观赏犬”。支持这一论点的论据主要有三条：(1) 养宠物是社会文明富裕的表现，也是调剂精神的需要；(2) 国家禁止养犬的规定本来执行得很差，让一步，只规定禁养攻击性犬，可能有利于规定落实；(3) 日本等发达国家的实践证明，只要注意防疫，狂犬病完全可以预防。文章将此三条论据列出，一一进行了分析驳斥。列举了大量事实，证明对方的论据不合国情或不能成立，以达到驳倒对方论点的目的。

评论《如果所有的母亲都生男孩》(《人民日报》1983年3月7日，祭亥文)，针对一些人重男轻女的思想进行了批驳，文章列举了重男轻女的两个理由，即"女孩长大了劳动赶不上男孩"和生女孩"不能传宗接代"，并重点对第二条理由进行了分析和批驳。文章使用了归谬法和反证法，既有对这一论据的否定，指出"这是封建思想在人们头脑里留下的镣铐"；又有对"怎样才能传宗接代"的论述说明，使读者清楚地看到："如果不赶快打破重男轻女的思想，造成男多女少，将来会有许多男人找不到女人，这才是一个无法解决的大问题。"

三、发现对方论证的逻辑错误

这种方法是发现和指出对方论点与论据间的逻辑错误，说明论据不能证明论点，从而达到驳倒其论点的目的。如前面列举的《警示公式》一文，就有着明显的逻辑错误。如："一个年轻的女副厅级干部，本应好好珍惜人民给予的权力，全心全意为人民服务，然而，她却利用这个神圣的权力，疯狂地为自己攫取钱财，大肆受贿贪污"。作者驳斥道：说她的权力是人民给予的，"人民"何曾如此有眼无珠！蒋艳萍的贪欲也许随着权力和名声的上升不断膨胀，她的世界观却绝非随着权力和名声的上升才"开始放松改造"。她也不曾"逐渐背叛"什么，她至死没有背叛"掌权"的理想和信念。她的权力得自官场上一些人公然的私授，谈什么"本应好好珍惜党和人民给予的权力"？文中又引用原话说："蒋艳萍从一名副厅级干部堕落成为一名巨贪"，作者批驳道："蒋艳萍哪里是从副厅级干部往下堕落，分明是因为堕落而上升为副厅级干部兼巨贪。""蒋艳萍是这场较量中一个彻头彻尾的失败者"，真的吗，她的失败可以说是彻尾，哪里谈得上彻头？"

在论证方面出现的逻辑问题是多种多样的，评论者要善于发现和分析，揭示其矛盾。

如曾被冠以"大陆首富"的天津开发区南德经济集团法定代表人牟其中，在南德公司涉嫌信用证诈骗后曾有一番辩解。他认为南德没有账户，也没有使用信用证的权利，因些，南德公司自己是无法进行信用证诈骗的。针对牟其中的这一推理，《神话与法律》(《法制日报》1999年11月23日，赵翔文)一文作了如下分析批驳：就如太监无法涉嫌强奸犯罪一样，此语着实令法律界人士捧腹，即便是妇女也有犯强奸罪的（如协助别人实施强奸行为）。看来，牟其中的高论，要么说明他不懂法，要么是他为自己狡辩开脱。

上例采用了喻证的方式论理，但针对的却是牟其中推理中的逻辑错误，从驳对方论证的角度切入，一针见血地指出，由牟其中的论据（即南德公司"没有外汇账户也没有使用信用证的权利"），不能得出"南德公司自己是无法进行信用证诈骗的”这一结论。

第四节　新闻评论论证的基本要求

在选题和立论之后，论证的成功与否就是决定一篇新闻评论成败的关键。新闻评论涉及的问题方方面面，文章的具体形式和论证方法也多种多样，怎样针对某方面问题，采用适当的形式和论证方法处理好论证环节呢？概括地说，就是要注意以下几点：论据与论点的统一；严密的逻辑性；虚与实的结合；破与立的结合。

一、论据与论点的统一

新闻评论属于议论性文体，论点、论据、论证这三要素是不可缺少的。在前面有关立论的章节中，我们主要论述了怎样确定评论的论点，而这一节里我们要重点研究论据与论点的关系。

（一）论点和论据

所谓论点，是指通过评论文章表现出来的作者的见解、意见、主张或态度，它是文章的主题思想，是文章内容的核心。

所谓论据，是指评论性文章中用来证明论点的材料，是形成论点和支持论点的基础。论据根据其性质一般可分为两大类：一类是事实论据。主要指能够证明论点的人、事、现象、统计数据等事实材料，也包括历史事实。另一类是理论论据。主要指被人们所公认的科学公理、常理、名人名言、格言、谚语等。

（二）论据与论点的关系

对论据与论点的关系我们应当辩证地看，一篇评论从开始产生写作动机直到评论的完成，可以约略分为两个阶段，即酝酿构思阶段和论证写作阶段。在第一个阶段中，论点尚未完全形成，论据也尚未经过认真选择，而存在于众多的材料之中。此时，论点的形成依赖于材料。材料是第一性的，论点是第二性的，丰富全面的材料是形成正确论点的基础，材料越全面越丰富就越有利于形成正确的论点。当评论者形成了对某一问题的主观认识，也就是形成了初步的论点之后，就进入了第二阶段。此时，评论者要将自己的认识告诉受众并让他们接受，就需要根据已形成的论点去选择合适的材料。论点在这一阶段占据了统帅地位，选择什么样的材料都要以其能否为阐明论点服务作为衡量的标尺，当评论者从众多材料中选择出哪些最能证明论点的材料而用在评论文章之中时，哪些材料就成为文章的论据，并为论点服务。

（三）论据与论点怎样统一

要解决好论据与论点的统一问题，也就是要解决好怎样用论据证明论点的问题。有了论据和论点，还要使用适当的论证方法，按照合理的思路将二者组织在一起，使二者相辅相成，有机结合。论点能统帅论据，论据能紧紧围绕论点，为证明论点服务。在此试就《法律白条危害甚大》（《法制日报》1999年8月17日，李馈、朱向东文）一文进行分析说明：

所谓法律白条是指法院作出的具有给付内容的生效判决或裁定不能兑现，使胜诉方当事人寻求司法保护的愿望落空，使判决书变成了一纸空文。法律白条现象是司法机关及其工作人员的耻辱，是文明社会不能容许的，是与依法治国的治国方略背道而驰的。我们必须充分认清法律白条现象的危害性。彻底杜绝它。

首先，法律白条现象危害社会主义法制的统一，损害法律的权威。我国《宪法》第5条规定："国家维护社会主义法律的统一和尊严。一切违反宪法和法律的行为，必须予以追究。"《民事诉讼法》第三编和《行政诉讼法》第八章专门规定了执行程序。为保证法院生效裁决的执行，《刑法》第313条还设置了拒不执行判决、裁定罪，对有能力执行而拒不执行的情节严重者，可以判处三年以下有期徒刑、拘役或者罚金。而法律白条的存在，是典型的有法不依、执法不严、违法不究的表现，是对法律权威的藐视、是对法制统一的破坏。

其次，法律白条现象妨碍社会主义市场经济的建立和发展。市场经济是靠健全的法律秩序维系的，而市场法律秩序是通过法院等部门的严格执行、有效司法来实现的。如果缺少强有力的法律秩序维护者，市场经济的消极面——假冒伪劣、坑蒙拐骗、巧取豪夺、恃强凌弱等现象就会泛滥开来。因此，法律白条现象不仅妨碍社会主义市场经济的建立和发展，而且扰乱正常的经济秩序。

再次，法律白条现象不利于社会主义法律意识、法律文化的培育。目前我国大众的法律意识主要来源于两个方面：一是我国传统的法律文化，二是我国法制运行的现状。法制运行现状对人们的法律意识有更直接、更主要的影响。如果容忍法律白条现象泛滥就会产生极坏的社会负效应：违法者心存侥幸，变本加厉；守法者不再自觉守法；受害者丧失对法院的信任，进而丧失对法治的信心，甚至求助于通过非法手段解决问题。可见，狠抓严格执法，尽快消灭法律白条，刻不容缓。

这篇评论的论点是："法律白条危害甚大"，必须"尽快消灭法律白条"。为了证明"法律白条危害甚大"这一中心论点，评论者从三方面对其进行了论证，这三方面就是支持中心论点并为之服务的分论点。在论证第一个分论点"法律白条现象危害社会主义法制的统一、损害法律的权威"时，使用了三条特殊的理论论据，即我国《宪法》对"违反《宪法》和法律的行为，必须予以追究"的规定；《民事诉讼法》和《行政诉讼法》"专门规定了执行程序"；《刑法》"设置了拒不执行判决、裁定罪"，由此来论证第一个分论点。在论证第二个分论点"法律白条现象妨碍社会主义市场经济的建立和发展"和第三个分论点"法律白条现象不利于社会主义法律意识、法律文化的培育"时，评论者都采取了摆事实讲道理的方式论证论点。这里所摆的事实，是一种概括的事实，即"市场经济是靠健全的法律秩序维系的，而市场法律程序是通过法院等部门的严格执行、有效司法来实现的"和"目前我国大众的法律意识主要来源于两个方面：一是我国传统的法律文化，二是我国法制运行的现状"。在此基础上进行分析阐述，从而证明各自的论点。

这篇评论思路清晰，论述简明，论据紧扣论点，分论点支持总论点，做到了论点与分论点、论据的统一。

在论点确定之后，要做到论据与论点的统一，关键在于怎样选择好论据和结合论据进行分析说理。为此，有必要对这两方面问题进行一些说明。

1. 对论据的要求。首先，论据要真实。真实是由新闻评论的性质决定的，真实是新闻的生命，也是新闻评论的生命。失实或虚假的论据不可能有力地证明论点，只能使受众对论点发生怀疑。使用失实或虚假的论据还可能导致论点的错误，造成评论文章的失败。可见，论据的真实性问题是个十分重要的问题。造成论据失实或虚假，不一定是评论者的主观意图，有时是因为疏忽或失察等客观原因所致。这就要求评论者以严肃认真的态度选择好论据，做到完全真实。

其次，论据要准确精炼。在这里，准确主要针对理论论据而言，精炼主要针对事实论据而言，对于理论论据，在选用时必须认真核对，避免误差，包括数字、标点、出处等都要准确无误，准确与真实也有密切关联，不准确就可能造成失实，从而影响对论点的证明。对于事实论据，使用时既要真实还要善于概括，新闻评论属议论性文体，而作为事实论据的人物、事件、现象等在表达时必然要运用叙述或说明文字，如果这样的文字太多，就可能影响文章的说理性。因此，在对事实性论据进行表述时就必须简明精炼，不能像新闻报道那样进行完整全面甚至是细致具体的叙写。

再次，论据要充分。充分是指论据要达到一定的量，使之足以证明论点。评论者要在收集论据方面下功夫，既要注意事实论据，也要注意理论论据；既可选择历史材料，更要注重选择现实材料。达到一定的量，不仅仅是使用论据的多少问题，也会影响到文章的质，论据不足，文章的说服力就会受到影响，论点就难以确立起来。达到一定的量，并非是说论据越多越好，只要足以支持论点即可，应当注意文章的简明，删去那些可有可无的论据。

最后，要注意论据的典型性。典型的论据既有代表性，又能反映事物的本质。这样的论据使用在评论中具有以一当十的作用，能够使得评论既简明又具有说服力。例如《“官司”面前无名人》（《法制日报》1993 年 7 月 12 日，党玺澎文），在说明普通百姓“要打官司却打不上”时，列举了湖南益阳市链条厂女工曾素珍和海南省被虐待残害的妇女邢月欧，多次向法律呼救未果，酿成轰动全国的人间悲剧的事实，就十分典型，与一些名人为一点小事也能打官司形成了鲜明的对比。

2. 结合论据进行分析说理。一篇评论，归根结底是要完成“摆事实”、“讲道理”这道工序，其重心应放在“讲道理”上。“摆事实”就是为了“讲道理”，而且必须讲深讲透。有些初写评论的人，在列举论据时不善于分析说理，未能用阐述性语言将论据与论点紧密结合在一起，也就是摆事实讲道理时，只完成了前者，没有完成后者，或没有很好地将“理”讲深讲透。这样既造成对论据的浪费，又可能削弱评论的力度。不能将论据与论点紧密结合深入地分析说理，论据与论点之间的关系就不能很好地揭示出来，论证这一关键环节也就未完成好。《“官司”面前无名人》即如此，摆事实后，是深入的分析说理，并最终归结到文章的主题：我们的法官，应该做到官司面前无名人，受理官司应以法律为准绳。

二、虚与实的结合

虚与实的结合是新闻评论写作的基本要求之一。一篇评论不管以何种形式出现，必然要关联虚与实两个方面。所谓虚，指的是理论、思想、政策、法律等；所谓实，指的是实践、事实、业务、做法等。虚与实是矛盾的统一，新闻评论的论证说理既要站得高，看得远，又要和当前生活实际紧密结合，做到虚实并举，才能更好地发挥效用。

在评论实践中，有一些评论侧重于务虚，也有一些评论侧重于务实。在社论、评论员文章，也包括一些短评中，以谈思想、谈理论、谈学习、谈政策为主的就属于侧重务虚的。例如《转换政府职能推进依法行政》、《青年一代的共识》、《西部大开发切忌走形式》等。而更多的社论、评论员文章、短评及其他评论形式，却是通过对具体事物的具体分析，用典型的、具有说服力的事实来进行论证说理的，即是以务实为主的。例如《难道让露露在不正当竞争中倒下》、《土地流转不可行政推行》等。尽管存在这两类不同情况的评论，但是实际上，虚与实在一篇评论中都不是绝对的，二者并不相互排斥，而应相互结合，不能截然分开，务虚要以实作为基础，务实要以虚作为指导。从本质上来说，虚与实的关系，就是现象与本质的关系，感性与理性的关系，具体与抽象的关系，实践与理论的关系。做到虚实结合，是指任何评论都不能只关注一个方面而摒弃了另一方面。作为侧重于“虚”的评论，不能只是脱离实际地空谈大道理，而应紧紧围绕当前实际，并以此为基础，联系实际展开论证；作为侧重于“实”的评论，也不能拘泥于事件本身，跳不出具体事物的圈子，而应透过表象，探入事物的内部、深层，从思想、理论、政策的高度来把握事物的本质。只有做到虚与实的有机结合，文章才能既脚踏实地，又高瞻远瞩；既有血有肉，又闪现着思想的火花。

在评论实践中，虚实结合的方法主要有以下几种：

1. 以实证虚。以实证虚是侧重务虚的评论文章常用的方法，这种方法是指评论者善于运用事实材料来印证理论观点，从而将道理讲得既切合实际，又深入透彻。

例如《依法治国：安民兴邦的基本方略》（《法制日报》1998 年 12 月 16 日）一文，评论者为了论证中心论点——依法治国是安民兴邦的基本方略，在文中设立了三个分论点，从三方面进行论证，现将其中的第一方面抄录如下：

> 首先，依法治国方略的提出，确立了法律的权威。邓小平同志曾指出，长期以来，我们“往往把领导人说的话当作‘法’，不赞成领导人说的话就叫做‘违法’，领导人的话变了，‘法’也就跟着变”，“要通过改革，处理好法治和人治的关系，处理好党和政府的关系”。十五大报告明确指出，要使制度和法律不因领导人的改变而改变，不因领导人的看法和注意力的改变而改变。在实践中，江泽民等中央领导同志更是率先垂范，从一九九四年十二月以来先后八次听取法制讲座，身体力行地向全党和全国人民发出了学习法律、尊重法律、提高法律意识的号召。在一九九六年二月的一次法制讲座结束时，江泽民同志着重就依法治国发表了全面、系统、深刻的讲话。明确提出了实行依法治国，建设社会主义法治国家的治国方针，使法治取得了治国基本方略的崇高地位，从而确立了法律的权威。

引文的第一句话是此段的论点。从第二句始，引用邓小平的话，说明长期以来存在着“人治”与“法治”的关系处理不当的问题，要通过改革处理好这一问题。接着又说明十五大报告已明确指出了解决这一问题的方向；然后指出中央领导同志在这方面的积极努力，率先垂范，身体力行；最后指出江泽民同志发表全面系统的谈话，明确提出这一治国方针，从而确立了法律的权威。在这段引文中，不论是引用邓小平的话，还是后面的事实都属“实”这一方面，它讲明了依法治国思想的产生以及确定的过程，以此来证明“依法治国方略的提出，确立了法律的权威”这一论点。同时与其他两个方面共同起到对中心论点的证明作用。

也有一些评论是以“实”来证明一项方针政策、重要会议精神，或法律法规的重要意义和正确性、必要性，以使之得到更好的贯彻执行。

例如《加快健全市场经济法律体系的步伐——论贯彻十五届四中全会精神》（《法制日报》1999 年 10 月 15 日），这是一篇以实证虚的评论。

文章在第二自然段亮明了观点：建立和健全社会主义市场经济法律体系，是深化国有企业改革，建立和发展社会主义市场经济的一项基础性工作，是贯彻落实四中全会精神的重要一环。然后主要是以我国市场经济法律体系的现状来证明以上观点。在分析论证中，先肯定了自改革开放以来，特别是中央决定建立社会主义市场经济体系以来，我国经济立法方面取得了长足发展，一大批规范市场主体、调节市场行为、维护市场秩序、加强国家宏观调控等方面的法律相继出台，使得具有中国特色的社会主义市场经济法律体系框架初具雏形。接着着重列举了目前市场经济立法现状仍然难以适应发展市场经济需要的情况，分别谈到了以下四方面情况：首先，一部统一、完整的民法典至今尚未出台；其次，破产法亟待作重大修改；第三，反垄断法尚付阙如；第四，社会保险法律制度亟需建立。经过这样的分析论证，就使文章有理有据，既有理论高度，又切合实际。

2. 就实论虚。是指由典型事例入手，通过分析论证，引出对某种问题的看法，并将其上升到理论高度。这类评论多与思想、方针、政策、法律法规发生联系，就实论虚是新闻评论常见的写作方法。

如 2001 年 6 月 7 日《解放日报》在头版发表的短论《索菲亚的“厌烦”》，就是一篇从新闻事实出发，经过分析评论，将生活中的现象进行抽象概括的好文章。

法兰西有个索菲亚高科技园。世界前列，欧洲之最，所以参观洽谈者，近悦远来。而法国人也总是热情接待。然而近年以来，东道主对于中国的参观团，却十分“厌烦”。每有团来，只派一名导游敷衍。既非民族歧视，也非人分九等，什么道理呢？因为那些团队中人，大多外行，没有常识，且心不在焉，一年几十个团队蜂拥而来，呼啸而去，什么下文也没有，“不知为何而来”？

索菲亚的“讨厌”，并非惟一的例子。数年之前，已有报载，巴西的伊泰普水电站，气势雄伟，美景无限，也有中国的“参观团”，与电站不沾边的大批官员，来此一游。结果巴西政府只好宣布：来伊泰普参观的中方代表团，一年不得超过4批，且须“与水电有关”；无关之人，概不接待……

“无关之人”出国“考察”，老外看不懂，但却是咱们不少地方组团云游的一大特色。无涉科技，可以去索菲亚；不搞水电，可以去伊泰普。“考察”，只是名目，醉翁之意，仅在山水而已，这在国人，已不是什么奥秘，只是洋人尚在雾中。当然科盲、水电盲们，也不是不能出去。“开开眼界”，总比蜗居夜郎要好。然而为数不少的团队，去国万里，又开了什么“眼界”？阿姆斯特丹的红灯区，芭堤雅的人妖秀，夏威夷的脱衣舞，真可谓满目“春”色入眼。至于赴美“考察’，去拉斯维加斯“来一把”更成一些团队的“例行项目”。游龙戏凤的开销，遍采春光的发票，不少拿来公家报销。已经判了无期的巨贪、阜阳市原市长肖作新案的事发，不就是因为“出国考察”的花账吗？肖市长出境六天，某公司全程买单，一叠发票，巨达41万元，才终于引起了检方的“震惊”。然而这样的“发票”，又岂止一个肖作新拿来“报销”？

国门打开，“出去”看看，应是常情之事。但如果暗度陈仓，万里逍遥，岂但是中国老百姓侧目，便是洋人，也要另眼相看，这就叫做“有损国格”，把台坍到了天涯海角。索菲亚的“厌烦”，难道不应当发人深省么？

这篇评论从法国索菲亚高科技园和巴西伊泰普水电站限制中方“科考团”的具体事例介入，运用形象化的手段来阐明事理，把抽象的概括同现实中的人与事结合起来。显然，文中的“索菲亚科技园”和“伊泰普水电站”现象只是引子，作者的目的在于以此为依托，针对这种现象引发议论，揭出造成此种现象的原因。整篇评论逻辑关系顺畅，虚实相生，有叙有议，娓娓道来，使读者在不知不觉中受到启发。这种论题尖锐，指向明确，有理有据，有真情实感的短文显示出一定的思想深度和理论高度，比那种鸿篇巨制的假大空文给人留下的印象深，也更易引发读者的共鸣。

这里所说的“就实论虚”的评论，其中的“实”和“虚”都是比较宽泛的概念，“实”既可以如上例是一些新闻事实，也可以是某个问题、某种现象、某种看法。例如评论《保护地方和地方保护主义》（《法制日报》1993年6月7日，秦育文）的开头：读完宋文忠同志的《“地方保护主义”别议》一文后，颇有感受，也想就这个问题谈谈看法。

再如评论《法律问题应当用法律来解决》（《法制日报》1988年11月19日，党玺澎文）的开头：提出要治理经济环境，有人说：没有“三反五反”的劲头，杀他一批新的“张子善”、“刘青山”，经济环境是治理不好的。

以上两例开头，都直接点明了文章要针对什么问题发议论，但此二段开头中的“实”与前例中的“实”显然不同，前例中的“实”是一则新闻事实及其类似的现象，而这两个开头中的“实”分别是某一方面问题和一种说法。

新闻评论必然要发表某种意见，但是因为涉及的问题性质不同、大小不同、层次不同、角度不同等原因，发表的意见自然是多种多样的。对于“虚”，我们的理解应该宽泛一些，它有时可能是一种理论，有时可能是一种不同的认识，有时也许是一种呼吁。

3．寓虚于实。这种形式的评论特点是不直接讲道理、谈看法，而是将道理、看法寓于对事实的表述之中。这种方法在重要、重大事件的评论中使用较少，在整个新闻评论中所占的地位也相对次要，一般在杂谈、随感中出现较多。杂谈、随感具有一定的文学特征，因而这种评论形式有较强的形象性。但作为新闻评论的品种之一，文中的观点、倾向、态度、道理等，应该是十分鲜明的。

例如杂谈《虹桥、蛀虫与其他》（《法制日报》1999年5月4日，何能高、饶辉华文）就是采用了寓虚于实的论证方法。请看全文：

> 上小学时读过一篇课文，讲的是古代有个有钱人想造一艘大船，选木料时看见有块木板有蛀虫，当时没在意，结果在一次航海中船遇到了风暴，被蛀虫侵蚀得满是窟窿的木船最后被吞没了。小时候住的房子全是木料盖的，担心房梁藏了蛀虫会将房子蛀塌。
>
> 现在时代不同了，建筑物大都是用钢筋水泥做成的，小小的蛀虫是啃不动的，按理该安全了吧，可近年来屡屡发生的建筑物倒塌事故又让我们心惊肉跳——尤其是重庆綦江虹桥的突然整体垮塌，我们不由得悲叹，以前只能啃啃木料的蛀虫大概也进化了。
>
> 但悲叹有什么用，要想建筑物平安无事，要想安居乐业，还得有虫就抓，无虫也防。
>
> 先说有虫就抓。有些蛀虫牙齿特别硬，它们总有办法从层层规章制度中寻出薄弱环节，咬出一个口子钻进去大嚼特嚼。綦江虹桥就是蛀虫嘴下的牺牲品，钢管焊接多处裂口，桥体坠入綦江。所以哪儿有虫洞，就该从哪里下手将虫掏出来，一个也别放过。因此綦江虹桥案的多名被

告人被押上了庄严的法庭接受审判，大快人心。但是，其他已发现或还未发现的“豆腐渣工程”呢？这些蛀虫也应受到法律的制裁。

有虫、无虫都得防。以前的船厂为了防虫，都要在船身涂上一层厚厚的保护涂料，以防让蛀虫钻空子。现在的建筑施工从项目立项到施工，从原材料选购到施工队伍的招标。层层都有人把关，有人审核，这就好像船厂使用的保护涂料，应当使蛀虫没有下嘴的机会。但为何蛀虫还是有隙可钻？屡屡得手？这其中既有有关质监部门工作马虎草率的原因，也有不具备承建资格的单位承建，无上岗证的人员施工的原因。虹桥垮塌后，中央领导给予高度重视，各级党政机关举一反三清查“豆腐渣工程”；一些省市还推出工程质量终身负责制以对付那些在事发后已异地为官的大虫小虫。我们认为，这是应该的、必要的，是治虫、防虫的决心和力度的体现。但防虫、治虫，更应长久地坚持下去，而不要只是出事了就一阵风，没出大事就大大放松。依法防虫、治虫应当是没有宽、严之别的。

这篇文章写作上的显著特征，就是几乎通篇都采用叙述的方式，只在末尾加了几句简明的议论。但作者的用意显然不在叙事，而是为了说明一个道理：有虫、无虫都得防。哪儿有虫洞，就该从哪里下手将虫掏出来，有虫就抓，一个也别放过。为了说明这个道理，作者用了大段童年的回忆，这些叙述使文章避免了空泛，为后面的说理奠定了基础。文尾的议论堪称点睛之笔，所论之理通过文中的叙述及简短的议论而昭然若揭。另外，这篇文章多处使用了比喻、象征等修辞手法，文章显得生动形象，余味绵长。

三、破与立的结合

辩证唯物主义告诉我们，世界上的万事万物，都不是截然分开的，而是存在着对立统一的两个方面，破与立便是这样。所谓破，是对错误的观点进行反驳或批评；所谓立，指的是从正面直接提出自己的观点并加以论证。具体讲，在新闻评论中，立可以是倡导一种观念、主张，也可以是赞成或肯定一种倾向、做法，还可以是给人们某种提示；破可以是对某种思想观念的反驳或否定，也可以是对某种做法的批评。

在一篇评论中，破与立是矛盾的两个方面，是对立的统一；立中常常有破，破中必然有立，立与破常常是结合使用的。但是，应该强调一点：立与破在评论中一般都是有所侧重的，并非平分秋色，各占一半。或以立为主，寓破于立；或以破为主，破中有立。下面分别对这两种情况加以说明：

（一）寓破于立

这种方式运用在以正面立论为主的评论之中，即在阐述论证正面观点的同时也指出与之对立的观点的错误。

例如《评论执法多多益善》(《法制日报》1989年5月29日，刘宁书文）一文，就是一篇以立为主的评论。现将有关段落摘录如下：

> 我国宪法第27条明确规定：“一切国家机关和国家工作人员必须……接受人民的监督。”人民监督国家机关（包括执法机关）有两条途径：一是法律监督，如通过各级人民代表大会提出质询；二是社会监督，其主要方面是大家熟知的舆论监督，即通过各种新闻媒介进行监督，而舆论监督执法的根本点在于能否评论执法……
>
> 从目前状况看，舆论监督执法不尽人意，这可以从法制宣传中管窥一斑。时下新闻媒介的法制宣传主要有两种形式，一种是法制通讯，一种是新闻报道，这两种形式离“监督执法”相去尚远。诸多读者大概会有一个共同的感觉，就是新闻媒介很少有评论执法的文章，即便有，也多是“事后诸葛亮”，缺乏监督的味道。在我国民主与法制逐步完善的今天，恐怕不能不说这是一个“舆论空白点”。
>
> 党的十三大报告中有一段非常重要的话：“重大情况让人民知道，重大问题经人民讨论。”公开性及透明度已成为我国政治体制改革的一条重要渠道，执法自然也不能例外。长期以来披在“法”身上的神秘外衣应该揭去，以便接受全体公民的监督……
>
> 评论执法可以提高执法质量。再高明的执法者也可能有疏漏之时，再渊博的执法人员也会有无知之处，评论执法可以从不同的思维方式，不同的知识角度为执法者提供必要的参考。
>
> 评论执法还可以促进司法公正。应该承认，执法活动的不公正性并不是个别现象，通过评论执法等监督形式，能减少枉法，促进公正。
>
> 评论执法也能增强执法威信。执法越是遮遮盖盖，躲躲藏藏，就越使人感到神秘，同时也使人容易产生不信任感。一旦将执法活动置于公众的监督之下，就会改变执法者的形象，使人们对执法放心。

为了确立“评论执法，多多益善”的观点，文章引用我国宪法中的有关规定、党的十三大报告中的有关论述作为论据，并进行了多方阐述。但其中也有对当前执法状况的批评，即引文的第二自然段，这段文字并非可有可无，而是全文的有机组成部分。正因为存在"舆论监督执法不尽人意"的问题，此文的立论才显示出针对性、现实性和重要性，才可以说是言之有据、言之有理的。

也有一些以立论为主的评论，其中并无明显的驳论或批评，但这并不等于不存在"破"的问题，此时，"破"蕴含在"立"之中，只要有"立"，就必然有与之相应的对立面，对某一观点的赞同和肯定，就是对与之相对的观点的批评和否定。

（二）破中有立

这种方式主要运用在以驳论或批评为主的评论之中，即在批驳或批评某些观点、做法时，同时提出正确的观点或做法。

如评论《读"鲁迅败笔"》（《中国青年报》2002年8月2日，王乾荣文），就是典型的有破有立的新闻评论，全文如下：

> 有一位张澍先生，近日做大文《中国近代著名人物败笔》，其中列举了鲁迅的三个败笔。
>
> 第一个败笔为刻薄。说明刻薄的典型例子，是鲁迅的一段话："一要生存，二要温饱，三要发展，苟有阻碍这前途者，无论是古是今，是人是鬼，是《三坟》、《五典》、百宋千元、天球河图、金人玉佛、祖传丸散、秘制膏丹，全都踏倒他。"作者引了这段话后批评道："生存、温饱、发展与后面所列诸因素并不存在必然的因果关系。退一万步，即使存在因果关系，也不一定要统统'踏倒'。用批判、消灭这一条腿走路，只能蹦着走，既走不快也走不好。"
>
> 刻薄，是批评鲁迅的人常常祭起的一件有力武器。先前和现在的很多批评家说到鲁迅的刻薄之时，似乎多指他如何爱骂人，如何不讲"费厄泼赖"，如何"刺人杀狗，骨骼尽解"，等等。这已经毫无新鲜味了。张先生上述批评，倒是别具一格。所可惜者，我觉得他为了说明鲁迅的刻薄，连常识都不讲了。
>
> 鲁迅明明说，"苟有阻碍这前途者"，"全都踏倒他"，这是决绝中的少有的理智；反过来说，即使"鬼"吧，如果他不阻碍人的生存、温饱和发展"这前途"，是一个善鬼，鲁迅也未必主张"踏倒他"。白纸黑字写着，张先生为什么硬要给鲁迅戴上一顶李逵那样"不问青红皂白一路砍杀过去"的帽子呢？为了证明别人刻薄，居然不惜造谣，把人家有条件的判断篡改成无条件的"统统"；可谓煞费苦心。
>
> 张先生所指鲁迅第二个败笔，是"对人的认识也存在一定的偏激"。

他说："鲁迅所恨之入骨的一些'敌人'，其实远不像鲁迅所想像的那样坏。"

这话虽然不新鲜，倒也有一定道理。鲁迅既然不是神明，不是至高无上的判官，他所恨之人，怎么一定就是坏人呢？其他人也一样。鲁迅本人就为许多人所"恨之入骨"，但我并不认为凡恨鲁迅者，就是坏人。

张先生的问题，在他用以说明鲁迅这条败笔的例子。张说鲁迅对许广平的遗言"忘掉我，管自己生活"，是"彻底否定夫妻感情"。那么，鲁迅是不是要求他的妻子在他死后哭哭泣泣一辈子而不能自拔，才算人道，才有"夫妻感情"呢？而说"忘掉"，就是"否定"，便真能忘掉吗？是谁在故意践踏鲁许的"夫妻感情"？

这项败笔的又一例，是鲁迅临终告诫的"孩子长大，倘无才能，可寻点小事过活，万不可去做文学家和美术家"，成了张先生所谓"彻底否定自己毕生经营的事业"之罪。"龙生龙，凤生凤"，但愿张先生之子将来能成就一个鲁迅批评专家，以肯定"自己毕生经营的事业"。但鲁迅的"孩子长大，倘无才能"，就不一定非借着老子的体面，强努着"做文学家和美术家"不可。周海婴后来"寻"了点"小事"——无线电技术，他活得还好。鲁迅的这个遗言，吐露了一个负责任的父亲的宅心，你怎么好忍心奚落他呢！我看鲁迅这话，值得所有心比天高、望子成龙的为人父母者参照。要说刻薄，痴人说梦般亵渎脚踏实地的父爱，恐怕算得上一种。

鲁迅的第三个败笔，据张先生讲，是"写了一些不那么站得住脚的文章"。

此言不假，但属于废话。到目前为止，我还不知道哪一位圣人穷尽了真理，所写的文章都站住了脚，真是惭愧得很。

鲁迅一生也许有很多败笔，近一个世纪里被人们不断揭露出来，证明着其人的局限性，都是很有意义的工作。但我却不断从这揭露中，看到了我们离鲁迅有多远。鲁迅自己其实也多少知道他的败笔，即他心中的"鬼气"和"毒气"。但人们如果把他的骨气、浩气、锐气、勇气、正气、志气，反当成鬼气和毒气来批判，除了别有用心，恐怕只能说是自己的败笔了。用这样的"腿"赶批判鲁迅之路，蹦也好，跳也罢，能否走快和走好，令人怀疑。

上文对断章取义、肆意曲解鲁迅先生观点的王澍的文章进行了针锋相对的批驳，将其所说的三个"鲁迅败笔"一一驳倒，并分析出现此类问题的原因，是作者没有全面、深刻领会鲁迅先生原话的精神，断章取义所致。文章指出对方的谬误痛加反驳："所可惜者，我觉得他为了说明鲁迅的刻薄，连常识都不讲了。""鲁迅既然不是神明，不是至高无上的判官，他所恨之人，怎么一定就是坏人呢？其他人也一样。鲁迅本人就为许多人所'恨之入骨'，但我并不认为凡恨鲁迅者，就是坏人。""到目前为止，我还不知道哪一位圣人穷尽了真理，所写的文章都站住了脚，真是惭愧得很。"不论从逻辑方面还是从形式方面看，文章中破与立的因素都是不能截然分开的，在驳倒了对方后，作者都鲜明地亮出了自己的观点。在评论文章中，如果光破不立，道理易显偏颇；而若光立不破，道理易显平淡。本文破立交错，以破为主，落笔于立，表现了破与立相辅相成的关系，道理讲得既全面又深刻。

思考与练习

1. 新闻评论如何处理虚与实的关系？
2. 驳论的特点是什么？
3. 怎样才能写好驳论？

第六章　新闻评论的体裁

对于新闻评论的体裁分类，从不同角度出发，存在不同分法，目前主要有以下几种情况：

按照新闻评论的性能来分，有人提出可以划分为四大类：第一，带有全面部署性的；第二，带有说理启发性的；第三，带有业务指导性的；第四，带有政治宣传性的。

从新闻评论与新闻报道的关系角度来分，可分为三大类：一是配合性评论；二是混合型评论；三是独立式评论。

按照新闻评论的内容性质来分，有人认为可分为立论性评论、驳论性评论、阐述性评论、解释性评论、提示性评论五种，其中前二种是基本类型，后三种是前二种的派生类型。

以上的分类方法都有一定道理，值得参考，有助于开拓思路。在此，我们仍采用我国新闻界、学术界普遍认同的体裁分类方法，即在报纸评论基础上形成的将新闻评论分为社论、评论员文章、短评、专栏评论、编者按语、新闻述评等具体体裁形式。

第一节　社　论

社论是代表报刊、通讯社等新闻媒体编辑部发言的最重要的言论形式。在广播和电视媒体上称“本台评论”。社论是新闻媒体的旗帜，集中反映了政党、政府、社会团体的立场、观点和主张。社论一般针对重大事件、重要问题发言，具有鲜明的导向性、指导性和权威性，是媒体中规格最高的评论体裁。

一、社论的地位及特点

（一）社论的地位

社论历来被国内外报刊所重视，并在评论实践中发挥了重要作用，占有举足轻重的地位，有“报纸的灵魂”之说。马克思创办并担任主编的《新莱茵报》（1848年6月1日至1849年5月29日）就十分重视社论，该报的大部分社论均由马克思或恩格斯执笔。现代国外报刊也相当重视社论，以当今美国的《纽约时报》为例，该报专设了社论版，每天发表五至六篇社论。重视社论更是我国报刊的传统，社论无论在革命斗争时期，还是在建设时期都发挥了不可替代的重要作用。曾担任《人民日报》总编辑的邓拓在1955年发表的《关于报纸的社论》一文中说：“社论是表明报纸政治面目的旗帜，报纸必须有了社论才具有完全的政治价值。“革命导师毛泽东不仅亲自过问和审阅中央党报和新华社的重要社论，而且撰写过大量的重要社论，他在1958年写给广西壮族自治区领导人刘建勋、韦国清的信中指出：“精心写作社论是一项极重要任务，你们自己、宣传部长、秘书长、报社总编辑，要共同研究。第一书记挂帅，动手修改一些最重要的社论，是必要的。”[1]

在当今媒体中，社论仍然占有重要地位，我国的重要媒体《人民日报》、《解放军报》、《法制日报》、中央人民广播电台、中央电视台等，仍常有社论发表，针对现实生活中的重大事件和问题，阐明党和政府的路线、方针、政策和态度，提出解决问题的指导思想和办法，以起到明确方向，指导工作，引导舆论的作用。

（二）社论的特点

相对其他评论体裁而言，社论具有以下特点：

1．论题的重要性。由于社论的特殊地位，媒体对其使用持慎重态度。不是事关重大的重要问题，可以使用其他评论形式的就不必使用社论，若使用社论，论题必然重要，一般是涉及政治、经济、思想、文化等方面的重大问题。如重要会议的召开，重要方针政策、法律的出台和贯彻落实，重要事件的发生，重要典型人物的出现，重要纪念日、节日等。由下列社论的标题也可看出社论论题的重要性和使用情况：《创造新业绩，迎接新世纪——祝贺全国政协九届三次会议闭幕》（《人民日报》2000年3月12日）；《抓住历史机遇，加快西部开发》（《人民日报》2000年3月18日）；《深入扎实开展县（市）“三讲”教育》（《人民日报》2000年2月21日）；《与伟大祖国一道前进——热烈祝贺“三八”国际劳动妇女节九十周年》（《人民日报》2000年3月8日）。

2．观点的权威性。社论针对事关重大的问题发表看法，它不仅代表着媒体

---

〔1〕《毛泽东新闻工作文选》，新华出版社1983年版，第202页，转引自胡文龙：《新闻评论教程》，中国人民大学出版社1998年版，第216页。

发言，而且代表着党和政府的声音。社论的观点并非是写作者个人的观点，而是一级组织、政府、媒体的观点。因此，社论提出的意见或看法具有权威性，一般代表着中央的声音，其政策性、指导性明显强于其他评论体裁。例如社论《抓住历史机遇，加快西部开发》，就具有这方面的特征，请看文章开头的一段：

> 实施西部大开发战略，加快中西部地区发展，是我们党面向新世纪做出的重大决策。这对于扩大内需，推动国民经济持续增长；对于促进各地区经济协调发展，最终实现共同富裕；对于加强民族团结，维护社会稳定和巩固边防，具有十分重要的意义。我们一定要抓住机遇，扎实工作，把思想和行动统一到党中央这一事关全局、影响未来的重大决策上来。

该篇社论还对西部开发提出了政策性和指导性意见，指出：

> 实施西部大开发是一个改造客观世界的宏伟规划，必须将主观愿望和客观实际结合在一起，将国家的宏观调控包括发挥政策的导向作用与坚持按经济规律办事结合在一起。实施西部大开发，态度要积极，要抓住时机，勇于开拓，又不能急于求成，一哄而起，乱铺摊子，必须科学规划，精心设计，有步骤、分阶段地达到目标。实施西部大开发，是一项宏大的系统工程，要把基础设施建设作为开发的基础，把加强生态环境的保护和建设作为开发的根本，把抓好产业结构调整作为开发的关键，把发展科技教育作为开发的重要条件，把深化改革、扩大开放作为开发的强大动力。当务之急是基础设施建设和生态环境的保护与改善，必须下更大的决心，以更大的投入，先行建设，适当超前。

3．论述的严肃性、庄重性。与短评、杂谈等评论体裁相比，社论的论述更具有严肃性和庄重性。所以如此，是因为社论是针对重要问题、重大事件等发表看法，在一定程度上代表着党和政府的声音。有些重要社论由党和政府的领导人执笔或审阅，实际上成为重要文献。社论的这种文风是由其使命决定的，它要根据当前形势，围绕党和政府的中心工作，及时传达中央的声音，指明方向，阐明政策，发出号召，指导实践。在社论中，一般不使用形象化修辞手法，不追求生动、华丽，不使用讽刺、幽默的笔法。它所追求的是严肃、庄重、朴素的文风。当然，这并不是说社论绝对排斥一切修辞手法，适当地使用比喻、排比等修辞手法，常常可以增强社论的说理效果。

二、社论的类型

按照社论的写作目的和方式，可将其大致分为以下五种类型：

（一）阐释型

阐释型社论是指以阐释党和政府的方针政策、决定、重要会议精神等为主的社论。其目的是为了帮助人民群众正确领会有关方针、政策、决定的精神实质、形成依据、重大意义等方面问题，从而提高贯彻执行有关方针政策的自觉性。此类社论政策性、指导性强，使用也较多，大多采用专题论述的方式进行，即一篇社论针对某一项方针政策或某一次会议精神专门进行阐释论述。

例如社论《教育大多数，团结大多数，解脱大多数》（《人民日报》1999 年 8 月 24 日），主要是对中央处理和解决“法轮功”问题重大决策的阐释，社论的有关段落如下：

> 从这场斗争一开始，我们党就一再强调：必须教育大多数，团结大多数，转化大多数，解脱大多数，孤立和打击极少数。
>
> 我们要立足于教育，立足于转化。“法轮功”祸国殃民，是邪教性质的组织。但是，绝大多数曾经修炼过“法轮功”的党员、干部和群众，他们参加练功是出于健身强体的愿望，对李洪志等极少数人的政治目的并不了解，他们受到李洪志的欺骗和愚弄，误入歧途，本身也是受害者。他们的问题，主要是思想认识问题。要看到，在同“法轮功”的斗争中绝大多数曾经修炼“法轮功”的党员、干部和群众，在大量的事实面前，弄清了真相，擦亮了眼睛，幡然悔悟，同党和人民站在一起，揭露李洪志及其“法轮功”组织的内幕，批判李洪志的歪理邪说，表现是好的。对于这些转变了立场，同“法轮功”划清界限的人，我们要满腔热情地对待，不得歧视。对广大“法轮功”练习者的教育工作应该是严肃认真的，同时也是诚恳耐心的。要帮助他们进一步认识“法轮功”的反动本质和社会危害，深刻剖析上当受骗的思想原因，真正汲取教训。对于那些一时还有思想疙瘩的同志，也要允许在思想上彻底转化有一个过程。我们深信，只要我们坚持做耐心细致、入情入理的思想教育工作，这些同志完全可以彻底摆脱“法轮功”的束缚，真正醒悟过来。
>
> 我们要团结大多数，解脱大多数。参与“法轮功”活动的人员，情况很不相同，因而要本着实事求是的精神，具体情况具体分析，区别对待，严格掌握政策界限。要把一般“法轮功”练习者同参与“法轮功”

活动的骨干区别开来；把一般骨干同极少数有政治意图、存心作乱的幕后人物和策划者、组织者区别开来，把在“法轮功”问题上犯有错误，但确有悔改表现的同执迷不悟、拒不改正的区别开来。对于共产党员，要把党中央做出共产党员不准修炼“法轮大法”决定之前犯错误的，同决定下达之后再犯错误的区别开来。各级党组织要按照党章的规定和中央有关文件的精神，作好对有关人员的处理工作。要通过教育和帮助，使绝大多数修炼过“法轮大法”的党员得到解脱。要坚持从严治党和“惩前毖后，治病救人”的原则。思想教育从严，组织处理从宽，这是我们党的一贯政策，处理和解决“法轮功”问题仍然要坚持这个政策。我们要严格依法依纪办事。党有党纪，国有国法。处理和解决“法轮功”问题，涉及面广，情况复杂。在工作中，我们既要态度坚决，又要慎重稳妥。要坚定地教育、团结和解脱绝大多数，但决不能姑息极少数顽固不化分子。对于严重违反党的纪律的党员，必须依据党章和有关规定严肃处理。对于李洪志等极少数存心作乱、危害社会、危害群众的违法犯罪分子，必须坚决予以打击。触犯了刑律，构成犯罪的，要依法惩处。

从此例可以看出，阐释性评论不仅可以宣传有关方针、政策、决定等，而且具有释疑解惑，说理开导的作用。能够帮助人民群众明确方向，扫除思想障碍，统一思想，统一行动，提高落实有关方针政策的自觉性。

（二）启迪型

启迪型社论是指针对现实生活中重要的且带有普遍性的思想、作风等方面问题，或实际工作中迫切需要解决的矛盾发言，以帮助受众提高认识，解决实际工作中的矛盾为目的的社论。此类社论也占有较多数量，包括侧重于务虚和侧重于务实的两种具体形式。

1998 年 12 月 9 日，中央经济工作会议在北京召开，12 月 10 日，《人民日报》登载消息，同时发表了社论《坚定信心，知难而进，夺取改革和建设新胜利》。社论倾重于务虚，同时也是虚实结合，重在启发人们坚定信心，知难而进，夺取改革开放和经济建设的新胜利。社论在总结 1998 年经济工作的基础上，提出了新的一年里经济工作的任务和重点。并指出，要实现更高的目标，必须要解决好四方面问题，即正确地分析和把握形势，把思想统一到党的十五大精神和中央的重大决策和部署上来，紧紧依靠群众，把亿万群众的积极性和创造性发挥出来；各级干部要切实转变作风，求真务实，扎扎实实地做好工作；以及加强和改善党对经济工作的领导。社论采取辩证分析的方法，注意引导和启发。例如在谈到正确分析和把握形势的问题时是这样讲的：

正确认识形势必须坚持两点论。对1998年的工作，要看到我们取得的巨大成就和这些成就的难能可贵，也要正视存在的困难和问题，对于1999年的前景，既要看到国际大环境对我国经济发展不利的一面，深化改革会使诸多深层次矛盾显露出来，工作难度加大；也要看到世界发生大转折带来的机遇，深化改革为当前和未来发展提供了巨大舞台。盲目自满是不对的，悲观失望也是不对的。

这段论述可谓有的放矢，针对可能出现的自满和悲观情绪，给以提醒和引导，启发人们要准确判断形势，更加深刻地理解党中央在经济工作方面的决策及其背景，在思想统一的基础上统一步调，统一行动。

（三）评介型

评介型社论是指针对具有重要或典型意义的新闻事实进行分析评价，以深刻揭示其本质，并态度鲜明地给予肯定、提倡或否定、批评的社论类型。此种类型一般针对现实生活中的典型人物、重要事件发表看法，从而起到引导舆论的作用。

评介型社论的评介对象并不一定都是大事，但必定是典型或重要的新闻事实。例如为配合全国政法工作会议的召开，《法制日报》（1998年12月22日）发表社论《加强政法工作，维护社会稳定》，该社论评论的是大事，也是重要问题，而社论《依法治国实践活动的新举措》（《法制日报》1998年12月7日），评论的新闻事实却是“小小一部热线电话”。所以值得用社论这种高规格的评论形式，主要在于事实体现出的重要性和典型意义。

该篇社论站在依法治国的高度，来看待山东东明县首创的“148”法律服务专线电话，深入挖掘了这一新闻事实的意义，充分肯定了司法部党组决定在全国范围内大力推广“148”法律服务专线基本经验的做法。文章是这样分析评价的：

党的十五大确立了依法治国的治国方略，提出建设社会主义法治国家的奋斗目标。作为一项宏大的系统工程，依法治国包含了方方面面的工作。然而，最基础的工作莫过于提高全民的法制观念和法律意识。全民法制观念和法律意识的提高，当然需要持久的普法活动，让人民群众特别是广大农村地区群众掌握法律知识。然而，更重要的还是使广大群众能够懂法和用法，能够用法律来解决现实生活中复杂的社会矛盾和纠纷，让群众看到并体会到依法办事的好处，从而感受并认同法律的价值。东明县“148”法律服务专线开通后，在短短八个月的时间里，解决了数以千计的民事纠纷，化解了大量社会矛盾，把国家法律通过依法办事的生动实践成功地传播到了广大人民群众当中。每一次矛盾和纠纷的解决，都是一次最生动的普法教育；每一次热线电话，都是人民群众信赖法律、依靠法律的最好证明。“有困难，要司法（148）”，流传在东明百姓当中的这句顺口溜就是对“148”法律服务专线这一新生事物最好的褒扬。

在社会基层尤其是广大农村地区开展电话热线法律服务，还是维护社会稳定、为改革开放和经济建设创造良好社会环境的一项重要举措。正如江泽民同志在十五大报告中所分析的那样，“近些年来，随着改革开放的深入和经济关系的调整，经济和社会生活中的各种矛盾，出现了不少新情况和新变化，其中一些涉及群众切身利益的矛盾比较突出。“这些矛盾如果不妥善加以解决，势必会影响干群关系，危及社会稳定。“148”法律服务专线以热线电话的形式，把普法、依法治理与法律咨询、法律服务、人民调解融为一体，将律师、公证、法律援助和基层司法所、法律服务所五支队伍的力量拧成一股绳，使基层司法行政力量在依法处置纠纷、化解矛盾的工作中形成合力。通过这种形式，基层司法行政机关在维护社会稳定中发挥了巨大的作用，同时也证明了司法行政机关和基层法律服务工作在新的历史时期强大的生命力。

本篇社论站得高看得远，肯定了“148”法律服务电话在依法治国系统工程中的重要作用，高度评价了此种法律服务形式在人民群众中产生的积极影响，为“148”法律服务专线电话在全国范围内的推广做了有力的宣传。

（四）纪念、礼仪型

纪念、礼仪型社论是指在重要节日、纪念日、国耻日以及国际交往方面的建交、签约、国外领导人的来访和我国领导人的出访之际所发表的社论。

此类社论有许多是定期的，如建党纪念日、国庆纪念日、抗战胜利纪念日、“五四”运动纪念日、“九·一八”国耻日、南京大屠杀国耻日等。当然也有一些是随机的，如礼仪类中为重要的来访出访所发的社论。由于此类社论定期的占多数，遇到节日、纪念日时就必须要写，今年写，明年写，年年写，容易成为一种例行公事之作。怎样写出新意？关键是要结合当前的形势和任务，善于将历史与现实联系在一起，立足现实，回顾历史，展望未来，使文章具有鲜明的时代特征和现实意义。

1998年12月18日，《人民日报》发表社论《伟大的丰碑，辉煌的岁月——纪念党的十一届三中全会二十年》。文章回顾了党的十一届三中全会的历史功绩和改革开放二十年的辉煌成就，并联系现实，分析了当前的形势，明确了奋斗目标：

改革开放二十年，轰轰烈烈，波澜壮阔，经济发展，民族振兴，伟大的祖国面貌一新。但这只是建设有中国特色社会主义宏伟事业的序篇。和二十年前相比，我们所面临的形势和任务已经发生了重大变化。当今世界正在经历着第二次世界大战以来最深刻的变革，政治多极化和经济全球化，互相推进，交相呼应，不同力量、不同集团、不同国家和地区的交往和竞争，将会在下一个世纪呈现更加错综复杂的局面。在这一形势下，我们国家的深化改革，扩大开放也面临着新的问题和任务，需要我们清醒对待，沉着应付。我们一定要高举邓小平理论伟大旗帜，更加紧密地团结在以江泽民同志为核心的党中央周围，坚持党的基本路线不动摇，深入贯彻党的十五大精神……续写改革开放和社会主义现代化建设更加恢宏壮丽的新篇章。

再如社论《弘扬“五四”精神，推进依法治国》(《法制日报》1999年5月4日)，文章将“五四”精神，即爱国主义、民主、科学精神与依法治国联系在一起，使文章体现出鲜明的时代特征。文章这样写道：

九届人大二次会议将“依法治国，建设社会主义法治国家”载入了宪法，实施依法治国方略，建设社会主义法治国家成为全党和全国各族人民今后的一项长期任务。我们的目标是把自己的祖国建设成为高度民主、高度文明的社会主义现代化强国，高度发达的社会主义民主政治是一个重要标志，而法治既是社会主义民主政治的重要内容，也是社会主义民主政治的重要保障。努力贯彻实施依法治国方略，是新的历史时期赋予广大青年的一项重要使命，也是当代青年在新的历史条件下实践爱国主义精神的具体体现。

（五）论辩型

论辩型社论是指以揭露批驳来自国内外的各种敌对言行、错误思想、腐朽思想为主要目的的社论。例如对以美国为首的霸权主义与强权政治的批驳，对台湾台独分子的“两个中国”谬论的批驳，对日本右翼势力违背历史，否认南京大屠杀事实的批驳，在国内对邪教组织“法轮功”的揭露与批驳，对贪污腐败行为的揭露与批判，对形式主义、拜金主义、享乐主义、封建迷信等思想和行为的批判，都可采用论辩型社论。需要说明的是，目前针对国外、海外的辩驳多采用评论员文章的形式。

论辩型社论以驳为主，驳中有立。针对不同对象和内容要区分矛盾性质，把握政策与策略，掌握一定分寸。有理有据有节，以理服人，不能强词夺理，虚张声势。要抓住要害，说理透彻，不能避重就轻，不得要领。

例如毛泽东撰写的社论《“友谊”还是侵略》（新华社 1949 年 8 月 30 日）、《人民日报》社论《维护人权，捍卫主权》（1991 年 11 月 3 日）就属于此种类型。

论辩也是一种艺术，在前文中谈到的驳论方法可作为参考。在与敌对势力的论辩中要善于揭露论敌自身的矛盾，从而达到驳倒论敌观点的目的。例如毛泽东曾为社论《欢迎美军观察组的战友们》加了这样一段话：

> 共产党既然一“不打日本人”，二又“破坏抗战”，三又“危害国家”，那国民党早就应该号召外国人中国人大批地前往共产党区域去观察，好去证实一下国民党先生们所说的并非撒谎，但是决不，反而封锁得铁桶似的。五年多的时间，一不许共产党发表战报，二不许边区报纸对外销行，三不许中外记者参观，四不许边区内外人民自由来往。总之，只许国民党的丑诋、恶骂、造谣、诬蔑，向世界横飞乱喷，决不许共产党、八路军、新四军的真相稍许透露于世。只要看此次记者团访问边区，是经过怎样的艰苦奋斗才达到成行目的，就知道国民党统治人士一面尽情丑诋，一面却不许人来看，是什么一种挖空心思而又自相矛盾的想法了。[1]

在这里，作者将论敌的言与行放在一起对比，揭示出其自身的矛盾，使读者看到了国民党的所言和所为，“一面尽情尽诋，一面却不许人来看。”所谓共产党“不打日本人”、“破坏抗战”、“危害国家”的说法自然就站不住脚了。

---

〔1〕转引自邵华泽：《新闻评论概要》，人民日报出版社 1996 年版，第 94～95 页。

以上谈到的社论的五种类型主要是从写作目的和方式的角度划分的。还有一种分类方式是将社论分为专论、代论、来论和编辑部文章等。这种分类方式显然考虑到了社论的撰写者和来源等因素。

第二节　评论员文章

评论员文章是仅次于社论的一种高规格的新闻评论类型。它在形式上虽然不像社论那样代表编辑部或一级组织、政府发言，但实际上反映了编辑部的观点和意见，具有一定的官方色彩和权威性。在写作特点上，评论员文章与社论并无严格的界限，后者的写作相对灵活自由，选择的角度可以小一些，论述可以更加细致、深入。根据需要，评论员文章常常可以连续发表，形成组合式评论，深入透彻地论述某方面问题。

评论员文章在论及国际或海外重要新闻事件时，实际上是代表我党和我国政府发言，较之评论国内问题的评论员文章更具有权威性。

评论员文章与社论的区别主要是在规格方面，因此，只要必要和适合，评论员文章可以升格为社论发表，社论也可以降格为评论员文章发表。

文革前以及文革期间，我国报刊上的社论数量多，密度大，社论一度被抬高到不恰当的位置。改革开放以来，社论数量开始减少，评论员文章相对增加。可以认为，评论员文章在一定程度上承担了社论的任务。

一、评论员文章的特点

评论员文章的特点主要有三点，即论题比较重要；有一定的权威性；论证更加细致深入。前两方面特点主要是与社论以外的其他评论类型相比较而言的，而后一方面特点主要是与社论相比较而言的。前两方面特点与社论有相近之处，在此简略加以介绍，重点对后一方面特点进行分析说明。

（一）论题比较重要

评论员文章论题的重要性一般要低于社论（对国际或海外重大事件的评论除外），但比短评等其他评论要重要得多，一般是针对现实生活中比较重大和重要的问题以及某项比较重要的工作发表看法和意见，起到引导舆论、指导工作的作用。例如《坚定不移地保持社会稳定》（《法制日报》1999年5月17日）、《依法治国，严惩邪教》（《人民日报》1999年10月30日）、《中共机关要带好头——六论以整风精神深入开展“三讲”教育》（《人民日报》1999年5月6日）、《对拉选票的干部决不能提拔重用》(《人民日报》2000 年 1 月 20 日)、《搞分裂的人绝没有好下场》(《人民日报》2000 年 3 月 28 日)。由以上标题，评论员文章论题的重要性可见一斑。

(二) 有一定的权威性

评论员文章是仅次于社论的媒体重头评论，论述的都是重要问题或事件，在一定程度上代表官方发言，具有导向作用。评论员文章反映编辑部的观点和意见，宣传党和政府的重要方针政策，一些重要的评论员文章客观上与社论具有同等作用，表现出一定的权威性。

例如新华社特约评论员文章《坚决反对形式主义》(《人民日报》2000 年 4 月 11 日)，就是针对近一段时间，一些地方出现虚报浮夸和严重形式主义的问题发表看法和意见，文章列举了形式主义的种种表现，痛陈形式主义之危害，并从三个方面提出反对形式主义的指导性意见，即反对形式主义，最根本的是要端正思想路线；反对形式主义，关键在领导；反对形式主义，最有效的办法是充分发扬民主，走群众路线。

再如新华社评论员文章《评吕秀莲的“台独”言论》(2000 年 4 月 7 日)，实际上是代表了我党和政府的看法，其权威性是显而易见的。

(三) 论证更加细致深入

对这一问题，我们可以从两方面去看，一是从评论员文章与社论的比较来看，二是从评论员文章自身的论述情况来看。

社论和评论员文章都针对重要问题或重要事件发言，但社论的论述相对概括，抽象程度略高；而评论员文章的论述一般更加具体细致和深入，这与社论更加郑重、严肃，而评论员文章相对灵活有关。在此我们仍以《坚决反对形式主义》一文为例，来看评论员文章在论述方面的特点。以下是该文的部分段落：

形式主义有种种表现，譬如：把学习理论当成应付差事，既不联系思想实际，也不联系工作实际，学而不思，学而不信，学而不行；作报告、写文章八股习气浓重，夸夸其谈，洋洋洒洒，尽是些大话、套话、空话，言之无物，了无新意；沉湎于文山会海，热衷于送往迎来，偶尔到基层去，也多是为了做做样子，浮光掠影；唯上唯书，照抄照转，遇事不动脑筋、不想办法，开过会议、传达完文件就心安理得，既不调查研究，也不检查督促，工作有始无终；喜欢刮风、跟风，上级精神未吃透，下面情况没搞清，就一哄而起，生搬硬套；工作华而不实，虚报浮夸，摆花架子，追求表面的轰轰烈烈、热热闹闹，不讲究实效，不在抓好落实上下功夫，而是把功夫用在应付上级检查评比上，工作没做多少，汇报却头头是道，制度一应俱全，却止于写在纸上、挂在墙上，不去认真落实和督查；追求报上有名，电视有影，广播有声，刻意树立“个人形象”，制造“轰动效应”，滥提所谓“新思路”、“新口号”；名曰解放思想，实为哗众取宠，不顾客观条件，干一些劳民伤财的事；急功近利，为了求得眼前一时之效而不惜损害长远和全局利益，等等。

形式主义表现不同，究其根源，一是在贯彻党的实事求是的思想路线上发生偏差，严重脱离实际，二是个人主义作怪。热衷于搞形式主义的人，往往不顾主客观条件，不研究事物的规律，只是注重表面，注重形式，注重印象，“不怕做不到，就怕想不到，更怕别人看不到”。这种行为的背后，大都带有很强的私心杂念，在很大程度上是为了博得上级领导机关和领导同志的“好感”，给自己制造一点“政绩”，提高身价，目的在于沽名钓誉，谋取好处，求得升迁。

以上引文是对形式主义的表现及其根源的论述，十分具体细致，表达也比较灵活自由，可以看出与社论在论述方面的一些不同。当然，不排除有些评论员文章在论述特点上与社论并无区别。这里的区别只是相对而言的。

有不少评论员文章并非单篇，而是系列文章的组合，针对某方面问题，一篇篇连续发表，每篇重点论述问题的一个方面，单独看是一篇评论，合并看是系列评论，由此也可看出评论员文章在叙述问题时的细致和深入。单篇文字少，不足以将问题谈细谈透，于是分开细说，形成合力。若将有些系列评论的字数合并计算，常常在万字以上。当然，采用系列评论也说明有关方面和媒体对所论及的问题或事件的重视。例如 1992 年 3 月 26 日，《深圳特区报》刊登邓小平南巡纪实报道《东方风来满眼春》，为了配合这一重大新闻事件，该报连续发表了 8 篇评论员文章。再如为纪念十一届三中全会二十周年，《法制日报》在 1998 年 12 月 11 日、14 日、16 日连续发表 3 篇评论员文章，标题分别为：《稳步推进社会主义民主政治》、《思想解放促进法制建设》、《依法治国：安民兴邦的基本方略》。近期对以整风精神开展“三讲”教育，对李登辉及其两国论的批驳，《人民日报》均采用了系列评论的方式。

《严于自我剖析——五论以整风精神开展“三讲”教育》是关于“三讲”系列评论中的一篇，文章约 2000 余字，专谈在“三讲”教育中要严于自我剖析的问题，文章对有些同志不能严于剖析自已的原因分析就十分细致深入，请看以下有关段落：

有些同志不能严于剖析自己的一个重要原因，就是怕丑，面子上过不去，有损形象和威信。其实，这种担心是不必要的。人非圣贤，孰能无过？问题在于怎么对待。敢于正视和改正自己的缺点，不仅无损于自身的形象和威信，反而会因光明磊落赢得群众的谅解和信任。将自己的内心世界封闭得严严实实，有了毛病讳莫如深，总是想方设法地捂着，形象委琐，反而不美。邓小平同志在一次整风动员时曾有过一段深刻论述，他说："要知道整风主要靠自己下苦功夫。要自己抱有高度的革命热情和对党负责的精神，才会胸怀坦白，才有'脱裤子'的精神，也才会把思想作风整顿好。没有这种决心的人，或者只是图'秘密'地改正错误，不肯露出'尾巴'的人，是绝对整不好的。"共产党人从来是讲真理不讲面子的。为了党和人民的利益，襟怀坦白，勇于向组织和同志敞开自己的内心世界、真实思想，让自己思想上的"尘瑕"袒露在组织和同志面前，以求得及时帮助，使之得到及时克服，是大好事。

有些同志不能严于剖析自己，还有一个重要原因，就是护短。他们深怕揭了短，否定成绩，影响对自己的评价和使用。这种担心是不必要的。通过自我剖析，发现缺点和错误，分析危害和根源，总结和吸取教训，是一种有勇气、有觉悟、有进步的表现，只能得到组织和群众的肯定。只有不护短才能克服短，避免今后犯同样的错误，避免或减少犯其他新的错误。比如，一些同志在贯彻党的路线方针政策上存在着片面性、简单化、绝对化，却又觉得自己的愿望和出发点是好的，并为此付出了心血，因此受到批评，感到委屈。这种态度不改变，就不可能认真总结教训，有效地防止这些问题的再度发生。问题不讲不得了，特别是那些深层次的，世界观深处的问题，以及反复出现、难以解决而又直接关系和影响大局的突出问题，如不抓住这次"三讲"教育的极好机会加以解决，使这些问题长期存在和发展下去，就可能铸成大错，给党的事业带来严重损失。

有些同志不能严于剖析自己，另一个重要原因，就是怕痛。应当看到，自我剖析是一个十分艰苦甚至痛苦的思想转变过程。"三讲"教育中的自我剖析，就是按照中央文件提出的思想、政治、作风、纪律四个方面的基本要求，对自己言行进行自我检查、自我反省、自我评价，从而发现、认识自身存在的缺点和问题，并通过主观努力来加以改正。这就要求发扬不怕痛的精神，毫无保留地查摆问题的表现，抓住问题的实质和要害，从世界观深处进行剖析，有针对性地采取整改措施。长痛不如短痛。真正找准问题，抓住要害，毫不留情，从严要求。这样就能产生刻骨铭心、终生难忘的效果，从而实现改造主观世界过程中的根本性转变和质的飞跃。

二、评论员文章的类型

由于评论员文章与社论十分相近，前面谈到社论的五种类型同样适应于评论员文章，同时，根据评论员文章使用的具体情况，还有另一种分类方式值得注意。这就是将其分为本报评论员文章、本报特约评论员文章和观察家评论。

（一）本报（本台）评论员文章

本报评论员文章在评论员文章中占大多数，是评论员文章中的主流。本报评论员文章一般不署名，这一点与国外及港台报刊有所不同。自20世纪80年代中期始，一些报刊开始采用署名评论员文章，但从目前的情况看，不署名评论员文章仍占绝大多数，不署名的习惯用法并未得到很大改变。

评论员文章不署名与其使命和特点有关，评论员文章带有一定官方色彩，要涉及党和国家的方针政策和法令、外交方面的政策和策略，有不少是有关领导部门的意图和集体的意见，为体现这一点，郑重和慎重起见，多数评论员文章以不署名为宜。一些评论员文章署名也有一定理由，署名会增强写作者的责任感，有利于调动积极性，写出自己的风格，使评论更具时代特色。

（二）特约评论员文章

特约评论员文章是评论员文章中的一种特殊形式，冠以“特约”二字，一是说明该文是社外人士所作，同时也起到提示作者身份的作用。

特约评论员文章的作者一般是党政领导部门或理论学术机构的负责人、有关专家，评论的问题相对重要或带有一定专业性，评论者的意见能够体现一定的权威性。如对重大思想问题、理论问题、政策问题，中央级的重要报刊都曾使用过特约评论员文章。特约评论员文章虽然数量不多，但论题重要，篇幅长，论证系统、严密，是评论员文章中的“重型武器”，规格要高于本报评论员文章，作用不可小视。

例如在改革开放初期，关于实践是检验真理的惟一标准的讨论中，特约评论员文章《实践是检验真理的惟一标准》（《光明日报》1978年5月11日），就发挥了重要作用。该文的立论针对“两个凡是”（凡是毛主席做出的决策，我们都坚决拥护；凡是毛主席的指示，我们都始终不渝的遵循）的思想发表看法，它的发表引发了关于真理标准问题的全国性大讨论，极大地推动了思想解放、拨乱反正的进程。

再如《正确认识当前股票市场》(《人民日报》1996年12月16日)、《社会的毒瘤，人民的祸害——论“法轮功”的严重危害》(《人民日报》1999年8月19日)，都是产生了较大影响的特约评论员文章。

(三) 观察家评论

观察家评论是评论员文章中另一种特殊形式，使用数量较少，一般用于对重要时事问题的评论。如抗日战争时期，新华社以“延安观察家”等名义播发过各种时事评论。建国后观察家评论主要用于对重大国际时事问题或有较大国际影响问题的评论。例如《谨防冷战思维抬头——驳“遏制中国”论》(《人民日报》1996年1月26日)、《吕秀莲意欲何为》(《人民日报》2000年4月16日) 等。

观察家评论侧重于“观察”，在“观察”中进行评析、论辩和预测，语言犀利，论述相对自由灵活，具有独特效用。

第三节　短　评

短评是代表编辑部，针对某一新闻事实或现实生活中的某方面问题发表看法和意见的短篇评论。短评内容单一集中，分析简明扼要，使用灵活快速，是新闻评论中的“轻骑兵”。

短评一般配合新闻报道发表，不署名，有的短评在栏头标有“短评”二字。也有的短评直接针对现实生活中的某方面问题发表看法，单独发表。目前单独发表的短评较少，大多归入了专栏评论中。

短评的特点主要表现在四个方面，即论题集中具体，分析简明扼要，论证就实论虚，写作灵活及时。

一、论题集中、具体

与社论和评论员文章相比，短评论及的问题一般都比较具体，论述的范围小而集中。这与短评配合新闻报道发表有关，既然是配合报道的言论，所论及的问题就应与报道有密切关系，针对报道中的具体问题进行评论。在配合新闻报道发表的短评中，多数是直接针对报道选题立论，也有个别短评看似与报道没有直接关系，实则论述的是与报道同一类的问题，仍与报道有内在关系。

2000年3月22日，《人民日报》发表通讯《别了！高校筒子楼——中央部委所属高校筒子楼改造纪实》，同时配发了短评《动真情，办实事》。文章仅500余字，对中央部委所属院校的筒子楼，在党中央、国务院的直接关怀下，短短两年内基本改造完毕，高校青年教师告别筒子楼的新闻事实进行评议，问题具体，角度小而集中，全文如下：

> "国将兴，必贵师而重傅"。努力提高教师待遇，为教师多办实事，始终是党中央、国务院高度重视的一件大事。改革开放以来，邓小平同志自告奋勇当教育"后勤部长"，全国尊师重教蔚然成风，教师的待遇尤其是居住条件得到了明显改善。目前，中央部委所属高校筒子楼改造工程的基本完成，就是党和政府在解决青年教师住房难问题上动真情、办实事的又一范例。
>
> 动真情，才能办实事。高校筒子楼改造工程，充分体现了"要带着深厚的感情"为青年教师解除后顾之忧的初衷。昏暗的高校筒子楼，不仅困扰着各个高校，也深深触动着党中央、国务院领导同志的心。在国家经费十分紧张、时间十分紧迫的情况下，提出"决不把高校筒子楼带入二十一世纪"，是需要信心和勇气的。高校筒子楼改造成功的事实告诉我们，无论做什么事，只要带着真诚，带着感情，就会有一个良好的开端，而良好的开端就意味着事情成功了一半。
>
> 动真情、办实事，激发了广大青年教师教书育人的积极性，使青年教师感受到"安居乐教"的真正涵义。实际上，高校筒子楼的改造不仅是一件为青年教师解决住房困难的具体事，更是关系到稳定高校教师队伍、关系到落实知识分子政策、关系到把科教兴国战略真正落到实处的大事。其深远影响，已远远超出了筒子楼改造工程的本身。

结合通讯阅读该篇短评，可以看出评论者在角度的选择上注意了集中这一问题。该篇纪实较长，分为三大部分，内容丰富。小标题分别为"决不把高校筒子楼带入二十一世纪"；"动真情，办实事，特事特办，优先优惠"；"告别筒子楼，圆了安居梦"。评论从"动真情，办实事"这一个角度切入，紧扣新闻报道，论述具体实在，挖掘新闻事实的重要意义。

二、论述简明扼要

简明扼要是短评的职能所决定的，短评一般配合新闻报道发表，涉及的是具体问题，面相对较窄，篇幅也比较短小，大多在500字上下。在针对新闻事实展开论述时不仅要集中，而且要简明，不宜多方面、多角度地展开论述。例如上例

《动真情，办实事》中的论述即表现出简明扼要的特点。再如2000年3月29日《人民日报》发表通讯《儿子"出卖"父亲以后……》，同时配发樊崇义、锁正杰的署名评论《法律亦有情》。文章针对新闻事实，肯定了武警战士刘波的做法完全符合我国法律的规定，批驳了社会上某些人对刘波行为的错误看法，并采用反证法来证明刘波行为的正确，引导读者设身处地地去认识刘波的行为为国家和储户挽回了重大损失。论述思想清晰，文字简明精炼。

三、论证就实论虚

就实论虚不仅适用于短评，而且也适用于其他类型的评论体裁。但短评显得更为突出，几乎篇篇如此。短评大多配合新闻报道发表，评论时必然要涉及"实"，即新闻事实等。在论述中又不能就事论事，必然要论及思想、政策、观点、意义等，这就是"虚"。可以认为，就实论虚，虚实结合是短评论证的基本思路。

龙年的春节刚过，一位"模范中层干部"的妻子给党委的信和信中反映的问题，震动了中国第一汽车集团公司。信中反映这位年年被评为优秀共产党员，优秀科级干部的人"工作上可以说很优秀，白天带领一班人拼命干，晚上也带领一班人马拼命地玩"，"玩的花样可谓无所不好，吃饭、洗澡、按摩、打麻将"。2000年3月23日《人民日报》发表消息《家属一封信，变成活教材》，报道了一汽集团就此事展开大讨论和实行整改的情况。同时发表短评《思想庸俗化是危险的起点》。文章从这一事件起笔，针对某些党员干部，以在那些藏污纳垢的地方度过业余生活为"潇洒"，把低俗当有趣，视堕落为享受，以人民的血汗钱为代价，出入高消费娱乐场所的现象进行评论，文章的论述已不局限在事实本身，而上升到思想、情操、人生观等方面。文章写道：

> 纸醉金迷，挥霍无度，从来都是没落腐朽的象征，必然走向衰败，走向毁灭。它和共产党人提倡艰苦奋斗，提倡高尚情操，提倡健康的生活方式，格格不入。用不正当的手段私设小金库供个人或小团体挥霍，更是违法违纪。有些领导干部就是从这里掉进罪恶的深渊。忘记了共产党人的根本宗旨，忘记了人民群众的痛苦和呼声，忘记了改革的任重道远。这种低俗行为源于思想庸俗。究其根源，是在世界观、人生观和价值观上出了毛病。
>
> 思想庸俗化，值得警惕，邓小平同志曾经警告说："如果说要变质，那么思想的庸俗化就是一个危险的起点。"思想庸俗化，是一种精神霉菌，染上这种病就会放弃崇高信仰，迷失奋斗目标，放任自流，自甘堕

落，膨胀个人私欲，最终彻底烂掉。从这些年和最近揭露出来的一些涉及领导干部的大案来看，那些搞权钱交易、权色交易的腐败分子，无不是从思想庸俗开始，追求腐朽生活方式，最终被金钱、美色的“糖衣炮弹”打倒。

评论的论虚表现在对此种行为思想根源的挖掘上，并指出其极大的危害性和危险性。采用就实论虚的方式避免了就事论事，有利于加深对问题本质的认识，提高短评的思想理论高度和宣传效果。

四、写作快速、灵活

相对社论和评论员文章而言，短评的写作应有较快的速度，新闻的时效性，要求短评在配合报道时必须及时，即使是一些单独发表的短评也要讲究时效性而不应过于滞后。短评的发表一般由编辑部审定，发表与写作相对社论和评论员文章而言有较大的灵活性，这种灵活性表现在论题的选择、角度的选择、标题的拟定、语言的表达等方面。

第四节 专栏评论

专栏评论是在相对固定的媒体栏目中发表的评论。专栏评论标有栏目的名称、发表时署个人姓名。

专栏评论在我国现代报刊中就已出现，例如《新青年》就设有《读者论坛》、《通信》等专栏。建国后，我国的报刊也设有评论专栏，但相对目前的情况看，数量较少。专栏的繁荣始于改革开放初期的70年代末期，伴随着思想解放和新闻改革的步伐而不断兴盛。目前中央级和省级重要报刊都辟有评论专栏。例如《人民日报》的《今日谈》、《人民论坛》、《思想纵横》、《法治论苑》等；《法制日报》的《法制论坛》、《政法杂谈》、《热点冷谈》等；《光明日报》的《光明论坛》、《今日话题》等；《陕西日报》的《三秦论语》；《深圳特区报》的《群言》等。近年来，新闻评论专栏在广播电台、电视台也得到了较快发展，如中央人民广播电台的《新闻纵横》，中央电视台的《焦点访谈》、《新闻调查》、《社会经纬》、《今日说法》等，各省市电台、电视台也大多设有评论性专栏。我国的评论专栏，以群言型为主，评论专栏的发展加强了媒体与受众之间的联系，调动了人民群众的参与意识，为新闻媒体增添了色彩和新鲜的内容。

一、专栏评论的特点

专栏评论丰富多彩，概括该类型的特点，主要有以下五个方面：

（一）论题广泛

纵观媒体评论专栏，内容涉及现实生活的方方面面，上至党和国家的方针政策，下至普通百姓的思想与生活。作者来自各地的各个行业，既有党和政府的领导干部，也有工作在基层的普通职工。众多的媒体专栏，汇集了众多作者的选题和观点，论题的广泛性不言而喻。这种广泛性来自于各媒体各种专栏评论的综合作用，它涉及面宽，取材立论不拘一格，内容丰富多彩。

在此我们仅以《人民日报》的《今日谈》栏目为例来体会这一特点。请看下列该栏目的文章标题：《悬挂国旗要庄严》（1995 年 12 月 22 日）、《喜看劳模上挂历》（1996 年 1 月 18 日）、《窥豹一斑说“严打”》（1996 年 5 月 12 日）、《省委书记订菜单》（1996 年 7 月 7 日）、《下岗也能成才》（1997 年 5 月 18 日）。

《今日谈》是《人民日报》的一个短论专栏，一般三五百字，是群言型的小评论栏目。文章短小，但论题内容广泛丰富。为该栏目写稿的既有在中央担任领导工作的同志、省委书记、部长、将军、学者、专家，也有基层干部、工人、农民、知识分子、部队官兵。专栏评论论题的广泛性由此可见一斑。

（二）内容新颖

专栏评论的题材来源于现实生活，选题相对自由灵活。评论者在写作时特别关注那些新问题、新矛盾，一些新生事物刚刚出现或一些不良倾向刚刚露头，就不失时机地给予评论。内容新颖，也是新闻评论新闻性的要求，一味在老问题上纠缠，其价值就会大受影响。作为议论性文体，还要求能写出新意，有新思想、新观点、新材料，甚至在结构、语言方面也应求新。

《“语言行贿”也应防》（《法制日报》1999 年 11 月 16 日《读者论坛》栏，成效东、赵广宇文）就是一篇富有新意的评论文章：

提起“行贿”，人们并不陌生。其本意是为了达到某种目的，给人送钱送物。随着反腐斗争的不断深入和各种宣传教育力度的不断加大，绝大多数领导干部均能自觉抵制、拒收钱物。然而，现实生活中，还有一种“语言行贿”，即察言观色，阿谀奉承。比如在领导面前专拣好听的讲，有的把领导的一些成绩无限扩大，用尽了“第一”、“最好”、“高水平”或者被说成是“决策英明”、“了不起”、“太伟大了”，甚至把个别领导的工作失误也三扭两扭变成政绩，这种行贿让领导干部防不胜防。

这些“语言行贿”者，大都揣摸透了领导的意图，投其所好，以小的“投资”换取大的效益。从某种意义上讲，要比金钱物质的行贿更有隐蔽性和危害性。因为送钱送物，双方意图明了，只要自己的立场坚定，就能坚守住自己的一片“净土”，与违纪违法毫不沾边。而“语言行贿”则并非简单明了，因为法律条款上没有具体的规定和罪名，全靠领导同志自己的头脑清醒和特殊的鉴别能力以及对这一特殊的“礼物”明察秋毫了。对“语言行贿”者来说，听进去了算送上了一份“礼物”，听不进去全当没说。

“语言行贿”自古有之，如今非但未绝迹，而且在有些单位和部门久兴不衰。这种现象足以说明，在我们的领导干部中，有人就是喜欢这一套。如果不加提防，容易使人偏听偏信，固执己见，骄傲自满，不思进取，飘飘然而失去自知之明，甚至丧失原则，不能正确使用手中权力而给党的事业带来损失。

因此，金钱物质要拒收，“语言行贿”同样也要拒绝。只要正确对待自己，保持耳根洁净，就一定能经得起“语言行贿”的考验。

该文的新意首先是提法新。所谓“语言行贿”，实际上就是“察言观色，阿谀奉承”，但是评论者在此将它提到了“行贿”的高度，以引起人们的重视。这一新提法至关重要，是文章展开的基础。其次是新在对“语言行贿”的分析说明上。指出这种行为是企图“以小的‘投资’换取大的效益”，“要比金钱物质的行贿更有隐蔽性和危害性”。又因为在“法律条款上没有具体的规定和罪名”，而让领导干部难以防备。

又如《关注农民“下岗”》（《法制日报》1999年11月16日《社会议苑》栏，陈乘文）一文，同样富有新意。评论者指出农民“下岗”这一值得关注的新问题，呼吁在解决工人下岗的同时，也要关注农民“下岗”，给农村剩余劳动力找一条合适的出路。

（三）短小精悍

专栏评论一般都有篇幅限制，容量较大的专栏评论一般一千多字，较短的专栏评论多在三五百字，甚至更少。专栏评论可以涉及重大问题或事件，但一般不直接对其进行评论，大多是选择一个具体问题、一个小的角度、一件具体的事情，集中进行评议。例如《人民日报》的《人民论坛》、《法制日报》的《法制论坛》都属容量较大的专栏，字数一般不超过一千五百字，论题集中具体，论述简明精炼。容量小的栏目也有二三百字的，可谓“三言两语”，“一事一议”。

（四）群言性

国外的专栏评论，有固定作者的情况较为多见。我国的专栏也有此种情况，但相对较少，例如文革前邓拓的《燕山夜话》、赵超构（林放）的《未晚谈》等。又如《羊城晚报》的《街谈巷议》由原总编辑许实主笔，《经济日报》的《每周经济观察》由阎卡林主笔。但是多数的专栏评论是开放性的，接受外来稿件，由编辑部择优选用。这一点与社论、评论员文章、编者按语显然不一样，因而是专栏评论的特点之一。后者一般是由编辑部内人员或评论员，特约评论员撰写，一般不接受自由来稿。

据《人民日报》对《人民论坛》栏目作者情况的统计，近几年《人民论坛》所发的稿件中，编辑部内所写的稿件约占20%至30%，其余的均为外稿。有些媒体为扩大稿源，丰富栏目，还时常做一些必要的宣传。总之，栏目作者的广泛性，形成了专栏评论群言性的特点，使得专栏评论内容丰富，选题新颖多样，是编辑部与众多作者共同经营的一片天地。

（五）稳定性

评论专栏具有相对稳定的特点。首先是栏目的持续。例如前面提到的赵超构（林放）主笔《新民晚报》的《未晚谈》专栏达四五十年之久；《人民日报》的《今日谈》栏目，自1980年1月创办至今已持续20年；《法制日报》的《法制论坛》栏目，自1986年创办也已14个年头。二是版面位置和登载周期的稳定。例如《人民日报》的《人民论坛》每周一、三、五，在四版刊出；《经济日报》的《每周经济观察》每周一次，在二版刊出；《法制日报》的《法制论坛》每周一在一版刊出。三是风格上的稳定。专栏要办出特色，需要形成自己的风格，在论述方面，语言特色上也要追求相对持续和稳定，这与栏目主持人也有较密切的关系。视听结合的媒体栏目最能显示这方面的特点，如中央电视台的《焦点访谈》、《实话实说》、《今日说法》等栏目，都各具风格特色。

二、专栏评论的类型

从不同的角度考虑，专栏评论有不同的分法。就作者的构成而言，可分为个人专栏、集体专栏、群言专栏。就论证的特点而言，可分为赞扬式、针砭式、论理式、建议式。就栏目的容量而言，可分为论坛式评论专栏、专栏小言论和专题式评论专栏。在此，我们采用第三种方法，分别对这三种类型的专栏评论加以说明。

（一）论坛式专栏评论

从形式上看，论坛式专栏评论一般在栏目标题中都带有“论坛”二字，这是一种相对郑重、容量较大的专栏评论类型。

论坛式专栏评论以个人署名的形式发表，明显不同于社论、评论员文章，有些论坛评论论及比较重要的问题，可以看作是社论、评论员文章的一种补充。论坛式专栏评论又不同于专栏小言论，前者有更大的容量和深度，也相对郑重，后者则容量小，一般更加灵活。

例如《人民日报》的《人民论坛》、《法制日报》的《法制论坛》、《光明日报》的《光明论坛》、《解放日报》的《解放论坛》等都属于论坛式评论专栏。所发文章即属此种类型。

论坛式专栏评论既需要配合党的方针政策和各项工作的需要选题，也需要放开眼界，就现实生活中的各种矛盾、问题、思想倾向、事件来选题，说理分析要深入透彻，在论述上又要较为灵活。

由于要署名发表，论坛式评论是以个人身份来发表看法，与读者间的距离比较贴近，评论者常常以所见、所闻、所想作为评论的由头，进而展开论述。

例如《宣传先进人物要实事求是》（《人民日报》1996年11月15日《人民论坛》栏，刘祖禹文），文章针对新闻媒体宣传先进人物的问题入题，首先肯定了新闻传媒在报道、弘扬先进人物的精神、事迹时所发挥的巨大作用，同时又指出有一些记者刻意渲染，结果事与愿违，影响了人物的可信度。作者列举了三例报道中的问题并发表看法：

> 比如报道一位坚守岗位的先进人物的病情时，说他肺部都已像蜘蛛网一样，如果肺部真已烂得像蜘蛛网一样，他还怎么呼吸？再说，病到如此地步，还让他继续坚持工作，岂非太不近人情？另一篇报道介绍一位先进人物27年没有回过家，老母亲92岁了，他就是顾不上去看看。连年迈母亲都顾不上去看一眼，群众会觉得离自己太远。一家报纸在报道一家航空公司一个先进乘务组的一位中队长时，说他在春节期间，连续安全飞行四、五班不休息。对于连续几班不休息的飞行员，人们有理由担心，这会不会是事故的隐患？

这段夹叙夹议的文字，与读者间的心理距离非常接近，评论者的这种感受和想法，也正是众多读者所经历过的。不难看出，评论者也正是站在普通读者的角度来发现这一问题的。评论者进而对问题进行了认真思考，发表了更加深入的看法：

> 宣传先进人物，一定要把握一条原则，就是要让读者感到可敬、可信、可亲、可学。这四个“可”缺一不可，互为因果。其中“可学”尤为重要，如果不可学，学不了，宣传先进就失去了意义。……事实上先进人物也是十分普通的人，也吃五谷杂粮，有七情六欲。他们在做奉献之余，也希望在业余时间有正常的家庭生活，同高堂、同妻儿共享天伦之乐。徐虎、李素丽等先进人物是光辉的，又是极为普通的……
>
> 榜样的力量是无穷的。时代要求我们把对先进人物的宣传持续不懈地坚持下去。这些先进人物激励全国人民在建设两个文明的共同奋斗中所产生的力量是不可估量的。正因为如此，我们在宣传中一定要遵循实事求是的原则。先进人物是什么模样，就是什么模样，不增不减，不恣意打扮。要使人读了报道觉得合情合理。记者笔下的人物哪怕百分之九十是属实的，仅有百分之一拔高，都足以影响先进人物的形象和他应产生的社会作用，也连带影响记者的形象。

文章的分析说理深入透彻，但并不生硬或高深，给人的感觉是在与读者进行平等的交谈，这一点与社论、评论员文章也有明显区别。论坛式评论毕竟是以个人身份立论撰稿，不必过于严肃或持重。即便是专业评论人员写稿，在专栏评论中的文风与社论、评论员文章的文风也是不同的。当然，也有一些论坛式评论较此例更为严谨，尽管如此，仍与社论、评论员文章有一定区别。

（二）专栏小言论

专栏小言论是指报刊小型化评论专栏中所发表的署名评论文章，也称新闻小言论。专栏小言论除了群言性之外，篇幅短小是其形式上的显著特点，一般只有三五百字，在写作上较之论坛式专栏评论更加灵活自如、生动活泼。

例如《人民日报》的《今日谈》专栏、《法制日报》的《政法杂谈》专栏、《陕西日报》的《三秦论语》专栏、《深圳特区报》的《特区晨语》专栏等均属于小言论专栏，登载此类评论文章。

由于短小，专栏小言论难以对重大的问题进行论述，也不可能展开全方位、从容不迫的论证说理。但是，凡写文必须要有意义，要产生一定效用。因此，选题立论上的大中取小，以小见大就成为专栏小言论最常用的手法。

专栏小言论大多是作者自己选题，怎样做到大中取小，以小见大呢？所谓大中取小，是指在选题时要着眼大局、大问题，但在写作时却要从小处着手，从“小事”切入。“小事”虽小，但并非微不足道，而是有一定意义，能与大事发生关联，能从中分析出发人深思的大道理，这就是以小见大。

请看小言论《为“乐凯”、“黑妹”叫好》（《人民日报》1997年7月12日《今日谈》栏，黄团元文）：

> 报载：美国的“柯达”彩色胶卷到中国出售，价格只卖其国内的一半左右。原因是中国有自己生产的彩色胶卷——“乐凯”，价廉物美，“柯达”一时难在中国“走俏”，只好先做赔本生意，以求一逞。无独有偶，美国牙膏“高露洁”打入中国市场时，首选“黑妹”牙膏作为合作对象。面对条件优惠、海誓山盟的“外来夫婿”，中国的“黑妹”却断然不“嫁”，以其天生丽质，着意自立。春花照，夏荷浴，秋菊熏，冬梅袭，“黑妹”出落得更加亮丽可人，遐迩闻名。
>
> 市场竞争是非常严酷的，如果没有“乐凯”、“黑妹”，外国的同类商品决不会如此慈悲。然而，也有一些企业慕一时虚荣，图一时利益，盲目“外嫁”。可悲的是，其中多数不能遂愿，或“名姓不存”，或“身属他人”。我们要成为工业强国，不能没有“引进”与“合作”，但是，重要的是要弘扬民族精神，“留洋不迷洋，学外不媚外”，在世界上创造中国的名牌，像“乐凯”和“黑妹”一样为企业扬名，为祖国争光，为人民造福。

在对外开放的大形势下，中国的企业怎样来发展壮大自己，是只顾眼前利益而导致可能失去自我，还是面对竞争发奋图强，创造自己的名牌，这是一个大问题、大事情。但是，该文并非直接对此问题发表议论，而是从“乐凯”、“黑妹”这两个具体的中国品牌谈起，进而展开论述。这两个企业只是市场各行业众多企业中的两家，其产品也是各种工业产品中的两种，但是它们的存在，特别是“黑妹”的作法，却发人深思，引出了在对外开放的形势下，怎样面对国际性竞争的大问题。文章的论证说理不多，只在第二段进行了对比性分析后简明扼要地阐明了观点，给人言简意丰之感。

这篇小言论不足400字，角度小，选题新，文中的由头有一定的新闻性，这也是小言论的特点之一。小言论选择新闻事实虽然不必像新闻报道那样要求时效性，但应尽可能选择新鲜的新闻事实进行评论或作为说理的论据，这样可增强文章的新鲜感。

这篇小言论的语言表达也值得称道，一是简明精炼，二是形象生动。如将“黑妹”比作一位“天生丽质”的女子；将想与“黑妹”合作的“高露洁”比作是一个“条件优惠、海誓山盟的外来夫婿”；将“黑妹”牙膏在市场竞争中暂露头角说成“出落得更加亮丽可人，遐迩闻名”。这样的表达增添了文章的生动性、形象性，容易给人留下深刻印象。

（三）专题式专栏评论

专题式专栏是新闻媒体为某种特定的宣传需要而设立的具有一定时限性的专门栏目。这里所说的“特定的宣传需要”，指的是配合重要会议的召开，例如全国、或省、自治区、市政协和人大会议；重大纪念庆典活动，例如建党70周年、建国50周年、香港、澳门回归；迫切需要解决的社会性问题，如再就业问题、住房改革问题、医疗改革问题等。而“一定的时限性”是指此类栏目只持续一段时间，根据会议或活动的开始而开始，随着会议或活动的结束而结束。

专题式专栏中的评论文章就容量而言相当于论坛评论，因此，也可将它作为论坛评论的一种特殊形式。当然，专题式专栏评论又有其独特之处，主要表现在以下方面：

1．围绕专题选题立论。专题式评论要围绕某一特定宣传的需要而选题立论，例如为某一重要会议的评论专栏写稿，选题立论就必须要与该会议专题有紧密联系，在专题之内，可以广泛选择，畅所欲言，而与专题关联不紧的问题，则不宜作为该专栏评论的选题。

2．发稿集中，形成合力。为配合特殊宣传需要的专题式专栏，一般发稿比较集中，重视连续刊发，形成合力。例如为配合2000年3月间在北京召开的九届全国人大三次会议和九届政协三次会议，《人民日报》开设专栏《两会走笔》，发稿就十分紧凑，几乎每天一篇，内容与会议进程和议题紧密相关，每篇内容独立，互相间又形成合力。

3．精心策划，内外配合。专题式专栏根据特殊宣传的需要，要事先进行准备和策划，设置专栏，拟订选题计划，组织编辑部内外人员拟写稿件，以保证工作的有条不紊。专题式专栏由于都有一定的时间要求，因此组稿要快，写作要快，不能依赖自由来稿，提前准备，精心策划，显得更加重要。

在此，我们试对《报一本明白账》（《人民日报·两会走笔》2000年3月12日，傅旭文）一文进行分析，文章如下：

同以往一样，财政部部长在全国人大会议上报告上年度预算执行情况及本年度预算草案。但不同的是，报告人用了不少篇幅讲了财政部乃至国务院根据全国人大常委会的要求，在预算、财政改革方面做的事情，讲了下一步还准备做什么事。而听报告人也明显感觉到一种新的气息：今年的中央预算编制不仅比往年提前两个月，而且比往年细化了。代表们更感兴趣的是，手上的文件袋里，多了国务院4个部的部门预算。人大机关的一个工作人员评论说，这是50年来第一次。

居家过日子，柴米油盐酱醋茶，缺哪个都不成，筹划不好，难免窘困。治家要理财，治国更得理好财。治国之实，必本于财用。作为一定时期收支计划的预算，是理财的重要内容。国家的岁入岁出，事先预算，事后决算，理当清清楚楚，明明白白。然而，现行的预算编制办法还是计划经济体制的产物，它已不能适应新环境。

水利是农业的命脉，洪涝灾害是我们的心腹之患，讲得耳熟能详了，可就是有人把水利的专项资金作为投资甚至炒股。不许讲排场、修建楼堂馆所，也不知道有多少红头文件强调过了，可楼堂馆所却越建越多，越建越豪华……出现此类现象的原因是复杂的，但都与财政资金管理上的漏洞有关。

财政资金取之于民，用之于民。人民有权知道钱花在了哪里，怎样花的，作为民意的反映，人大代表加强预算监督的呼声越来越高。政府加强和完善预算管理的要求也越来越紧迫。

去年6月，全国人大常委会在审议1998年中央财政决算和中央财政审计报告时，指出了预算执行中存在的问题，提出了若干要求；去年12月作出关于加强中央预算审查监督的决定，使理财走上法制轨道。国务院对此高度重视，研究制定了改进方案，提出了加强预算管理的意见。

同声相应，同气相求。全国人大常委会对预算加大监督与国务院对预算制度改革加大力度，两者相得益彰，一个适应社会主义市场经济要求的预算及预算监督制度必将有力地推进我们的事业。

这篇专题专栏评论表现出以下一些特点：首先是围绕人代会的议程内容选题，结合财政部长的报告，评议对象是中央财政的预算和执行情况及新一年度的预算草案。其二是文章有较强的新闻特征，文中提到了一些新情况："今年的中央预算编制不仅比往年提前两个月，而且比往年细化了。"其三是文章的评论一分为二，既讲到成绩，也讲到问题，并在问题方面有所侧重。指出在财政资金管理上存在漏洞，"现行的预算编制办法还是计划经济体制的产物，它已不能适应新环境"。文章呼吁适应社会主义市场经济要求的预算及监督制度逐步建立和完善，通过监督与改革，使理财走上法制轨道。

专题式专栏评论的文风与该专栏所宣传的内容有一定关系。以上举出的例文是配合人代会召开的，因而比较严肃、严谨。也有一些专题专栏是为配合重大庆典或纪念活动，文风就可能有所不同，笔法可以更加灵活生动。

第五节　编者按语

编者按语是一种依附于媒体报道或文章的小型评论形式，是媒体编辑用简明的语言文字对重要报道或文章的评议、提示或说明。编者按语反映了编辑部的态度或意见，是媒体编辑常用的一种发言方式。

严格地讲，编者按语不是独立的新闻评论文体，它必须依附于新闻报道或媒体文章而存在。编者按语有的放在报道或文章的前面，有的放在报道或文章之间，有的则放在报道或文章的后面。就一篇新闻报道或文章而言，可以只在文前加按语，或文中、文后加按语，也可以兼而用之。

一、编者按语的特点

与其他评论类型相比，编者按语的特点比较显著。主要有三点，即有所依托，超乎其外；迅速及时，功能多样；三言两语，点到为止。

（一）有所依托，超乎其外

作为编者按语以外的新闻评论类型，虽然也常依托于新闻报道而出现，但是还可以单独发表，在刊发上对新闻报道没有直接的依赖性。而编者按语却不能独立存在，必须与有关新闻报道或媒体其他文章同时发表，否则便不能发生效用。从这一点上看，编者按语似与新闻报道或媒体文章不可分割。但是，就其内容而言，它并不是新闻报道或媒体文章的有机组成部分，它是与报道或文章的内容相关，而又超乎其外的特殊的新闻评论类型。如果将一则加有编者按语的新闻报道中的报道部分删去，编者按语便失去了依托，无法存在；而删去其中的按语部分，只可能对报道的效果产生某些影响，却丝毫不会影响报道文章内容的完整性。有所依托表现了编者按语发表形式上的依赖性和内容上的关联性这一方面；超乎其外则表明了它在内容上独立性这一方面。两个方面不应偏废，才能更好地发挥编者按语的效用。

（二）迅速及时，功能多样

编者按语在各类评论文体中最为短小灵活，配合报道或文章也最为迅速，有的短小的编者按语甚至只有一两句话，编辑人员在很短的时间内就能完成，它的迅速及时体现在与新闻报道的同步发表。

就编者按语的功能而言，与其他评论类型相比，更加多样化。根据报道或文章的需要，它既可以起到提示说明的作用，又可以就报道或文章中的问题表态或进行评价，还可以对报道中的问题进行强调补充，或给予提醒和建议。

1．提示说明功能。编者按语的提示说明功能最为常用，也是其他评论类型所不具备的。对新闻报道或媒体文章进行提示说明，是增强报道效果的需要，一般分为两种情况，一是概括提示报道内容，起到导读的作用。例如2000年1月19日《人民日报》发表通讯《从“犯罪村”到守法村》，在文前加了如下按语：

> 两年前，董河村是有名的“犯罪专业村”；如今，它已变成了脱贫致富守法村。1999年7月，董河村200多名村民联合写信为五津派出所请功。

又如1999年10月7日《法制日报》发表通讯《苦难新娘》，在文前加的按语是：

> 闹洞房，新娘被4个年轻力壮的小伙高高抛起，这一摔，新娘饱尝了重新站起来的艰难——

二是对有关报道或文章的背景等情况进行必要的说明，以利于读者准确把握。例如2000年1月18日《人民日报》发表《加强和改进新形势下党的思想政治工作——中宣部国家经贸委召开学习李淑敏先进事迹座谈会发言摘要》，并加编者按如下：

> 1月13日，中宣部、国家经贸委联合召开了李淑敏先进事迹座谈会。会上，山东小鸭集团党委书记李淑敏介绍了工作经验，部分从事思想政治工作的同志结合学习李淑敏先进事迹和自身的工作特点发了言。与会代表表示要把学习李淑敏先进事迹与深入学习贯彻中央《关于加强和改造思想政治工作的若干意见》和江泽民总书记关于宣传思想工作和精神文明建设的重要批示精神结合起来，进一步探索和交流加强企业思

想政治工作的办法和经验。现将他们的发言摘要如下：

这则编者按显然与前两则不同，它主要是介绍了座谈会的有关背景情况，以便于读者阅读发言摘要。

2. 评价表态功能。编者按语反映编辑部的意见，对所报道的新闻人物、事件或文章中的问题发表看法，分析评价，也是编者按语的功能之一。

2000年2月12日《法制日报》发表长篇通讯《铲除国企蛀虫》，文前的编者按如下：

一家原本在全国500强国有大中型进出口公司中排名较靠前的企业，几年间变得资不抵债，面临崩溃，动辄亏损数千万元；39家分公司，27家严重亏损，11家停业，濒临停产。1500名职工痛心疾首：谁之罪?!

郑胜庭，这家公司的总经理，利用职权，以权谋私，大搞权钱交易，大肆贪污受贿，大量侵吞国有财产，将大批公司资金或银行贷款借给其亲戚做生意，终于造成该公司的全面垮台——真是罪不容赦！

这个国企的蛀虫腐化堕落，生活糜烂，为了讨好情妇，不但费尽心机，将其安排在公司内，还不惜重金，为其购买一套豪华舒适的商品房，以供二人苟合享乐。

这个据说也是共产党员的人，竟然相信什么阴阳八卦，为了逃避追查，他专门请了一名和尚为他画了一张阴阳八卦图，据说只要按照图上标明的时间方位安排生活起居，就可以逢凶化吉，遇难呈祥。结果，他怀揣着这张护身符，在逃亡途中还是被抓获了。

20世纪的最后一个星期，郑胜庭走到了他的“世纪末”：人民法院以受贿罪、贪污罪、挪用公款罪数罪并罚判处其有期徒刑16年。真是大快人心！

这则编者按近似于一则小评论，有对事件的概括，有对当事人罪行的列举，也有对事件的评判和明确表态。编辑者鲜明的态度显露于字里行间。

3. 强调建议功能。编者按语的强调建议功能一般多表现在编后语之中。例如2000年4月24日《深圳特区报》发表消息《车辆堵住消防道，泊车占满人行道；莲花北：“红旗”还能扛多久?》，在编后中这样写道：

莲花北停车难问题由来已久，如今已到了非解决不可的地步。要解决这一问题，牵涉到土地的重新规划和使用以及资金的投入和管理等多个环节，需要做科学、细致的调研，才能拿出切实可行的方案。

希望有关部门急群众所急，积极协商，使困扰莲花北的这一燃眉之急得以尽早解决。

编者按语的功能存在相互交叉的情况，就一则编者按语来说，其功能既可以是单一的，也可以兼而有之，综合发挥效用。编者按语的位置也与其功能特点有一定关系，一般而言，说明揭示功能与评价表态功能多体现在文前按语和文中按语中，而强调建议功能多体现在文后按语中。

（三）三言两语，点到为止

编者按语是最简短的新闻评论形式，长则三四百字，短则数十字（当然，如果要累计一篇报道或文章的文前、文中、文后的所有按语，有的会较长），写作时也如画龙点睛，根据新闻报道或文章的需要，简明扼要地说出要说的话。大多数的编者按语在涉及对人物、事件或问题的评价表态时，只表明观点即可，不需要进行剖析和论证，这是编者按语的功能和篇幅所决定了的，如果有必要进行较为深入的分析论证，就可以采用短评等其他评论形式。

二、编者按语的形式

编者按语的形式与其所处的位置有关，由于编排的需要，编者按语自然形成了文前按语、文中按语和编后三种形式。

（一）文前按语

文前按语是最常用的形式，编排位置最为显要。文前按语置于文前位置，若是组合式报道或其他文章的组合，一般置于组合版块上方的显要位置。文前按语不加标题，不署名，一般用大于正文的字号、不同于正文的字体，加框或采用其他方式使其显著突出，并与正文区别开来。文前按语起首常用“编者按”三字，也有的不用，直接进行表述。

（二）文中按语

文中按语是使用在新闻报道或文章之中的编者按语，一般是在某段或某句话之后加按语，或解释补充，或评议点拨，随时帮助读者阅读，加深对文章的理解。其形式一般是在文中加括号，按语部分处在括号之中，加上“编者按”“按”或“编者”字样。此种按语形式目前使用较少。

（三）编后

编后又称编余、编后语、编后话、编辑后记等。是一种置于新闻报道或媒体文章之后的编者按语形式。比较短小的编后一般不加标题，不署名，使用“编后”、“编后点评”、“编后话”等字样，编后的字体与正文不同，字号大多与正文相同，一般不加框，有时用色底等方式与正文区别开。

值得一提的是，编后与文前按语、文中按语相比，其独立性要略强，主要表现在有些编后已接近于配合新闻报道的短评。加标题，署名，加框，位置比较灵活，可置于报道一侧或置于一组报道或文章的中间部位。例如人民日报五版报道的编后常加框、加标题，署名，并在文后署“编余短论”四字。在此特选一例：

劝君口下留情

欣　言

不查不知道，一查吓一跳——这份调查报告告诉我们，近年来偷猎、滥杀野生动物的违法行为之所以屡禁不止，原来有如此庞大的交易市场在作“坚强后盾”，有这么多的食客在为其推波助澜！滥食野生动物的歪风不刹，偷猎、捕杀行为难绝。

滥食野生动物的歪风日盛，固然有“吃什么补什么”的传统观念在作祟，但保护野生动物观念淡薄、法律法规不完善、打击犯罪不力、管理不严，也是重要因素。因此，加大宣传教育力度、依法严厉打击犯罪、严格管理势在必行。

野生动物在维系生态平衡中的作用、它们与人类唇亡齿寒的关系、滥食野生动物对人体的危害等基本知识，在今天仍有相当一部分人一知半解甚至一无所知。我们要采取有效形式向广大人民群众大力宣传爱护野生动物的重要意义，提倡消费文明，提高公民科学文化素质。民众提高了觉悟，就会自觉与破坏野生动物的行为告别，主动保护人类的朋友。

《野生动物保护法》已经颁布12个年头，至今居然还有1/3的人对这个法一无所知，从中可以看出依法治国任务的艰巨。在加大普法力度，继续完善有关法律法规的同时，还需要切实依法严格管理好经营野生动物的集贸市场，对非法买卖、出售野生动物及其产品的单位和个人依法制裁。

只有在全社会营造关心、爱护野生动物的良好氛围，让更多的人知法、守法，树立“保护野生动物光荣，破坏野生动物可耻”的道德观念，所剩无多的野生动物才会避免“全军覆没”的命运，我们未来的家园才能鸟语花香，草长莺飞，更加丰富多彩。

（编余短论）

这则编后有标题，署名，加不封口框，留口处与正文《中国野生动物保护协会呼吁：保护野生动物从餐桌做起；调查报告显示二十一个大中城市有近半餐厅经营野生动物》（《人民日报》2000年1月21日）相联，文后有“编余短论”四字，属于编后当毫无疑问。但从内容和形式上来看，它与短评已相当接近，有观点，有论述，只是较为简要而已。

第六节　记者述评

记者述评也简称述评或称新闻述评。它是记者通过采写，在报道新闻事实的同时，发表对有关问题的看法或意见，以引导受众加深认识的特殊的新闻评论类型。

记者述评介于新闻报道与新闻评论之间，是二者相结合的产物。它既报道事实，又对事实进行分析评议；既具有新闻报道的特点，又具有新闻评论的特点。从记者述评中“述”与“评”的比例来看，绝大多数的文章“述”要比“评”的数量大，“评”的文字数量相对较少。因此，有人认为，应将此类文章归入新闻报道之中。但是从记者述评的目的和重点来看，关键在“评”，因此将记者述评归入新闻评论的范畴是有充分理由的。

记者述评有标题，署名，有的加栏目名称。述评的文体类型常常通过标题或栏目名称显示，常见的字样有“述评”、“评述”、“分析”、“思考”、“札记”、“手记”等。《人民日报》的《新闻分析》栏目，中央人民广播电台的《新闻纵横》栏目，中央电视台的《焦点访谈》、《新闻调查》等栏目，可认为是该类评论类型的栏目形式。

一、记者述评的特点

记者述评主要有以下特点：

（一）评述结合

评述结合是记者述评最显著的特点。“述”就是叙述新闻事实，这是述评的基本功能之一，也是评的基础；“评”就是对新闻事实进行分析，指出事物发生发展的原因，揭示其本质规律，这是新闻事实的延伸，是基于客观事实基础上的主观认识。

与社论、评论员文章、短评等评论类型相比，记者述评中的“述”显得更为突出。在前几种类型的评论中，也有对新闻事实的简要叙述，或称概述，但所占的比例很少，“述”只是为了交待评论文章的由头或评论对象，交待事实的目的就是为了“评”，“评”在这里占有绝对地位；而记者述评中的“述”不能只是简要的交待，“述”本身就是该类文体的目的之一。因此述评中的“述”要认认真真，实实在在，述得让受众满意。就这一点而言，记者述评兼有新闻报道的功能。同时，记者述评中有“评”，这种“评”不完全是“用事实说话”，而是记者直接站出来发言，因此就与新闻报道区别了开来。“评”是记者述评的又一功能，是该类文体的重点所在，是根本目的。记者述评中的“评”建立在“述”的基础上，一般直接针对事实发表看法和意见，更加切合实际。

记者述评中的“述”与“评”并非是能够截然分开的，而是相互穿插、融合，有时交织在一起，成为新闻文体中特有的夹叙夹议的方式。

（二）论题重要，内容丰富

记者述评一般选择国际、国内政治、经济、文化等方面的重要问题、重大事件进行报道和评论，篇幅相对较长，有一定的分量。有些还采取系列的形式。例如1993年4月14日至4月16日，《人民日报》连续发表了班明丽的三篇述评，标题分别为《有场未必有市——进一步加强市场建设述评之一》、《不必给市场定级——进一步加强市场建设述评之二》、《“各管一段”好——进一步加强市场建设述评之三》。当然，也有一些述评是针对较为单一的事件，但一般内容都较为丰富，事件有较大影响和有一定的复杂性。篇幅短小，论题次要的述评十分罕见。在此，我们试对述评《农民增收潜力何在——农村经济发展述评之一》（《人民日报》1998年12月9日，彭俊文）进行分析。

该篇述评约2200字，论题较大且重要，文章分为引言和正文部分，正文中的小标题分别为“20年翻了近4番”；“继续增长不容乐观”；“千方百计想办法”，也可以看作是成绩、问题、意见三个部分，每部分中都是有述有评，第三部分的评显得更为突出。文中运用了大量的统计数据、调查情况及有关事实，有分析，有观点，内涵丰厚。

二、记者述评的类型

记者述评可大致分为以下四种类型：

(一) 工作述评

工作述评的对象是实际工作中的经验或问题等，通过分析评述，提出解决问题的意见、办法等。工作述评涉及到各个领域、各个行业的重要情况或问题，是一种使用较多的述评类型。

例如前文提到的《农民增收潜力何在——农村经济发展述评之一》就属此类。文章列举大量数据说明自改革开放以来农民收入大幅提高，“20 年翻了近 4 番”，同时也指出随着改革的深入和经济环境的变化，农民收入要想继续增长，形势不容乐观。作者认为，尽管进一步提高农民收入困难不少，但仍有一定潜力，关键是千方百计地想办法挖掘。并提出了四个方面的意见：即政府对农业的投入不减；减轻农民负担；依靠科学进步和依靠农民自己。

(二) 事件述评

事件述评的评述对象是国内外的重要事件，在叙述事件情况的同时对其原因、背景、性质、意义等进行分析评论。

例如《东史郎败诉说明了什么》(《人民日报》1998 年 12 月 26 日，徐海林文)就是一篇既关联国际，又关联国内的事件述评。文章首先交待了日本侵华老兵东史郎由于公开了他在 1937 年 12 月参加日军攻打南京时的战地日记，因其中记述了日军对南京市民进行屠杀的残暴罪行，竟被人告上法庭，被判败诉的新闻事实，既而对这一事件发表看法。文章指出：

> 对这一不顾历史事实，有失公正的判决，我们不能不怀疑，日本司法当局要否认的不仅是一个东史郎，而且要通过这一审判来达到否认，抹杀南京大屠杀这一历史事实的目的。在一个标榜民主、法制的国度里，在铁打的事实面前，居然做出这种不公正的判决，是法律的不公正，还是人的不公正？这一判决使我们看到，它与一小撮人歪曲、美化侵华历史的举动是遥相呼应的。

文章夹叙夹议，时而回顾事实的关键细节，时而发表议论，赞扬了东史郎的良心和无畏，揭露了桥本光治及其所谓旧将校集团的阴谋，对东京高等法院不顾历史事实的不公正判决提出疑问和表示愤慨。

（三）思想述评

思想述评的评述对象是思想领域中的新情况、新问题。该类述评侧重于精神文明方面，提倡良好的道德风尚，批评不良思想倾向，以帮助人们提高思想认识，明辨是非，建立健康美好的精神世界。

例如 1996 年 1 月 22 日至 1 月 25 日，中央人民广播电台《新闻纵横》栏目播出了一组（四篇）系列评论，标题分别为：《英雄，魂兮归来——“不该忘却的纪念”之一》、《留住心中的雕像——“不该忘却的纪念”之二》、《永恒的凤凰——向秀丽——“不该忘却的纪念”之三》、《勇士辉煌化金星——“不该忘却的纪念”之四》。这一组文章是该台记者在不少英雄人物被淡忘的今天，重访英雄故乡，回顾英雄事迹而写下的新闻述评。文章有述有议，旨在使当代青年了解英雄，学习英雄，树立正确的人生观、价值观。正如《人民日报》评论部主任于宁所言：“系列报道‘不该忘却的纪念’，谈到了当年的英雄人物王杰、蔡永祥、向秀丽、刘英俊的事迹，这些英雄人物的身上有一个鲜明的共同点，就是平时恪尽职守、克己奉公，关键时刻舍己为人，舍己为公，点滴积累铸成壮举，涓涓细流汇成江海。在他们的头脑里，个人主义、拜金主义是没有立足之地的。”

（四）形势述评

形势述评的评述对象是国际国内政治、经济及其他重要领域的形势。形势述评既可以针对全局的形势，也可以针对局部的形势，是对某方面形势新动向、新发展的报道和评议。

例如《美联储再念“紧箍咒”》（《人民日报》2000 年 3 月 23 日，王如君文）就是对美国经济方面形势的评述。文章披露了美国联邦储备委员会决定将美联邦基金利率提高 0.25 个百分点的新闻事实，分析了此次提高利率的原因和美国经济目前面临的三大难题。文章在谈及对此举的态度和看法时，引用了美财长和美总统经济顾问委员会主席在一份联合声明中的赞同观点，以及民主党一参议员的反对观点，并有经济学家就此问题对未来的预测。

思考与练习

1. 对比分析社论与评论员文章的异同。
2. 写一篇短评。
3. 分析某报（刊）某评论专栏。
4. 为一篇报道或文章加编者按。

第七章　新闻评论的语言与文风

什么是文风？简单地说，文风就是通过文章的语言表现出来的文章的风格。文风要通过语言来表现，语言是形成文风的工具和桥梁，因此文风与语言关系密切。从写作者的角度说，文风可以说是一个人思想修养、立场观点、写作态度和写作特点的反映。

文风的形成与语言紧密相关，但是文风不是单纯的语言问题，而是时代精神和社会风气通过语言在文章中的反映。新闻评论的写作也要追求良好的文风，要运用准确、鲜明、生动、新颖的语言，将文章的思想内容恰当地表现出来。

针对新闻评论这种文体的特点，在语言与文风方面，我们要注意下面几个方面：

第一节　循循善诱　以理服人

新闻评论要反映党和政府的声音，要宣传党和国家的大政方针、法律法规，要代表媒体发言，因此，它具有明显的导向和教育功能。但是这种功能不能靠生硬的命令强制实现，而只能通过摆事实、讲道理，用晓之以理、动之以情的方式完成。能否做到循循善诱，以理服人，与写作者的生活阅历、思想修养、写作态度大有关系。如果一个评论者把自己摆在不适当的位置，认为只有自己最有见识，最高明，把别人都视作受教育者，在写作中就容易出现自以为是、盛气凌人、说过头话的现象。以这样的思想基础和写作态度写评论，必然是扯虎皮作大旗，狐假虎威，写出的文章必然缺乏说服力和感召力。字里行间流露出的惟我为大、号令天下的霸气会令人厌恶。即使论题真能站得住脚，也很难收到好的传播效果。相反，如果我们摆正自己的位置，以平等的态度对待读者，不强行灌输，而采用商讨的方式，平心静气地讲道理，这样广大受众会比较容易接受文章的观点。实践证明，绝大多数群众是通情达理的，只要你说的有道理，大家是会思考和接受的。

当然，要使读者心悦诚服地接受某种观点，光有正确的态度是远远不够的，还要靠评论者对论题全面、准确的把握和透彻的说理。

例如，近年陆续出现的数起学生与其母校打官司事件，在部分官司中学生被判胜诉。此类案件的发生对许多高校震动很大，高校领导普遍担心学校的“土政策”是否违法，是否会在面临诉讼时被法院否定。针对“此类案件应该通过民事诉讼还是行政诉讼解决”、“法院应恪守法律条文还是遵照法律的精神”、“司法应不应该介入到学术领域”等问题，法律界、教育界人士看法不一，争论激烈。有的学者甚至尖锐地指出，法院受理此案（指北大博士生刘燕文诉学校学位评定委员会决定不授予其博士学位案）是违法办事，法院的受理和判决代替了一种学术评价，妨碍了高校自主权。也有不少专家认为，在行政诉讼法并没有明确规定的情况下，法院大胆支持当事人受教育权的主张，这是一个突破，是有益的尝试。

2000年2月14日，《法制日报》对此事作了报道，并在同一版面配发了王乾荣的评论：《学生与学校打官司的进步意义》，全文如下：

获得博士学位，这是任何一个博士研究生的希望，是他“读博”的最直接和最近的目标，这同时也是他所企求的一种认可。一般地说，他只要政治上没有什么问题，达到相应的学术水平，这个目标就不难实现。但实际上，恐怕还有其他一些因素影响到这个问题：或者使这个博士名不副实，或者令他一时达不到这个目标。

据我看到的资料，有的博士论文的评审，由博士导师的朋友们充任，那么审查起来，也就难免带点“面子”的色彩。我放你的学生一马，到时候你也不好意思难为我的学生。这样的博士的含金量，也就要打点儿折扣。有的博士论文的评审，甚至在相当一部分非博士所攻专业的外行参与下进行，这当然也影响到对论文的评价。另外，据说还有中国特色鲜明的学生和导师以及导师的朋友等之间的人情因素、隔阂因素等等，都可能使一种严肃的学术评价或学位授予变味儿。

学生所企求的认可，是学校给予的，这就是学校握有的权力。学校完全可以运用这一权力来“控制”学生，这个控制说严重点就是“强迫”学生接受和遵守相应的规范——你接受和遵守学校的规范，达到相应的要求、标准，你就能被认可，否则便不能。这也是“迫使”、“督促”学生对自己的行为后果负责：或收获果实，或付出代价。

实际上学校的规范也是一种社会规范，原则上它不可能超越法律。但从已发生的一些事件来看，或许有必要检讨一下学校内部自治性规范文件的合理性，以及它与现行法律法规之间的协调性。近年来一改一贯“正统”的局面，一些学校屡次成为学生的被告，也说明了学校与学生之间的关系，已非“我说（订）你服从”和“师道尊严”所能完全调整。这里的秩序说到底仍是一种法律关系。学生更是觉悟的群众，他们的法律意识空前提高。

学生和学校发生了冲突，竟然诉诸法律，连北京大学这样的一流名校，都感到有点突然、茫然、措手不及。其实对此不必大惊小怪，相反应认识到它至少有以下好处：

首先，可以促使人们意识到某些规范的不尽合理性，最终导致不合理规范的改变，以适应变化了的社会现实的需要。

其次，可以提醒我们澄清或重新定义相关的规范。

再次，司法的介入和正确判决，使得规范更具权威性，这同时也将促使人们更自觉地去遵从正确、科学的规范。

生活之树常青，她总是萌发新芽，变得越来越枝繁叶茂。灌溉、施肥、理枝、护花，其实是我们的日常工作。

上面这篇评论的观点十分鲜明，它明确肯定了学生与学校打官司具有进步意义，这样的观点在强调依法治国的今天有重大的现实意义和深远的历史意义。而对这一在当时引起激烈争论的现象和问题发表看法时，评论者又是用平等的、心平气和的、与人为善的态度，以摆事实、讲道理的方式来表达的。这样做一方面充分论证了文章的观点；另一方面，也有利于读者心悦诚服地接受作者的观点。尤其令人称道的是，这篇文章是用发展的眼光，从法治的角度来考察、认识问题的，内容本身就表现出很强的说服力，再加上循循善诱的说理方法，给人的感觉是既平和又有说服力。文章的末段使用比喻等修辞手法，文采斐然，别有意味，既以生动形象的语言强调了观点，又以委婉、平和的语气结束了全篇。

第二节　严肃严谨　深入浅出

新闻评论是议论说理性文章，常常要反映党和政府的声音，代表媒体发言，所以，它一般以严肃严谨见长。这一点在社论、评论员文章中表现得尤为明显。究其原因，一方面这两种评论类型涉及的问题一般比较重大；另一方面，这两种评论类型集中地反映了媒体对某一事件、问题的看法，也是代表党和政府发言。当然，这里只是相对而言，不排除部分短评也具有以上特点。我们只能说社论和评论员文章的严肃性较之其他评论类型更加突出，其他评论类型也不同程度地表现出严肃性的特点，只不过没有社论、评论员文章典型罢了。需要明确一点，我们强调严肃性，并不等于新闻评论的写作要板起面孔说话，其实，内容的严肃性与文字表达的生动性二者并不矛盾，特别是一些小言论，往往从小事切入，以文笔幽默、生动活泼见长。我们来看刊登在《南方周末》上，署名张金岭的《以高级知识分子的名誉》这篇文章：

本埠一家电视台常播出一则医疗用品的广告，为证明疗效，厂家请一些老大爷老大妈上电视"忆苦思甜"，一把鼻涕一把泪地感谢某产品"连自己都不敢相信"的神奇疗效；广告结尾处，有一位60多岁的不知道尊姓大名的男性出来告诉观众说："我以高级知识分子的名誉，证明这件事是真的。"说话的表情严肃、认真、一本正经、煞有介事、毫不含糊。另有本埠一家报纸刊登了一整版的某新开发小区的房地产广告，这次出场的"高级知识分子"不再是不知道尊姓大名，而是有名有姓有照片有职务职称——正副教授、正副研究员、所长等，涉及专业领域有历史学、社会学、建筑学等等；这些"有关专家学者"，被邀请来"分别从多个侧面和角度向大家介绍他们所了解的每平方米售价仅4 000到6 000元"的某小区，以使大家能对某小区"有一个全面的认识"。

知识分子屈"尊"做广告，虽然不会像一些影视明星一样搔首弄姿，以提高收视率，但那种一脸正经相里透出的滑稽和悲哀，似乎更能吸引眼球，以达"注意力经济"之鹄的。这真是别有意趣。

按说，知识分子做广告也不犯法条，也未突破公民权的界限，谁也不能把人家怎么着。人家就是在刻意为某个人或某个集团的利益辩护，你也只能瞅着干瞪眼，因为那是人家的自由选择，你管不着，咱在一旁说风凉话儿，实在有点儿"红眼病"之嫌。可转念一想，影视体育明星们做广告时，并没有先强调"我以文艺工作者的身份"或"我以体育工作者的身份"以自重，人家凭的是脸蛋儿、身材和脸儿熟，好比出现在广告里的是一个具体的"苹果"，而不是抽象的"水果"；而知识分子做广告时，我们看到的是抽象的"水果"，而不是某个具体的"苹果"。那些"以高级知识分子身份"出镜的人，凭借的不是诸如脸蛋儿之类的个人资本，他们凭借的是知识分子这个群体的整体声誉。要知道，在善良的百姓想来，知识分子虽不是活在真空里，不食人间烟火，但毕竟和咱们这些"蠢蠢求钱之民"不一样，他们应该有崇高的精神追求，应该固守科学、民主、自由、平等、正义等精神价值，应该为人们完善和改造社会提供精神动力，应该是力顶千钧的"天下之公器"。因此，知识分子应该为公众最普遍的权益而辩护，那些为某个人或某个利益集团的利益而辩护的“专家”其实已经变成“钻家”了。

在市场经济条件下，我们这个社会的利益主体正在分化，但我想，不管这个社会的利益主体有多少，也不管他们的利益需求有多大，公众的普遍权利和利益永远都不应该被超越和替代，公众永远都应该是中国社会最大的利益主体。吴敬琏先生说，我们的市场经济之所以叫社会主义市场经济而不叫别的，是因为我们追求的目标之一是社会公正。[1]一个理性的健康的知识群体，是推动中国社会良性发展的重要力量之一。很难想象，如果连知识分子也随着利益主体的分化而分化出去，成了为各自的“皮”的利益而辩护的“毛”，那我们渴望的社会公正，就会缺少理念的支撑。

文章的主旨是对以牺牲知识分子整体形象和公众普遍利益为代价，以作广告的形式为个体谋求利益的个别“高级知识分子”的批评。文中连用了表情严肃、认真、一本正经、煞有介事、毫不含糊等多个形容词，还有“分别从多个侧面和角度向大家介绍了他们所了解的每平方米售价仅 4 000 到 6 000 元的某小区”，文章语言俏皮讥诮，寓庄于谐，并用了“具体的‘苹果’”和“抽象的‘水果’”的比喻，令人忍俊不禁。论题是严肃的，而笔调又是诙谐幽默的，作者老到的文字功夫使内容的严肃性和表达的生动性达到了完美的统一。

议论说理性文章还要追求思路的清晰和逻辑的严整，这既是对普通议论说理性文章的要求，也是对新闻评论的要求。评论员要运用足够的论据来论证论点，要使用概念，要进行判断和推理。涉及到的概念是否完整、准确、稳定；判断是否成立，是否有充足的论据支持；推理是否严密，是否环环相扣，都关系到整篇文章逻辑是否严谨的问题。

新闻评论逻辑的严谨是建立在评论者思维严谨的基础上的，当评论者的思路合乎逻辑思维的基本规律时，通过语言文字，评论就能够显示出强大的逻辑力量。新闻评论要追求逻辑性，这一点不容置疑。但与法学论文相比，它在逻辑性方面的要求要略低一些。评论者既要追求严谨，使文章层层深入，同时还要能够“浅出”，使广大读者不费气力地读懂文章。因为新闻评论一般在大众媒体上发表，面向的是普通受众，如果因为写作者的原因而使文章诘屈聱牙、艰深晦涩，那么即使文章论题重要，观点正确，逻辑严密，也难以收到好的传播效果。因此，深入浅出是新闻评论文风的一个重要方面，也是一种必须掌握的论理技巧。新闻评论在写作中有时会遇到一些新生事物或专业用语，评论者应当考虑到一般

〔1〕见《改革：我们正在过大关》一书。

读者的知识水准和认知水平，尽量把话说得通俗明了，让深刻的道理寓于通俗的表达之中。

要做到这一点，评论者自己要真正理解所讲的道理，只有自己融会贯通了，才有可能用通俗、流畅的语言将道理表达明白。否则，“以己之昏昏”，如何能使人“昭昭”！

2000 年 1 月 31 日，《法制日报》登载了叶延滨撰写的评论：《凭什么一步三回首——谈注意力文化现象》。读者要读懂这篇文章，首先必须搞清楚什么是“注意力文化”，这个问题不解决，其他的根本谈不到。

那么，究竟什么是注意力文化，它的基本特点是什么？我们来看这篇评论开头的两段：

> “别理我，烦着呢！”前两年有人把这句话印在短衫上，招招摇摇在大街上走过。没有人上去搭讪，但你说别理人们越要理，六个字引出了颇高的回头率，把花枝招展的姑娘们比了下去，这是为什么？说是装蒜，皮毛之见！这是信息时代的一个信号：注意力文化现象。
>
> 人们说过注意力经济，这又出来一个注意力文化？这注意力文化和以前的文化有什么不同？注意力经济好理解，在信息时代凡引起人们注意力的东西就会引出经济效益。那么，注意力文化就是引出人们注意力的那些文化。注意力在这里成了首要条件，当然，已有的文化价值和审美条件也许还存在，但不是第一位的了，比方说雅与俗、美与丑，都不是首要的条件了，首要的是要引出人们的注意力——

大多数读者对什么是注意力文化是陌生的，这篇文章的前两个自然段就是要讲清这个问题。文章第一自然段先以大家比较熟悉的街头现象为例，指出“这就是注意力文化现象”，使读者对这一现象有一种直观的印象、感性的认识。在第二自然段中再通过与注意力经济的比较，点出了注意力文化的最主要特点，即把引出人们的注意力作为首要条件。这样一来就将普通读者比较陌生的注意力文化现象用浅显的事例、通俗的语言解释清楚了，为后文的论述奠定了基础。

第三节　是非分明　简洁明快

新闻评论是进行政治斗争、思想斗争的重要工具，在大是大非问题面前就不能模棱两可，拿不定主意。在政治斗争之中，思想交锋面前，必须旗帜鲜明地表明立场或态度。在立论性评论中，要直接点明事物的本质，分析其意义，给予褒扬和提倡；在驳论性评论中，更要深入分析，指明问题的性质和危害，旗帜鲜明地给予驳斥或批评。这里我们要指出的是，在驳论中应当注意区分不同性质的矛盾。对于人民内部的糊涂思想、错误认识，要及时指出其错误，但不可无限上纲或冷嘲热讽，应该以与人为善的态度摆事实、讲道理，注意掌握分寸，做到以理服人；而针对敌对势力的猖狂进攻，在摆事实、讲道理的基础上，应当义正词严地予以无情的揭露和辛辣的嘲讽，不能心慈手软。

新闻评论的功能决定了它在语言表达方面要简单明快，拖沓、啰嗦不符合这一文体的特征。新闻评论的语言风格之所以要体现简洁明快的特色，也因为它是一种新闻文体，受到一定版面或时间的限制，要讲求时效性。对某种带有明显倾向性的问题或群众中带有普遍疑虑的问题，评论者必须以较快的速度作出反应，用简练精确的语言表述观点，完成文章。与其他新闻文体相比，新闻评论具有更强的概括性，言简意赅是其语言表达的主要特点。

如下面的这篇随感《“铲字风”与“题字风”》(《人民日报》2000 年 4 月 1 日，陈飞文)：

一条南昌城刮起“铲字风”的新闻，恰似一段绝妙的讽刺小品。

事情的梗概如下：原江西省副省长胡长清，以“会写字”、“爱写字”驰名，上门求字者趋之若鹜。求字者每次毕恭毕敬地奉上三千至六千元的润笔费。胡长清慷慨挥毫，来者不拒。几年下来，胡长清的“墨宝”遍布各处，成了南昌市的独特风景。但好景不长，胡长清终因贪婪过度，东窗事发。于是，南昌市又刮起一股“铲字风”，近千幅胡长清题匾，或被铲掉题字人的大名，或干脆整个“金字招牌”被端掉。一时，这又成了南昌市的新景。

两“景”对比，发人深省。

从“铲字风”想到“题字风”。也许，二者之间并没有必然联系。如胡长清者，终究是极个别的，胡长清不过是个跳梁小丑而已。但是，近年来兴起的带有一定普遍性的领导干部滥题字之风，却是值得深思的。

何谓“滥题字”，首先对“滥”该有所界定。滥，一是指题字的领导人过滥。领导干部中确实有书法大家，但较多的还处于业余水平。充其量是个书法爱好者而已。现在，“家”与“者”同时提笔公开大书特书，岂不太滥？二是指题字的范围、内容太滥。许多题字，完全与干部的职务不相干，与政治不相干，甚至是纯属商业行为的为企业题匾。把这些超范围的题字称为"滥"，大概不为过吧。

一些书法水平不高的人，题了许多不该题的匾，这两种"滥"加到一起，生发出一种不健康的气息，显然是不利于塑造领导干部形象的。当年，南昌市民间流传的一首顺口溜就颇值得玩味："东也湖，西也湖，洪城上下古月胡；南长清，北长清，大街小巷胡长清。"群众敢用如此大不敬的口吻"戏说"一位副省长，足见这位副省长在人民群众心目中已威信扫地。要知道，当时的胡长清还是如日中天的高级领导干部啊。

同样的，对于其他滥题字的领导干部，群众也是有非议的。人们敏感地意识到，求字者看中的，其实是领导干部的身份，求字的实质是攀高枝、找靠山；而题字成癖者，则不仅是虚荣心得到满足，往往还伴有实实在在的名与利。这些，群众心知肚明，即便当面不论，背后的议论纷纷，也是断然不少的。

我还想起了清乾隆帝。这位深得祖宗庇佑的太平皇帝，也是极好到处题字或赋诗的。所不同者，乾隆挥毫纯属"义务"，多为即兴之作，似未见他为商人题匾，也未曾听说收受"润笔费"。但即便如此，后人对他的"好题字"也未给予好评。至少，"附庸风雅"的帽子，他是戴定了。

胡长清，又一个反面教员。

上面这篇评论由小见大，虽然只有900多字，内涵却相当丰富。作者从胡长清的题字被铲起笔，说到时下流行的领导干部滥题字之风，再说到广大群众切齿痛恨的官商勾结的腐败歪风，语言辛辣，入木三分，力透纸背。

新闻评论对带有明显倾向性的问题或群众有普遍疑虑的问题，需要快速做出反应，及时澄清认识，端正方向。2002年新年不久，美国总统布什在国情咨文中出人意料地把伊朗、伊拉克和朝鲜称为"邪恶轴心"，一时间，舆论哗然。如何看待布什的这一论调？2002年2月3日，新华社编发了记者包尔文为此撰写的短评《"邪恶轴心"为子虚》，有力地批驳了美国炮制"邪恶轴心"论的错误和别有居心。文章开头写道：

布什在近日发表的国情咨文中出人意料地把伊朗、伊拉克和朝鲜称为"邪恶轴心"。风乍起，吹皱一池春水。此语一出，引起上述三国强烈反感自不待言，其他国家也备感突兀，纷纷揣摩个中含义。当前，世界上果真存在一个"邪恶轴心"吗？答案当然是否定的。

开头直奔主题，推出美国所谓的“邪恶轴心”论，引发人们关注。接下来，逐层剖析了“邪恶轴心”论的荒谬和怪诞，一针见血地指出其政治图谋：

> 当前，“邪恶轴心”论在国际社会应者寥寥，因为包括中国在内的许多国家已经明确表态，反对任意扩大反恐战争。俄罗斯外长伊万诺夫日前说，“机械的把反恐怖主义的行动范围扩大到包括伊拉克在内的任何一个国家，俄罗斯都是无法接受的”。此外，俄罗斯方面一再强调，美国对伊朗、伊拉克和朝鲜的指控应在联合国的框架内解决，反对未经安理会授权而对这三国采取敌对行动。事实上，就连美国的盟国英国以及其他西方国家也已表态，反恐军事行动应有节制，否则就会有失控之险。看来，“邪恶轴心”论的市场还是有限的。

文章末尾一段，以荒谬的“邪恶轴心”论为活靶子，用无可辩驳的事实，有力地证明了荒唐的“邪恶轴心”论的荒诞不经。文章论题集中，目标明确，有的放矢，针对性强。读到这里，读者不得不被这篇短评高屋建瓴的观点，滔滔汩汩的气势所折服。

而对于敌对势力言行的批驳，由于矛盾的性质不同，揭露和批驳的力度就要加大，要针锋相对，不留情面。

如新华社发表的评论《吕秀莲缘何如此张狂》，就对台独分子吕秀莲的言行进行了淋漓尽致的揭露和批驳。部分内容如下：

> “台独”分子吕秀莲最近因恶劣的“台独”言行而遭到海内外中国人民的谴责，但她却没有丝毫悔改之意，反而变本加厉地为“台独”谬论加码升级。本月21日、23日，吕秀莲再次借外国传媒采访之口，放言说：如果坚持一个中国，“我们当然不是中国人”，“用领土主权来解决台湾问题已是过时”，“台湾已经独立”，“国际社会应该出面，让中国不要轻举妄动”等等。吕秀莲之类的“台独”分子不承认自己是中国人，这并不奇怪。因为按照她的“台独”观念，已经把自己划在中国人之外。但是，事实是她既生活在中国领土台湾，又未入外国籍。尽管她炮制什么“不是中国人”、“两个华人国家”、“台湾已经独立”之类的谬论，甚至以所谓“国际社会出面”来恐吓中国政府和人民，其本质都是妄图实现其把台湾从中国分割出去的美梦。但无论她跳得多高，“台独”言论叫得多响，都无法改变台湾作为中国一部分的地位。吕秀莲的一切努力都是徒劳的。透过吕秀莲猖獗的“台独”言行，人们可以看到，

"台独"分子正在因为台湾领导权位到手而得意忘形，以为上了台就可以放手搞"台独"，疯狂挑战一个中国的原则，把台湾当作"台独"分子的囊中物。但是，"台独"分子其实是色厉内荏。搞"台独"不得人心，吕秀莲的"台独"挑衅即使在岛内也引起极大争议，但却得到极端"台独"组织"建国党"的声援，称"吕秀莲成为台独的防线和堡垒"，欲借吕秀莲来扛"台独"大旗。人们还可以看到，"台独"分子的所有本钱和靠山就是某些国际反华势力。吕秀莲一再哀求"国际社会要尽早干预"、"国际社会要出面"，如此等等，充分暴露了一个卖国求荣者的虚弱本质和肮脏内心：甘当国际反华势力的猎犬，乞求一个"儿皇帝"的走狗地位。

全文旗帜鲜明，揭露了吕秀莲数典忘祖、卖国求荣的丑恶嘴脸和肮脏内心。文笔辛辣，毫不留情，战斗力极强。

新闻评论的写作有一定难度，尤其是短文，一般都在千字左右，要写得简洁精炼，发人深省，殊非易事。从上面的例子我们可以看出，要使评论言简意赅，应注意以下问题：

1. 立论要具体，论题要集中。评论（尤其是时评）时效性强，大多以新闻报道的某一客观事实或社会上存在的某一典型事例为立论的依据，因此，一事一议，以实证虚是其写作上的显著特色。

2. 症结要抓得准，切入的角度要小巧。短评要做到短小精悍，贵在抓准关键问题与问题的症结，立论要新奇，角度要新颖。面面俱到、泛泛而谈是行文的大忌。

3. 要求新立异，振聋发聩。新闻评论要有令人耳目一新之惊奇、警策，应避免似曾相识之普通、平庸。要开门见山，不绕弯子；要言之有物，不要光讲套话。

总之，不论是立论性评论，还是驳论性评论，都应表现出是非分明、简洁明快的特色。特别需要指出的是，那些以驳为主的评论类型，还要甄别矛盾的性质，分寸把握要恰当。

第四节　准确恰当　生动形象

准确恰当是对新闻评论语言的基本要求，也是体现良好文风的重要方面。评论有了好的选题、正确的观点和深刻的认识，还需要运用一定的语言技巧把它表现出来。如果在语言表达方面达不到相应标准，文章的思想内容就会大受影响，甚至可能导致写作的失败。其中语言的准确恰当是至关重要的，是应该放在第一位的。

所谓语言的准确恰当，既表现为评论者运用概念的准确、判断的正确无误、推理的合乎逻辑，又体现在用词的准确、句子的合乎语法规范方面，二者是相辅相成，不可分割的。

用词的准确是语言准确恰当的基础。新闻评论的构思主要依赖逻辑思维，而逻辑思维的基本单位就是通过词语表达的概念。在评论实践中，概念的错用、混淆等现象并不少见，请看下面的文字：

> ××地区纪委在处理×××违反规定招工问题所表现的铁面无私，就是对不正之风所采取的铁的手腕。这种铁的手腕对纠正不正之风是很有效的……现在有些单位不正之风刹不住，是因为那里的领导干部和纪检部门没有一副铁面孔，也就是缺乏这种铁手腕。

上例中，作者将对待不正之风要“铁面无私”与要采取“铁的手腕”两个概念混淆等同了。“铁面无私”与“铁的手腕”语义自然有联系，但并非同一概念。“铁面无私”主要是从态度方面说的，而“铁的手腕”主要是从做法方面说的，二者概念混淆，就造成了表达方面的问题，给读者做出正确判断设置了障碍。

至于句子要合乎语法规范、合乎逻辑的问题，语言学家长期以来也在反复强调，但仍不时会有不合乎语法规范、不合乎语言逻辑的文字出现。如下面的句子：

> 白水县许道乡许家河村盖校舍时发生的村民盗伐木材事件，说明了我国法律没有起到它应有的作用，人民法制观念薄弱，有法不知，有法不依。

上面这段话，明显存在推理不当和表达不当的问题。首先，由村民盗伐木材事件，并不能得出“我国法律没有起到应有的作用”这一结论，因为我们知道，法律既有警诫作用，也有惩罚作用，并非有了相关法律，就不存在违法之人和违法之事。其次，“人民”是一个广义的概念，由此事而得出“人民法制观念薄弱，有法不知，有法不依”的结论，有以偏概全之嫌，太过武断，如将“人民”改为“部分群众”就比较恰当了。

语言表达方面存在的问题多种多样，这里我们无法一一列举，上面的例子意在提醒我们行文时必须注意语言的准确恰当。当然，评论文章语言的准确恰当，首先要依赖评论者对论题正确、深刻的认识，要依赖评论者思维的缜密，当然也包括运用语言文字的功力。要解决好这方面的问题，对文章进行认真反复的修改，是一种行之有效的方法。

前面谈到新闻评论要表现出严肃、严谨的文风，这并不意味着新闻评论就要板起面孔说教。好的评论文章很重视形式与内容的完美结合，它内容的严肃严谨与语言的生动形象并不冲突，可以说这两方面是既矛盾又统一的关系。

新闻评论要针对纷纭复杂的事实、现象等进行分析，要旗帜鲜明地褒扬进步和批评落后，虽然不直接抒情，但褒贬应当分明；虽然以说理为目的，但又要讲究文采。孔子说过："言之无文，行而不远。"是说文章如果没有文采，就难以流传久远，这道理同样适用于新闻评论的写作。新闻评论属于议论文范畴，运用的多是比较抽象概括的论文语言，容易写得艰深晦涩，而一般受众又希望作者行文能够通俗易懂、深入浅出、晓畅明白。通俗易懂，就是从普通群众的思想水平与认知能力等实际情况出发，摆事实，讲道理，使读者易于接受。深入浅出，就是要把深刻的思想内容与通俗的分析论述结合起来，使一般读者能够理解，并尽可能理解得深刻。所以，通俗易懂、深入浅出是受众对评论语言的基本要求。一篇评论尽管内容重要，如果文笔滞涩，毫无生气，是会影响其表达效果的。许多写评论的高手都深知这个道理，行文时很注意语言的生动优美。众所周知，毛泽东、鲁迅、邹韬奋等人写的评论就具有收放自如、文采飞扬的特点。

新闻评论面对的是广大群众，所以既要严肃严谨，又不能板起面孔故做高深，而要在不损害文章内容的前提下，以有利于广大受众接受的形式与公众见面，语言的生动形象就是收到好的传播效果的一个重要方面。

2002年7月29日，《人民日报》发表仲言的文章《阿Q的艳福与戏说的新招》，用生动流畅的文笔对时下流行的"戏说风"表示了忧虑。文章从容不迫，娓娓道来，读后给人不少启示。请看下面部分：

> 最近看了两出写阿Q的戏，一出舞台剧，一出电视连续剧。不知是由于巧合，还是由于现在流行言情的风气，它们都在大力开掘阿Q的爱情生活。
>
> 一出写阿Q和吴妈。那位和阿Q同在赵府打工的吴妈，原来早就对阿Q有爱慕之情。一个风清月朗的夜晚，她招阿Q到屋里攀谈，正当互相吐露心曲，开始有亲热动作的时候，偷书的孔乙己突然闯到窗外，发现了他们的异常之举。吴妈为了保护自己，马上翻脸责骂阿Q无礼，引来了赵府的一大帮子人。于是阿Q遭到无情打击，受到"严

肃处理”。鲁迅写阿Q和吴妈的事，意在揭示阿Q的愚昧和不幸。在原作中，吴妈只是个几笔带过的次要人物。当阿Q用很不文明的方式向她提出男女方面的要求时，“吴妈愣了一息，突然发抖，大叫着往外跑，且跑且嚷”。“吴妈只是哭，夹些话，都不甚听得分明”。她没有参与打击阿Q，只是被阿Q的粗鲁行动吓坏了。经过改编，阿Q的这段经历增添了许多花絮，吴妈也从一个普通的佣人变成先是投怀送抱，后是翻脸不认人的负义之女，讽刺的锋芒不是指向主人公的愚昧，反倒指向了吴妈。

……

戏说之风刮得有年月了。先是拿历史人物和历史事件来戏说，让古人穿着既有古典风韵又有现代“透明度”的服装，说着现如今流行的话语，以表达今人的某种“新观念”。后来，经典名著也成了戏说的对象，于是就有了“面目全新”的《雷雨》和《日出》。现在，戏说的绣球终于抛到鲁迅身上，开始拿阿Q来开涮。我们即使不在这里继续讲那些诸如改编要忠于原著、忠于历史之类的道理，这些几乎是众人皆知的了；而只想提请人们留意，戏说之风在一定范围里确有愈演愈烈之势。可以拿祖宗八代来戏说，可以拿鲁迅这样的民族精神的旗帜来戏说，照这个势头发展下去，世界上还有什么不可戏说的呢？看来，克服屏幕胡编乱造的“戏说风”并非易事。

纠正戏说风，光靠“说”是不够的，还得拿出具体的措施来。

字里行间我们可以看出作者对时下文坛“戏说”风盛行的忧虑，主题是严肃的。但作者却没有一本正经，煞有介事，而是用幽默调侃的笔调娓娓道出。文笔自然流畅，如行云流水一般，全不板滞。

评论《法治·德治·吏治》(见1999年9月19日《法制日报》，郭道辉文）也是运用生动形象的语言说理的，请看文中的一段：

犯罪心理是复杂的，因人不同，因时而异，这里且不去细究。现在大案要案居高不下，小偷小摸层出不穷，至于鼠窃狗偷之明目张胆，杀人越货之凶残暴戾，可谓丧尽天良，灭绝人性。现在我国市场经济初建伊始，远未达到文明阶段，某些暴发户之贪婪甚至胜过资本原始积累时期的剥削者。记得抗美援朝时，就有奸商用旧棉絮乃至掺进稻草做军衣军被，使部分志愿军战士受冻致伤，影响了战斗力，当时称为“资产阶级的猖狂进攻”。现在不法分子之猖狂程度，实为其前辈自叹弗如。何以至此？有形形色色的个人原因，恐怕某种社会原因也是诱发畸形心理的因素。一是见人暴富而眼馋，心理不平衡，铤而走险；一是见贪官污吏神通广大，七哥八妹大把捞钱，而产生“和尚动得，我动不得”的心理。

上面的例文中，作者使用了多种修辞手法，评论文字感情饱满，有较强的可读性。尤其是其中排比修辞方法的使用，使文章文气贯通，说理很有气势。

当然，不同的评论类型，对语言的要求是会有所不同的。社论、评论员文章虽然也要注意语言的生动形象，但由于主题重大，较之专栏小言论、杂文，在严肃严谨这一点上表现要更突出一些。而后者写法更灵活，生动形象的语言俯拾即是。以上两例体裁近似于杂文，代表性也许不是很突出，我们来看下面这篇特约评论员文章《党内决不允许腐败分子有藏身之地》（2000 年 4 月 21 日《人民日报》）中的一段：

有的人盲目推崇西方资产阶级的价值观念和生活方式，滋长了拜金主义、享乐主义和极端个人主义的思想作风，沉湎于灯红酒绿，声色犬马；有的人在急剧变化的社会生活中，思想迷茫，精神空虚，竟然到封建糟粕中寻找慰藉；有的人面对改革中不可避免地存在的一些困难和问题，不是挺膺负责，而是消极对待，甚至为自己另谋退路；有的人看到别人先富起来，心理不平衡，不再安心于公职人员的工资生活，远工农、傍“大款”，逐渐由小捞变成大贪。为了逃避党组织和人民群众的监督，他们精心编织各种关系网，营造极具隐秘性的个人“社交圈”、“生活圈”，两副面孔、双重人格，自以为天衣无缝。这些年揭露出来的大大小小的腐败分子，就是这样由思想蜕变、道德堕落而滑向犯罪的深渊。

严峻的现实告诉我们，腐败现象虽然发生在极少数人中间，但它是党和国家肌体上的一颗毒瘤，是危及党的事业的一大隐患。反对腐败，是关系党和国家生死存亡的严重政治斗争。越是改革开放、发展社会主义市场经济，越要坚持不懈地开展反腐败斗争。

这篇评论探讨的中心话题是党内腐败问题，论题严肃，涉及面广。但作者很注意语言的表现方法，措辞讲究，定义准确，用排比的修辞方式罗列了种种不良现象，如排山倒海，气势逼人；行文大气，极富文采。

当然，新闻评论语言的生动形象与文学作品的生动形象概念不在一个层面。

前者偏重于抽象思维，要在不影响文章内容的前提下，注意语言表达的生动形象；而后者更多地借助于形象思维，用形象承载思想，上下五千年，纵横几万里，都可以奔来笔底。可以虚构，可以想象，可以不受时间和空间的限制，生动形象是其根本。而新闻评论语言的生动形象是有限度有分寸的，是一种“戴着镣铐的舞蹈”。如果刻意追求语言的生动形象，就有可能因文害意，势必影响文章的论理效果。

思考与练习

1. 怎样才能使新闻评论的语言简洁精炼？

2. 新闻评论的语言有哪些特点？

3. 新闻评论语言的生动形象与文学作品语言的生动形象有何不同？

第八章 法制新闻评论概说

随着我国民主与法制建设的不断深入，依法治国和建设社会主义法治国家步伐的加快，各种新闻媒体的法制新闻日益增多，所占比重和影响也越来越大。在全国范围内，除了众多专业法制类报刊外，不少媒体还开辟专版、专栏或专题节目，及时报道评论涉及民主与法制方面的社会现象或人物事件。法制新闻发展的现实为我们对其进行研究提供了条件，同时也显示出研究的必要性和现实意义。

法制新闻既包括法制新闻报道，也包括法制新闻评论。作为法制新闻的组成部分，法制新闻评论近年来也得到了长足的发展，数量呈增多趋势，因其与“法”密切关联，不仅在内容方面，而且在论理方法上也表现出与一般新闻评论的不同之处。对法制新闻评论进行研究，也是对新闻评论的深入开掘，通过对新闻评论中的法制类评论进行专门剖析，捕捉其特点，探讨其运用和写作的规律，以使其功用得到更好的发挥。

第一节 法制新闻评论的定义

法制新闻评论是新闻评论的分支，属专业性新闻评论。如同经济新闻评论、军事新闻评论、体育新闻评论一样，它与一般新闻评论的不同首先是在题材方面。法制新闻评论是选择与“法”有关的新闻事件、社会现象或问题，针对这些事件、现象、问题发议论、讲道理。也就是说，凡是有关民主与法制，包括立法、司法、执法、普法、法律监督、违法犯罪等诸方面的事件、现象或问题，都是法制新闻评论涉猎的对象。

可以这样认为：法制新闻评论是针对现实生活中新近发生的，与民主法制相关联的典型新闻事实、社会现象或问题，发议论、讲道理、谈看法、辩是非的新闻文体。它通过报刊、广播、电视等新闻媒体，以社论、评论员文章、短评、编者按语、专栏评论、录音评论、录像评论等具体形式，直接阐明编辑部或作者的观点、立场和态度，弘扬社会主义民主与法制，反映和引导舆论，从而影响和规范人们的思想和言行。

在法制新闻评论这一概念中，“法制”，说明其题材范围；“新闻”，说明其文体类型；“评论”，说明其文章性质，即属于议论文范畴。在理解法制新闻评论这种文体形式时，既不能忽视它的个性“法制”，也不能忽视它与一般新闻评论的共性“新闻”与“评论”。

“新闻”二字之所以不可缺少。是因为这种评论不只是法制评论，而且是新闻文体。比如对历史上的法制问题进行研究评析，所形成的文章，可以称之为法制评论，却不能称之为法制新闻评论，因为它不具有新闻性。如前所述，法制新闻评论所涉及的事件或问题，应该是新近发生的，而且比较重要，比较典型，是人民群众普遍关心，或迫切需要了解和解决的事件或问题。也就是说，法制新闻评论要讲时效性，要反映现实，评判现实，服务于现实；要真，要新，要快，要通过新闻媒体公诸于世。

在“法制新闻评论”这一词组中，“评论”二字是中心词，说明这种文体属于议论说理的文章，也就是人们常说的议论文或论说文。法制新闻评论与其他文体一样，也是客观事物在人们头脑中的反映，他不同于单纯记述事实的文章，更不同于借助形象反映现实的文学作品，它是人们对客观外界事物认识的结果，是认识的理性表现，一般运用比较抽象、概括的表现方法，通过对与“法”有关的新闻事件、社会现象或问题的分析研究，讲道理，谈看法，直陈己见，以理服人。其思维模式以逻辑思维为主。尽管法制新闻评论属于议论文，又与“法”有关，但它与从题材到形式都有相似之处的法学论文存在明显区别，对此，我们在文后还要谈及。

第二节　法制新闻评论与法的关系

前面我们已经谈过法制新闻评论的定义，在此，需要对“法”的定义作简要的说明。马克思主义法学认为：法是统治阶级意志的体现，是上升为法律的国家意志，是维护统治阶级利益的工具，是一种特殊的社会规范。在这里还需要说明一下“法”与“法律”概念的区别。在现代汉语中，法律一词有广义和狭义之分。狭义的法律专指拥有立法权的国家机关依照立法程序制定和颁布的规范性文件；而广义的法律则指法的整体，即国家制定的或认可并由国家强制力保证实施的各种行为规则的总和。为了同狭义的法律相区别，通常把广义的法律称为“法”。在人们的日常生活中，使用法律一词多是从广义上来说的，如“执法必严”、“违法必究”、“人人守法”、“法律面前人人平等”，其中涉及到“法”、“法律”，都是从广义上来说的。

一、法制新闻评论学与法学的比较与联系

新闻评论学是新闻学的组成部分，法制新闻学评论学又隶属于新闻评论学，是新闻学的支脉。

法学是法律科学的简称，是以法和法律现象为研究对象的科学。法学的内容十分丰富，一般包括法学基础理论、法律史学、宪法学、行政法学、经济法学、劳动法学、民法学、刑法学、诉讼程序法学等多种具体法学门类。

新闻学和法学都是社会科学中的独立学科，从研究领域的广泛性和内容的丰富程度来看，谈法制新闻评论学与法学的关系似给人以比重失调，关系较远的感觉。实际上，我们是从新闻评论学中的法制新闻评论对法的依赖和运用，以及它在用法律规范社会的过程中所能起到的促进作用等方面来研究二者的联系。

新闻评论要上升到理性认识的高度，要针对各种社会问题进行分析说理，有较强的理论性，在新闻传播中占有特殊地位。其舆论导向作用，与新闻报道相比，显得更为直接和突出。正因为如此，它与其他学科的联系也就更加紧密和深入。它与哲学、经济学、法学、文学等社会科学都有不同程度的关联，其中法制新闻评论与法学的关联就十分密切。

新闻学与法学的切合点有多处，可以认为是一种网络式的联系，在新闻评论领域与法学的联系显得更为突出和密不可分，这就为我们研究法制新闻评论学与法学的关系提供了基础和条件。这种研究，也是在依法治国的新形势下新闻实践的需要。

二、新闻评论的职能与法的职能联系紧密

新闻评论被称为媒体的灵魂和旗帜，具有鲜明的政治性。无论是在中国还是在外国，新闻评论都要反映社会集团、党派和组织的声音。新闻评论的性质和特点，决定了它担负的职能。

在我国改革开放，建设社会主义精神文明和物质文明的今天，新闻评论要坚持正确的政治方向，不仅要反映舆论，而且要引导舆论，要反映广大人民群众的意愿，要代表党和政府的声音，态度鲜明地肯定正确的，反对错误的。就法制新闻评论而言，它的职能主要体现在以下方面：(1) 弘扬民主与法制；(2) 依法评判是非；(3) 深化报道思想；(4) 实行舆论监督。

总之，新闻评论要宣传党和国家的方针政策，宣传进步思想，为社会主义精神文明和物质文明的发展鼓与呼。当然，这种职能的实现，必须建立在科学分析的基础之上，要坚持辩证唯物主义的观点，全面而不是片面，深入而不是肤浅，

循循善诱而不是简单粗暴地表明观点。

就法学而言，其阶级性十分明显，政治性也不言而喻。古希腊、罗马的法学为奴隶主阶级服务，欧洲中世纪的法学为神权政治服务；资产阶级法学打着超阶级超政治的幌子，为维护其政治制度服务。中国古代法学也走过了为奴隶主阶级、封建地主阶级和资产阶级利益服务的历程。我国目前的法学，以马克思主义为指导，为发扬社会主义民主，加强社会主义法制，保障社会精神文明和物质文明建设服务。超阶级的法律，脱离开政治的法学是不存在的。在一个国家中，可能存在不同的法学观点或法律思想，但是，只能是代表统治阶级利益的法学思想占据统治地位。

社会主义法的职能主要表现在以下几个方面：(1) 对敌专政；(2) 保护人民；(3) 改造社会，保护和促进物质文明建设；(4) 保障精神文明建设。

比较新闻评论的职能与法的职能可以看出，二者在代表一定阶级的利益，为一定的政治集团服务，特别是在实现依法治国的目标，促进社会主义物质文明和精神文明的发展方面是统一的、相互促进的。同时，由于二者作用于社会的方式不同，其职能落实在具体问题上，自然是各行其道，各司其职，方向一致而途径不一。法侧重于务实，解决具体问题，新闻评论就实论虚，虚实结合，侧重于讲明道理。

三、法制新闻评论离不开法

要对涉及民主与法制的人物、事件、现象等进行评论，要求评论者必须有较强的法律意识和丰富的法律知识，要站在法的高度分析理论，用法律的标准去评判是非，这样的评论才可能是深刻、透彻、观点鲜明、是非清楚的。也就是说，法制新闻评论离不开法，不论是社论、评论员文章、短评或其他评论形式，总是与法有着密切的关联。

法制新闻评论针对各种与民主法制有关的新闻事实发议论，其内容涉及民主与法制的方方面面。不论是立法、司法、执法、守法、普法，还是违法犯罪问题，都在法制新闻评论的选材范围之内。在此，我们仅举涉及立法和司法的两例，来说明法制新闻评论与法的紧密关联。

自1999年以来，涉及互联网络的侵权案呈明显上升趋势。如王蒙、张抗抗等六位作家状告“北京在线”侵犯著作权案，北京网民陈卫华状告《电脑商情报》侵犯其著作权案等，尽管案件得到审理，但是针对网络世界这个新的大众传媒，现行的法律显然还不能完全对其规范。1999年10月11日《法制日报》发表秦平的文章《网络世界：法律的新课题》，文章针对以上问题，分析了网络世界三方面的特点，指出“用现行的法律法规规范网络并不容易”，“涉及网络的法律也不能不考虑网络自身的特点和其发展的需要，否则网络的魅力就会大打折扣。但是，网络世界毕竟是由人支持的，他还不是一个超越了凡尘的世界，而人又是受现行法律制约的。因此，网络世界必须有一个和现实世界进行切换的可行的方法。这种切换当然是一部既符合网络世界自身规则又在现实中切实可行的网络法。”

这则评论针对现实生活中出现的新问题，根据法制建设的现实需要，从立法的角度明确提出自己的主张，呼唤规范网络世界的网络法能够出台。

我们再看一例：1995 年 3 月 27 日，《人民日报》的《人民论坛》栏目发表李庄的评论《治盛世也“用重典”》。作者认为：目前所以存在有些公仆腐败堕落，有些地区治安情况不好，有些物价任意乱涨等问题，一个重要原因是法律建设滞后，执法力度偏软，未能完全实现法律面前人人平等。文章集中针对“执法公正、法律面前人人平等”问题进行阐述，强调了其必要性和必须真抓实干，只有做到有法必依，执法必严，违法必究，法律面前人人平等，才能使国家更加兴旺。

一则法制新闻评论的对象是具体的，但从总体来看，众多媒体的众多评论论及的问题却十分广泛，评论形式也多种多样。从其与法的联系来看，有些评论宣传法治思想，有些评论呼唤法律意识，有些评论涉及到具体的法律条文，有些评论从表面上看虽然没有直接谈到法，但文章表现出的法制观念却显而易见。总之，新闻评论论及与民主法制有关的新闻事实，就在客观上已经与法发生了关联。评论者再依靠和运用法律武器，站在法的高度来分析伦理，这样，二者的联系就被充分显示出来，并且带上了主观色彩。

第三节　法制新闻评论与法制宣传的关系

要实现依法治国，建设社会主义法治国家的目标，必须要注重宣传，宣传是整个社会系统工程中不可缺少的一个方面。从内容上看，宣传可分为政治宣传、时事形势宣传、经济宣传、军事宣传、民主与法制宣传、文艺宣传、思想道德宣传等，其中民主与法制宣传（以下简称法制宣传）与法制新闻评论有较密切的关系。

一、法制宣传和法制新闻

法制新闻是指以普及民主与法律知识、教育人民群众加强主人翁责任感、增强民主法制观念、维护法律的尊严为目的的宣传。法制宣传的途径和方式是多种多样的，如作报告或演讲，讨论或交谈，也可通过报刊杂志、广播、电视、网络、电影、书籍等媒介来进行。显然，通过报刊、广播、电视等新闻媒体所进行的法制宣传占有重要地位。

在日常生活中，人们常常把宣传和新闻看作是一回事，认为新闻就是宣传，法制新闻的传播也就是法制宣传活动。尽管新闻与宣传联系密切，但如果将二者混为一谈显然是不正确的。

法制新闻包括法制新闻报道和法制新闻评论。就法制新闻报道而言，它的基本职能是及时、准确地将新近发生的涉及民主法制方面的新闻事实告知受众，它所传递的是受众所希望得到的信息。而法制宣传的基本职能是传播民主与法制观念，从而影响人们的思想和行为。法制新闻报道的出发点是由于受众的需要，受众希望得到信息，而且常常主动地去获取信息，如花钱买报纸，自觉地听广播、看电视等。因为只有充分地占有信息，才能更多地了解世界、了解社会，才能在社会中有理智、有方向地工作、学习和生活。法制宣传的出发点在于宣传者自身的需要，是同国家的治理和更好地维护社会秩序联系在一起的。为此，宣传者要将一定的思想理论、法制观念、方针政策、立场态度等传播出去，让受众了解、领会和接受，从而取得受众的认同与支持。法制新闻报道重在定位准确，报道必须真实，不容夸大和缩小，要全面客观，不能以个人的好恶随意取舍，要用事实说话，不可任意掺杂主观因素。而法制宣传要求定性的准确，观点要正确鲜明，材料要典型真实，做到观点与材料的统一，其主观性是显而易见的。在时效性方面，法制新闻报道必须及时，否则就可能成为“旧闻”，而法制宣传没有十分严格的时效性要求。

另一方面，法制新闻报道虽然称不上是直接的法制宣传，但要认为法制报道与法制宣传无关，将二者截然分开也是不正确的。法制报道传播事实，不直接传播观念，但是新闻报道并非是“有闻必录”，并非是可以通过媒体将任何事实都传播给受众。对新闻事实的选择和新闻报道角度的选择，都反映了报道者的倾向性，而倾向性之中则隐含着某种观念。受众接受这样的新闻事实，就会受到这种观念的影响。新闻报道是“让事实说话”，“说话”也就是要告诉受众什么，蕴含着“说理”，但是又不直接说，而是隐蔽在事实之中，让受众在了解事实后不知不觉地接受其中观点。如果说法制新闻报道就是一种法制宣传，那么，它就是依靠事实而进行的宣传。它的局限性在于不能就事实展开分析说理，不便直接鲜明地亮出观点。

相比之下，法制新闻评论可以议论说理，与旨在传播观念的法制宣传关系更为紧密。从新闻的角度看，法制新闻评论是一种针对民主与法制方面的问题发议论的新闻文体；从宣传的角度看，法制新闻评论又是利用新闻手段进行法制宣传的重要形式和载体。

二、诉诸于理——法制新闻评论的宣传特点

法制宣传的对象是人。辩证唯物主义认识论的观点认为，人的认识来源于客观存在，由开始的感性认识的积累进而达到理性认识的高度，这时，人的认识，即某种观念就得以形成。法制宣传正是适应了人的这种认识规律，以事实、事理，辅之以感情作为宣传的要素。

事实是形成一定思想、支撑某种观念的基础，也最容易触发人们的感情。因此，法制宣传要重事实，选择真实、典型、与受众密切相关或被受众关注的事实作为宣传的基础材料，让事实说话，使受众通过事实间接地认识其中隐含的观点。例如，2000年3月7日，最高人民法院做出裁定，核准江西省原副省长胡长清死刑，同时下达了执行死刑的命令。最高人民法院认为，胡长清身为江西省副省长，并先后担任国家有关部门的领导职务，本应遵纪守法，但却利用手中的权利，为行贿人谋取利益，权钱交易，造成极为恶劣的社会影响，受贿数额特别巨大，使国家财产遭受重大损失，犯罪情节特别严重，应当依照刑法的有关规定从重处罚。众多媒体随之报道了这一消息，在全国范围内产生了很大影响。中央电视台在采访各地干部群众时，不少人认为，通过这件事，看到了中央惩治腐败的决心和力度，体现了法律面前人人平等的原则和法律的威严。不论是什么人，只要触犯了法律，必将受到法律的制裁。

如果说法制新闻报道主要是侧重事实的宣传，那么，法制新闻评论就是在事实的基础上侧重于分析论理的宣传。诉诸于理是一切新闻评论，也是法制新闻评论的优长。在实际生活中，人们的行为总要受到思想的支配。越是成熟的人，就越善于理性思考，用理性控制感情，驾驭自己的行动。从接受的角度看，正确的理论、观念、再辅之以适宜的宣传方式，其力量是十分巨大的。例如近代史上，梁启超、孙中山、陈独秀、李大钊等人的政论，曾产生了振聋发聩的作用，影响和教育了一代青年。毛泽东的《论持久战》，为抗日战争拨开了迷雾，指明了方向和道路。党的十五大确定了依法治国，建设社会主义法治国家的大政方针，也必将会对中国的未来发展产生重大影响。近年来，法制新闻评论正是将这一大政方针和中国民主与法制的现实联系在一起，在事实的基础上，站在理性的高度给受众以引导和影响，起到宣传民主与法制的作用。

法制新闻评论的理性宣传主要采用两种方式：

1. 就事论理。此种形式的法制新闻评论是以新闻事实为由头或评论对象，以事实为起点，对新闻事实涉及的问题进行深入分析和评论，以论理为目的，引导受众认清事实的性质、意义、利弊等。此种评论的针对性和新闻性较强，以直

接、集中和具体见长，是目前法制新闻评论最常见的形式。

2．阐释论理。此种法制新闻评论是在一定思想理论、方针政策的指导下，针对民主与法制建设中具体的法律、法规、制度、办法等所进行的分析、阐释和评价。它的起点在法律法规、制度办法本身，一般有较强的专业性，重在阐明其指导思想、意义、特点等，以重要和具有指导作用而见长。例如评论《追求司法公正的实在之举——评审判人员严格执行回避制度的若干规定出台》(《法制日报》2000年2月2日,查庆九文),就是对最高人民法院公布的《关于审判人员严格执行回避制度的若干规定》这一司法解释性文件意义的分析评判。指出："这的确是一个意义重大的司法文件"，"各级人民法院及工作人员一定要严格贯彻执行这一规定，社会各界特别是走进法院的当事人以及经常与法官打交道的律师，一定要勇于行使申请回避的权利，而且还要敢于承担监督人民法院及法官个人行为的责任。"

第四节　法制新闻评论与法学论文的关系

法制新闻评论要弘扬民主与法制，对民主与法制建设中的人物、事件、现象等进行分析论理、评价判断，要涉及法律，与法密切关联。那么，它与同属议论性文体，专门研究探讨民主与法制问题的法学论文关系如何？又存在哪些相同和不同呢？可以认为这两种文体有比较紧密的关联和相近之处，在依法治国的大旗下，共同为促进我国的民主与法制建设服务，二者都与法有不可分割的联系，都属于议论性文体，这是它们的相同之处；同时，它们又有着明显的不同之点，以下试举例加以说明：

《法制日报》(1999年5月18日)《政法杂谈》栏目登载了小评论《莫给贪官撑起保护伞》(刘利民文)，全文如下：

> 读罢《法制日报》4月20日《事后受财无罪?》一文，真叫人拍案惊奇、惊诧不已。如果报道无误的话，那么合肥市中级人民法院真给贪官们带来了一个福音，撑起了"保护伞"。
>
> 陈晓，这位副厅级的"官爷"，非法收受下属现金人民币33万元，港币15万元。虽然一审判决"无罪"，尚不能称之为罪犯，但对照党纪政纪至少可以称之为"贪官"吧。然而，就是这样一位"贪官"，一审法院竟认定他接受下属为感谢而给的钱物，是一种事后受财行为，受贿罪证据不足，宣判无罪。这实在叫人百思不得其解。

以此类推，今后凡有权者，只要运用职权，给他人带来利益，事成之后，就可以心安理得分享利益。那么，一市之长、一县之长，他们制定了许多发展经济的好政策，带领人民群众创造了许多财富，是不是就可以在他人自愿的前提下，笑纳“人民群众”因感谢而送上的钱物，答案是显而易见的。

至于一审法院审理认定，被告人陈晓出发点是为了公司利益，是在邓小平南巡大气候下对公司分配机制进行改革的一项尝试和试点，建立的是“公司得大头、个人得小头”的激励机制，不是为他人谋取利益，这种托辞是经不起辩驳的，难道出发点是为了公事，就可以违法犯罪吗？难道建立激励机制，有所收获，就可以分享本不属于自己的钱物吗？这种激励机制岂不成了自己大捞特捞的激励机制了。

话说回来，合肥市中级人民法院审理这起有影响的大要案件，论理应该会高度重视的，在全面加强法官素质的今天，办案的法官不至于如此迷糊吧。细想起来，可能有其难言之隐。但是，不管当地执法的“小气候”如何差，“依法之国”的大气候已经形成。法官们头上戴的是国徽、肩上扛的是天平、心中装的是法律，就应该以事实为依据、以法律为准绳，理直气壮地拍响“惊堂木”，把不符合法律规定的意见拒之堂外，公正判决，莫给贪官们撑起“保护伞”。

这则法制新闻评论，针对合肥市中级人法院的一次明显存在问题的司法行为进行分析，指出其有悖于法理，危害性不容小视，是站在法治的高度来评判具体的新闻事实。

我们再来看看法学论文《司法公正是执法者永恒的主题——论执法人员的价值取向》(《法制日报》1999年5月6日,张穹文)中的两段：

司法公正，首先要求具有公正的法律，“正义只有良好的法律才能实现”。也就是说，如果法律本身不具有公平性，执法者怎样都追求不到公正的终极目的。法律不公正，对人民来讲是可怕的，因为它给执法者留下了弄权的空间。正如法国思想家温斯坦莱所言：“管理良好的国家的法律应该以正义的理智为基础，如果这正义被否定，人民中间就没有法律可言，只有专横的权力了。”有了公正的法律，并非就有必然公正的结果，“因为刑事立法所确定的一般公正由于法律规范本身的局限性，在适用个别案件的时候，这种一般公正并不能天然地转为个别公正，而有待于能动的刑事司法活动。”法律无法以一种完美无缺的公平方法来适用一切情况，在这种情况下，司法活动就显得尤为重要，因为它能够在一定程序上弥补法律规范的确定性、概括性和抽象性所可能损及的某些公正。而执法人员的执法活动公正与否，又直接导致司法结果是否公正。

司法公正是社会公众对法制的企望，是执法活动内在的价值追求。如果通过法律，结果都不是公正的，那法律在人们心中就会一文不值，老百姓有冤就没有了说理的地方，这无异于没有法律时的弱肉强食。另外，司法公正是法制的组成部分和基本条件，因为司法公正与公民的权利和政府权力的法律机制紧密联系。权利和权力的合理运行都有赖于法律，而只有当人们相信法律是限制、约束权力，从而保护权利和无辜者的公正的东西时，人们才能尊敬和拥护法律。否则，就使社会公众丧失对法制的信心，依法治国失去最广泛的社会基础。这样，法治也就无从谈起。可见司法不公正是最大的不公，正像英国著名学者培根所说的："一次不公正的判决比多次不法的行为为祸尤烈，因为这次不法的行为不过弄脏了水流，而不公正的判决则把水源给破坏了。"

这篇法学论文从理论上论述了司法公正问题，重点对司法公正的重要性，以及怎样才能做到司法公正进行了深入、全面的探讨。与上例法制新闻评论相比，主要有以下几点不同：

（一）服务于法制建设的方式不同

法制新闻评论与法学论文在社会民主与法制建设中都发挥了各自的重要作用，但二者服务于法制的方式却不尽一致。法制新闻评论一般是选取与民主法制有关的新闻事实，站在法治的高度，以现行的法律法规、法制思想等作为理论基础，去分析研究、衡量评判新闻事实，呼吁民主与法制，从而起到影响、引导和规范人们的思想和言行的作用。而法学论文却是侧重对民主与法制，以及法律法规等法律问题的本身进行研究探讨，以使之更加科学、合理、公正和完善。简而言之，评论侧重于运用法律，宣传法制；论文侧重于研究法律，完善法制。尽管二者都离不开民主与法制的现实，但其把握的方式和角度显然不尽相同。

（二）关注现实的直接程度不同

法制新闻评论一般直接选取新闻事实进行分析评判，目标集中具体，有针对性的在一个点上阐发开来，就事论理，发挥其效用；而法学论文一般是以某方面的法律问题作为分析研究的对象，涵盖面较广，大多不涉及具体的人物、事件，注意理论阐述，其观点有更为广泛的参考或指导作用。

（三）分析论理的抽象程度不同

由于法制新闻评论大多采用就事论理的方式，将新闻事实作为由头或评论对象而展开论述，因此在伦理中自然杂有记叙和说明。有的评论形式，如杂谈，还常使用夹叙夹议的表达方式。与法学论文相比，总体而言，它的论理抽象程度较低。作为法学论文，要运用概念、判断、推理，相比之下，更加注重文章的逻辑性、全面性和严谨性。法学论文排斥叙述的表达方式，以更为谨严的逻辑思维来构思和写作，其抽象程疫比法制新闻评论更高、更突出。

（四）时效要求不同

法制新闻评论属新闻类文体，时效性是其特点之一。一般而言，评论应当配合报道同时发表，或在报道发表不久后随之发表。它评的是新闻而不是旧闻，若评论过于滞后报道，其效用就会受到影响，甚至于有炒剩饭之嫌。法学论文与现实也有紧密关联，在法制建设步伐加快的今天，法学论文若能及时发表，无疑对促进民主与法制建设具有积极作用。从这个角度看，不少法学论文也要讲求时效性。但是，法学论文的时效性相比其对事物本质的追求，就显得次要了，早几天发表或晚几天发表对它的效用没有太大影响。法学论文的写作需要有一定时间的积累，一般篇幅也较长，要花更大的功夫，这也决定了法学论文不可能，也没有必要像法制新闻评论那样去追求时效。评论多发表于报纸、广播、电视，论文大多通过杂志发表。由不同媒体运行时间周期的不同，也可看出法制新闻评论要比法学论文更讲求时效性。

第五节　法制新闻评论论证说理的特点——依法论理

法制新闻评论担负着弘扬民主与法制精神，宣传社会主义民主制度和各项法律法规的任务。依法论理是其论证的基本要求，也是法制新闻评论区别于其他新闻评论的重要特点。

依法论理表现在论证的环节。所谓论证，是指运用论据来证明和阐述论点的过程。论点是某种观点或主张，而论据既可以是事实论据，也可以是理论论据。在法制新闻评论中，“法”一般是以理论论据的形式出现，用来论证某种观点的正确或错误。依法论理表现为两种情况，即依照民主与法制的思想原则论理和依照法律法规制度等论理。在此，分别对这两种情况加以分析说明。

一、依照民主与法制的思想原则进行论理

社会主义民主有两方面含义：一是指人民群众是国家的主人；二是指按照民主集中制原则建立起来的各项民主制度，民主生活的高度完善。而社会主义法制的基本内容是有法可依，有法必依，执法必严，违法必究。在此我们以涉及法制问题的评论文章为例来说明这一问题。

例如评论《确保〈刑事诉讼法〉的正确实施》(《法制日报》1996 年 12 月 30 日，陈光中文)一文，在论及为保证《刑事诉讼法》的正确实施，应当制定实施细则时，引用了江泽民同志的一段话，“在立法方面，除了制定各种基本的法律和法规以外，为了保障这些法律法规的顺利实施，还必须在积累实践经验的基础上，搞出实施多种基本法律和法规所需要的具体条例来，没有这种条例，基本法律法规的贯彻落实就会遇到许多的困难。”这段引文在文章中是作为理论论据使用的，同时也体现了有法可依，有法必依的原则，对论点起到论证和支持作用。

也有一些评论，在论理时并未使用某种理论论据，而是依照民主与法制的原则进行阐述，从而达到证明论点的目的。

例如评论《差额选举的贬与褒》(《人民日报》1988 年 6 月 7 日，项南文)，在表明对差额选举的看法时写道：“差额选举，比较符合民主、公开、机会均等和平等竞争的原则。它能更好地体现选举人的意愿，有助于年轻优秀、德才兼备的干部脱颖而出；也是改变干部任免缺乏公开监督的一种有效办法，可以在一定程度上抵制人事工作上的不正之风。”此段论述正是从民主、公开、公平的原则出发，对论点进行了论证。

再如评论《治“难”下猛药好》(《法制日报》 1999 年 11 月 9 日，杨学友文)，评论者认为：“对于‘执行难’一类的疑难顽症，只要加大执法力度，敢与魔高一尺，道高一丈，敢于下猛药，就没有治理不了的难事。”论证所遵循的法制思想原则是执法必严，违法必究。

二、依照法律法规、制度等进行论理

这是依法论理的第二种情况。这里的“法”已不只是民主与法制的思想原则，而具体到了法律法规、条例、制度等条文。法律条文在评论中作为一种特殊的理论论据，成为论理的出发点和衡量、评判是非的标准。此种论证方式在法制新闻评论中经常用到。

例如评论《对行贿者也不应放过》(《法制日报》 1994 年 11 月 7 日，刘金龙文)，文章首先指出，“在一些地方，人们对行贿与受贿一样也是违法行为这一

点，还缺乏应有的认识”，在对论点进行论证时就引用了有关法律条文，并进行了深入剖析。文章的有关段落如下：

处理贿赂案件时，着重惩处那些以权谋私、索贿受贿的国家公职人员，抓住关键，理所当然。但是，这不等于说，可以不重视、不打击那些行贿者。《中华人民共和国刑法》第185条第3款规定：“向国家工作人员行贿或者介绍贿赂的处三年以下有期徒刑或者拘役。”全国人大常委会通过的《关于惩治贪污罪贿赂罪的补充规定》进一步明确指出：“为谋取不正当利益，给予国家工作人员、集体经济组织工作人员或者其他从事公务的人员以财物的，是行贿罪。”并明确规定了量刑的标准。依法惩办行贿者，才能釜底抽薪。

没有行贿者，就不会有受贿者。很多行贿者之所以行贿，是为了谋取不正当利益，其危害性是显而易见的。在经济上，行贿者通常用行贿手段打通关节，取得“通行证”和“保护伞”，进行不正当竞争，甚至铤而走险，为牟取暴利，破坏社会主义经济秩序，给国家造成重大损失。……他们的共同特征是用钱买权，从权力那里获得更多的钱。在政治上，行贿者通过糖衣炮弹，大搞拉拢腐蚀，将意志不坚定的党政干部拉下水，损害党和国家形象。行贿还助长了金钱万能、享乐至上、道德败坏等社会不正之风。随着反腐败斗争的不断深入，严惩行贿者，堵塞贿赂之风源，显得越来越重要了。

也有一些评论对法律条文的引用，并不具体到某一条款，而是根据评论写作的需要，灵活选用，这样更有利于文章的简洁。

例如评论《部门焉能出台法律法规?》(《法制日报》1995年2月28日，玉言文)，文中涉及有关法律规定的段落如下：

大家知道，我国宪法和法律明确规定，全国人大及其常委会行使国家立法权。宪法修改权在全国人大，法律由全国人大及其常委会出台。国务院根据宪法和法律，可以制定行政法规。省、自治区、直辖市及省会市和国务院批准的较大的市的人大及其常委会，在不与宪法、法律、行政法规相抵触的前提下，可以制定地方性法规；民族自治地方的人大可以制定自治条例和单行条例；国务院各部委及上述有关地方的人民政府，可以制定行政规章。如此看来，有关部委根本没有出台法律法规的权力。

> 诚然，有关部委可以参与或主持法律法规草案的起草工作，但从法律法规草案到成为法律法规，要经过严格的法律程序，法规草案经国务院常委会议通过后，由总理以国务院令的名义发布施行；法律草案还须由总理提请全国人大及其常委会审议通过，由国家主席签令颁布施行。

这两段文字中涉及的有关出台法律法规的问题较多。如果采用引用原文的方式，虽然在形式上可能更正规，但难免繁琐，而采用此种综合归纳的表述形式，就可以用较少的文字讲清问题。当然，必须注意表述的准确无误。

总之，由于法制新闻评论论及的是有关民主与法制方面的问题，评论者就必须从“法”的角度，站在“法”的高度，依照社会主义民主与法制的思想原则和有关法律法规去评判是非，论证说理。这正是法制新闻评论论证说理的特色，也是此类评论写作的基本要求之一。

思考与练习

1. 比较分析新闻评论的职能与法的职能的异同。
2. 怎样理解法制新闻评论的依法论理？

第九章　广播新闻评论

第一节　广播新闻评论概述

广播新闻评论是以传播媒介的不同而与其他类型的新闻评论相区别的，这种区别可以从广义和狭义两个方面来理解和认识。从广义上讲，凡是通过广播播发的评论文章或是评论性文字都属广播评论的范畴。从狭义上理解、广播评论是广播电台运用广播手段，根据广播特殊的传播特色采制和播发的新闻评论。无论是广义的广播新闻评论还是狭义的广播新闻评论，都具有新闻评论的共性，都要对最近发生的新闻提出一定的看法，对当前具有普遍意义的新闻事件或一些社会问题发议论，讲道理。广义广播新闻评论和狭义广播新闻评论不是根据新闻评论的性质和作用来分的，其区分是和广播评论的历史和现状相联系的。从历史的角度看，广义的广播新闻评论更能概括广播评论的发展历程，而从现实方面看，狭义的广播新闻评论的理解更能说明广播新闻评论发展到今天的现状。

广播新闻评论的出现并没有与广播电台的出现同步。以中国为例，中国最早的广播电台出现在 1923 年到 1924 年间，内容基本上以音乐、商情等为主，广播新闻评论的出现是在广播事业发展到一定阶段，真正成为有一定影响力的媒介时才出现的。而初期的广播新闻评论，并没有在写作和选材上着意体现广播特色，而且多是播发通讯社或报刊的文字评论。广播在这里只是通讯社或报刊的传声筒，其与其他评论的区别仅仅只是传播的媒介不同而已，这一点可以从我党早期的广播事业中得到集中体现。

1940 年 12 月 30 日，延安新华广播电台开始播音，这是中国共产党创建的第一座广播电台，延安台最初播发的评论完全是报刊评论。例如《新中华报》、《解放》周刊和《解放日报》的重要社论。1945 年秋天，延安台在停播两年后重新恢复播音，仍然是播发文字稿，特别是根据形势需要，播发毛泽东为新华社撰写的多篇评论。

解放后到文革的整个时期，广播新闻评论的相当一部分仍是来自于报刊上的评论文章，这一时期，广播新闻评论与报刊评论一样，大都是由党的宣传部门提供评论文章，广播只是宣传的方式之一。广播电台没有自己专门的评论写作者，广播新闻评论几乎没有什么广播特色。

广播评论真正走出自己的路，根据广播的特点写作、制作和播发评论是在改革开放后，特别是 1986 年到 1987 年间，以“珠江模式”的形成为标志的广播改革后，随着各种体现广播特色的节目形式和广播运作模式的出现，广播新闻评论开始有了新的面貌。

这一时期，虽然也有一些重要的评论是根据党和政府的宣传要求和政策在报纸和广播上同时播发，但是随着新的节目形式和广播理念的出现，广播新闻评论开始有了多姿多彩的形式，这一时期的广播改革最重要的一点是确立了“听众是广播的主人”这一适应广播传播规律的观念。在这一观念的指导下，广播节目的制作者从听众接受的角度尽可能发挥广播的长处，尽量地缩小传者和受者之间的心理距离，以听众喜闻乐见的形式，以及关心的内容来办广播节目。这种背景下的广播新闻评论已渐渐开始摆脱“单调、呆板缺乏生气”的情况，无论是从选材上，还是稿件的撰写风格、表现形式上都力求接近听众，贴近生活。这时的广播新闻评论不但有创意，也有借鉴。特别是对报纸新闻评论的借鉴，同时也有自己的特色。例如在广播改革后出现的形式“大板块节目”中的广播新闻评论。

所谓“大板块节目”，又叫杂志型节目或“大时段综合性节目”，是由几个固定的风格、内容各不相同的小栏目组合而成的节目。这种节目一般是由不同栏目的记者分别采制，由一个或两个主持人串联起来成为一个整体的新型节目样式。这种节目样式就好像一份内容丰富的报纸或杂志，不同的栏目好像报纸上不同的版面。而其中的广播新闻评论，就好像报纸上一段时事短评或是编者按以及专题评论。在这种相似中又有着广播自己的特点：注重听众“听”的方面，评论中的观点和论证不是用书面语表达出来的，而是以一种“说”，近似于拉家常的语言形式表达出来。在大板块节目中，没有纯粹的说理，出现评论之处，都是交待了事实之后，事、理结合，娓娓道出，使听众感受不到“说教”的味道，其精彩处往往在一两句话的点评中。

例如：1993 年陕西人民广播电台顺应广播改革的形势，设置了一档大型主持人板块节目《社会面面观》，这档节目由大小四个栏目组成，其中有一个小栏目是法制新闻类的《法律与生活》。这个小栏目在每周的节目里都会报道一件新闻事件，而在事件报道之后都会在最后进行简短的点评。这个栏目曾经报道了一个 7 岁女童进入一个无人看守的化学工厂，误把烧碱喝下造成肠胃严重烧伤的事件。在这个案件中，法庭判决这位女童的监护人和工厂厂主共同承担这件事的法律责任。对此，栏目编辑在最后以“每个人都有义务为他人创造一个安全的环境”为中心写了一段短评，使这期节目有了一个点睛之笔。

在大板块主持人节目中，除了有类似报纸短评，但却是以广播特色制作的广播新闻评论外，也有辟出专门的评论小栏目，而且是以两个主持人配合着“说”出来而不是念出来的评论形式。总之，到这个阶段，广播新闻评论已逐渐脱离报纸的影响，和整个广播节目一样随着广播事业的改革而开始走自己的路。我们学习广播新闻评论，主要也是要学习真正有广播特色，即狭义的“广播新闻评论”。这里所说的“广播新闻评论”已经不一定是冠以“评论”之名的专门的广播稿，而且还包括以其他形式出现的带有论证、说理性质的广播新闻评论。

第二节 广播新闻评论的特点

广播诉诸听觉，它通过有声语言和音响来表情达意，广播运用无线电波或导线传播声音符号，传播范围广、速度快，而且由于运用有声语言，对不同文化层次的受众都可以产生效果。广播传播内容的基本方式是口说，包括播音员播音、记者口述、主持人解说、对话等。广播还可配用音响，如现场录音音响、制作中配用的音响等。

广播媒体的传播方式和传播特点决定了广播新闻评论和报刊新闻评论的不同。其特点主要表现在以下方面：

一、评述结合

评述结合的特点在一些报刊评论中也有所表现，如社论、评论员文章、短评中，由头或评论对象的提出需要“述”，然后再进行分析评论。此种评述结合，“述”所占的比重小，“述”并非是文章的目的，“述”只是为“评”提供基础和条件。因而谈不上真正意义上的评述结合。只有记者述评这种形式真正体现了评述结合的特点，但记者评述只是诸种报刊评论中的一种，不能将记者述评的这一特点作为整个报刊评论的特点。

而在广播评论中，评述结合的形式被普遍使用，占到整个广播评论的大半。在一篇评述结合的广播评论中，“述”的比重一般要大于“评”的比重，“述”不仅是为“评”提供了基础和条件，而且也是文章的目的之一。也就是说，众多的广播评论同时承担着新闻报道和评论的双重使命，既要告诉听众发生了什么事，又要让听众知道媒体对此事的看法和意见。广播评论的这一特点与其使用有声语言进行传播，在时间领域里传递信息有关。在报刊中，可以在纸面上将报道和评论分开，例如发表一篇报道，再配发一篇评论，或采用编者按语的形式，都可以这样做。而在广播中，遇到既需要报道，又需要评论的情况，一般都是将报道与评论组合成一篇发表，于是形成了评述结合的形式。由此，也就不难理解为什么在广播评论中评述结合的形式占有很大比重，而成为其重要特点。

1996年6月25日，中央人民广播电台在《新闻纵横》栏目播出了伍劲松、凌晨的评论《苦不堪言的大学梦》。评论先用约占全文三分之二的文字，报道了青海省西宁市一所重点中学的高三学生在高考前夕跳楼自杀的情况，以及她的任课老师、班主任、邻居、有关专家对该生及事件的看法。文中的评论主要集中在后面约三分之一的篇幅中。下面是该文的评论部分：

芦晓珑自杀事件给我们提出了一个非常严肃的问题——学习的目的究竟是什么？家长、学校、考生又应该如何正确对待“落榜”这个事与愿违的现实？

应该说，“金榜题名”不是我们学习的最终目的。我们的教育是为了提高全民族的素质，我们学习是为了掌握知识以适应社会多元化发展的需要。能考取大学继续接受教育当然是好事，没有考取大学的，只要自己有社会责任感，自学、电大、函授未尝不可，同样可以为社会作出贡献，同样可以实现自身的人生价值。就我们国家来说，没有踏进过大学校门而照样成为社会各个领域的佼佼者大有人在，这也就是我们经常挂在嘴边的“条条道路通罗马”。然而，我们的某些家长、学校在理解“学习”目的的时候往往颇有偏差，过分强调“考大学是人生的转折点”，认为只有“考取大学”才是有“出息”，导致学生由于“学习负担过重”、“家庭压力过大”而使脆弱的心灵朝着畸型方向发展。

面对升学考试带来的负面效应，我们又是多么无奈。如今的孩子，虽然物质生活水平提高了，可他们的心灵的润泽、童年的快乐还有吗？他们将来回忆起自己的童年，除了读书、上复习班，还能有多少美好的回忆？

在这里，我们无意否定“升学”在选拔人才，巩固学生所学知识等方面的积极作用，应该说，随着考试命题思想的改革，这种积极的作用正日益明显，从“应试教育”转向“素质教育”无疑是我们当今教学改革的大趋势和大方向。怎样才能找到一条有效途径去达到这一目标，我们的探索尚未有穷期。

……

广播新闻评论的评述结合既有如上例中“述”与“评”基本分开的情况，也有“述”与“评”相互交叉的情况，后一种情况多出现在录音评论当中。

例如中央人民广播电台1997年1月2日播出的包军昊的评论《这费那费如何交得完》，下面是这篇评论的部分内容：

记者：“这是你父亲一家人的……就是说他们除了交公粮以外，再减去提留——。”

农民甲：“还缺210来块钱。”

记者：“就是说还欠村里216块钱？”

农民甲：“对。”

记者：“像你父亲这样欠了提留，他交不起怎么办？”

农民甲：“罚钱。”

记者：“罚钱？他已经欠了216块钱，他再怎么罚呢？”

农民甲：“按6%罚。”

这位50多岁的农民一个汗珠摔八瓣，辛辛苦苦干一年，粮食好容易获得丰收，最后还倒欠村里216块4毛8。问起第二天就要交的欠款，这位老实巴交的农民一脸的茫然。采访完这几位村民，记者感到，他们普遍不清楚自己要交的是什么钱，交去干什么用，只知道村里要，自己就得交。前面说的每人收180块钱，实际上是公路集资费，而这里农民们一概把它当成是提留。至于国家政策对收费有什么具体规定，农民更是一问三不知。

记者：“你知不知道中央关于提留的比例是多少？”

农女：“不知道，弄不清，这些事咱都弄不清。”

记者：“你知道吗？”

农女：“谁也弄不清中央有什么政策。下的中央文件都在队里，谁也不知道。”

记者：“村里收的提留哪项是合理的，哪项是不合理的知道吗？”

农女：“那也不知道，人家是叫交什么交什么，拿多钱都行，俺都没意见。俺这里的事，你们都闹不清，交多少钱就交多少钱呗，不交就罚你。”

……

中央规定，农民直接向集体经济组织缴纳的村提留和乡统筹费，以乡为单位，不得超过上一年农民人均纯收入的5%，这里，农民上一年人均纯收入是控制农民负担过重的重要指标，但是记者在赵桥村采访，许多农村却说不清自己一年的纯收入是多少，“投入与产出”、“生产成本”等概念对他们来说还显得十分陌生、十分遥远。似乎刨去上交的，落在口袋里的就是一年该得的……

在上面的引文中，除去记者与被采访对象的对话外，还有两段制作时插入的文字，它的主要作用表现在两方面，一是对采访中反映的问题进行概括、提示、解释和评议，这是主要作用。二是起到承上启下、转换话题，连接两部分录音的作用，这是次要的作用。此种录音报道和议论性文字相互交叉，交替出现的形式，在广播的录音评论中十分常见。是广播新闻评论评述结合的形式之一。

二、浅显平易

浅显平易的特点与广播的受众广泛，以及广播的传播形式有密切关系。广播以其传播快捷，收听方便，覆盖广泛而拥有众多听众。不仅在城市中有一定数量的广播听众，特别是在偏远农村和交通、通讯不太发达的地区，广播仍然是广大人民群众获取外界信息的主要渠道。广播要面对不同地区和不同文化层次的受众，浅显是广播评论所必须注意的。广播在进行传递时，听众必须在有限的时间内捕捉评论内容，而不能像读报刊那样可以反复阅读。这也是形成广播新闻评论浅显的重要原因。

广播新闻评论的浅显首先表现在语言的通俗易懂方面，应尽可能避免生僻的词语。由于广播传播的基本方式是口播，因而注意语言的口语化就成为十分必要和自然而然的事，特别是一些口头评论，评论员或记者直接在话筒前或现场发表看法，不使文字稿，这样的评论口语化特征最为显著。

1996年1月12日，中央人民广播电台播出赵连军的评论《来自鲁迅故居的呐喊》，在此摘录部分内容：

……当记者通过电话找到华远公司经营部副经理吕建生的时候，吕副经理是如何回答的呢？

下面是当时的电话实录。

记者：“喂，您好，是吕建生吗？”

吕建生：“是。”

记者：“我上午去城市规划局采访鲁迅八道湾故居，我问一下，这个已经定下来要保留吗？”

吕建生：“这个我们服从规划。”

记者：“北京市规划局给过你们什么指示吗？”

吕建生：“北京市规划局？它现在怎么说呢？它还要跟文物局商量

吧？您今天上午不是去过规划局吗，他们是怎么说的？”

记者：“他们说好像应该保留吧？”

吕建生：“他们说保留我们就听规划局的。”

记者：“那他们现在没有给你们打过招呼吗？”

吕建生：“怎么说呢？打过招呼。属于应该保护的，他是没有研究出一个怎么保护法。我们听他们的。”

吕建生副经理在电话中犹犹豫豫的语气使记者不得不怀疑，北京市规划局到底告诉没有告诉华远公司鲁迅故居应该保留？至少从上面的报道中可以看出，掌握鲁迅故居生杀予夺大权的几个部门对这件事没有足够重视。事情被曝光已经两个多月了，还没有拿出一个切实可行的方案，就连是否应该保留也还模模糊糊。

上例中除前面的对话，末段的评论性文字。这段文字显然是经过整理的，尽管如此，仍然显示出一定的口语特征，例如其中“到底告诉没有告诉”、“模模糊糊”等词句就是这一特征的表现。

浅显不仅表现在语言方面，而且更注意内容方面的浅显。新闻评论是议论性文体，要讲道理，道理讲得太抽象就可能增加收听难度，影响收听效果。广播新闻评论的选题内容，从媒体宣传必须适应社会需要的角度而言，应当是全方面的，与报刊评论没什么不同。但报刊评论是为“看”而写，广播评论却是为“听”而播，传播方式、受众状况等使广播在播发一些抽象性较强的评论时缺乏优势。因此，广播新闻评论适宜选择那些与现实生活关联紧密，人民群众关心的事件或问题进行评论。同时要注意采用适宜的论证方法，用多数受众可以接受的方法进行说理。例如例证法、对比法、喻证法等在广播新闻评论中较为常用。广播新闻评论的说理贴近事实，从事实到观点直接而清晰，避免过多的推理环节，以利于听众理解和接受。

平易与浅显是相互关联的，浅显主要解决内容和语言上的易懂易听，平易更注意与听众的心理接近，让听众爱听。

广播新闻评论要做到平易，首先评论者要摆正与收听者的位置，评论者应把自己放在与听众平等的位置上，想其所想，急其所急，平等地交流和探讨问题。在这一原则下，还要解决好以下两方面问题：

1. 注重启发，避免生硬说教。广播新闻评论要讲道理，但怎样讲却值得研究，评论者应注意揣摩听众的心理，启发听众对有关问题进行思考，站在为听众着想的角度帮助他们分析和认识问题。听众收听广播大多处在半注意状态，以贴近听众心理的方式来议论说理，容易引起他们对所议问题的兴趣，专注的收听。

评论因此也就产生了效用。反之，如果不顾听众能否接受，愿不愿听，爱不爱听，一味生硬说教，其结果只会适得其反，难以收到良好效果。

2. 使用听众容易接受的语言和语气。语言是一种艺术，使用听众习惯的、熟悉的语言，常常能给人以亲切感、贴近感。评论者应当根据收听对象，选择适当的语言表述方法，常常能增强评论的效果。广播新闻评论以“口说”为基本方式，在说的时候也有个语气问题，适合于广播新闻评论的语气一般应当是和缓的、委婉的，通过播音员或记者、评论员之口传给听众，实现内容和形式的完美统一。当然，语气必须要与评论的内容协调一致，和缓、委婉并不是绝对的。

以上谈到的两点相互联系，密不可分，共同对广播新闻评论的平易发生作用，有利于增强评论宣传效果。在此试举一例来说这方面的问题：

> 农民朋友，有了钱就能多生娃吗？咱们不能这样做。计划生育政策是我们的基本国策，国家提倡一对夫妇只生一个孩子，是从我国人口多、经济基础薄弱的国情出发的，也是为我们每个农民能过上小康生活着想的。说真的，现在咱们农民富了，手里也有钱了，可是你们知道，咱富在哪里吗？咱富在党的富民政策好，富在咱们实行了计划生育政策，要不然，十个人吃一个馍，能富得起来吗？有个比方打得好，说国家好比一只渡船，船上只能坐六十个人，如果坐七十个人，或者更多，那渡船就会沉没了，这和我们控制人口增长是一个道理。农民朋友，生娃子，不只是你个人的事情，也是社会的事，国家的事情。就拿我们县来说，现在二十四万户。可以说家家都能拿得出三百五百的，如果一户多生一个娃，那一年就要多生二十四万人，不要十年，咱县的人口就要超过四百万！而每个人的土地呢，只有三分了！农民朋友，想想看，到那时，你吃什么？你的子孙又吃什么，要不穷得丁当响才怪呢？所以我们农民都要为国家的繁荣着想，为子孙后代着想，也为自己的幸福生活着想，不要说手里有个三百五百的，就是有万儿八千的，或者更多，也不能多生娃！

这是安徽阜阳县广播站 1985 年 11 月 20 日播出的广播评论《有钱也不能多生娃》。评论是以农民作为听众对象，来宣传我国的计划生育政策。在农村中，由于重男轻女、多子多福等不良思想的影响，部分农民对计划生育政策仍存在不理解、不能自觉遵守的情况。这篇广播评论站在农民的角度去看问题，讲道理，将计划生育政策与家家户户的切身经济利益联系起来，将小家与社会、国家联系起来，采用打比方、举例子等方面，深入分析，启发听众思考。强调了贯彻落实计划生育政策的重要性和必要性。在语言方面通俗易懂，浅近平易，是一篇特点突出的广播评论。

三、生动形象

广播新闻评论的这一特点主要表现在两方面，一是语言的生动形象，二是通过录音手段表现出的听觉上的现场感。

广播以稍纵即逝的有声语言进行传播，更需要追求语言方面的生动形象，以能够在播出的瞬间抓住听众，引起注意。毛泽东的许多评论在语言上就具有生动形象的特点，例如“比泰山还重”；“比鸿毛还轻”、“墙上芦苇，头重脚轻根底浅；山间竹笋，嘴尖皮厚腹中空”、“夹起皮包走路”等等。下面是他在 1945 年新华社写作的评论《赫尔利和蒋介石的双簧已经破产》中的一段：

> 所谓今年十一月十二日召集国民大会一件公案，大概就此收场了。
>
> 所有这一切，赫尔利老爷的撑腰起了决定的作用。
>
> 从此以后，似乎走上了泄气的命运。
>
> 可是不管怎样，只要参政会说一声停开那个伪造的“国民”大会，就说违反了三月一日的圣旨，犯了王法，也算做了一回好事，积了一件功德。
>
> 没有认真的起码的民主改革，任何什么大会小会也只能被抛到毛屎坑里去。

关于现场感，与广播新闻评论多采用评述结合的形式有关，广播评论可采用录音的方式给听众一种听觉上的直观感受，带着这种现场感收听主持人的评论，比阅读文字报道和相关评论的印象要更形象和直观。请看中央人民广播电台 1995 年 10 月 8 日播出的评《“终极悲剧”的震撼》中的部分内容：

> 记者始终没能见到在拘留所里的峥峥，也无从知道他举起菜刀砍向父亲的瞬间，小脑袋里的火焰有多高，父亲小崔的眼神中又流露出了什么样惊愕的表情，一切都没办法得知。反正在凤凰北里，在燕山石化区，工友们，邻居们猜测纷纷，邻居李志见到记者，述说了他心里解不开的疙瘩：
>
> “当时我跑到楼上，见到孩子的父亲跪在屋当间，床上周围也没有搏斗的痕迹。我现在老在想，当时是怎么回事，是小崔向孩子说，你敢砍吗？然后把刀给了峥峥，峥峥砍了下去？如果孩子没有那么深切的积

怨，他也砍不下去呀。平常他们楼上就常打架，开始我们都上去劝，后来次数多了，也很少去了，父亲对母亲那样，孩子又对父亲那样，这是因果……”

和邻居看法一致，峥峥的伙伴们对他的评价也相当不错，他和同学们玩得来，人缘很好，在班上参加集体活动。

……

子杀父，在中国这个有着几千年家庭伦理道德熏陶的社会里，可以说是一个终极的家庭悲剧。它带来的震惊不仅让母亲、邻里瞠目结舌，给孩子所在的中学带来的冲击也是巨大的……

这是一篇关于子杀父的评论。在播出中相关的人叙述和看法以及主持人的评论交织在一起，给听众以强烈的现场感受，同进又引导人们进行思考。有些广播评论采用现场录音、即时评论的方式，将现场的各种音响背景展示出来，如交通拥挤堵塞，事故发生现场等报道评论，都具有这方面的特点。

第三节　广播新闻评论的形式

我国的广播新闻评论一度曾以报刊评论的形式作为参照，将广播新闻评论分为本台评论、本台评论员文章、本台短评、编后词、本台述评等，这类分法虽然有一定道理，但是没有充分显示广播媒体的传播特点。这种分类立足于报刊评论形式与广播媒介的结合，是广播媒介借用报刊评论形式所形成的。随着广播媒体与其他媒体竞争的加剧，广播必须增强自己的特色，扬长避短才能取胜，广播评论的改革与创新，必须立足于广播新闻评论本身。因此，广播评论不但在语言风格上脱离了报纸的语体，在编排方式和表现形式上也走出了自己的路。在这种情况下，广播评论的分类也自然就完全摆脱了报纸评论分类的影响，有了自己的分类方法，这就是：谈话式评论、对话式评论、录音评论。

一、谈话式评论

在广播评论中，谈话式评论是一种比较纯粹的评论样式。形式上一般都是由一位播音员或主持人从头到尾一人完成对听众的播音。在这种形式的广播评论中，虽然是主持人或播音员独自播音表述评论的内容，但是实质上由于广播特殊的传播方式，在听众感觉上或者更确切地说是主持人或播音员在主观感受和外在语气、语调表现上都把收音机前的听众当作了直接交流的对象。

谈话式评论大部分情况下是由专门的撰稿人或记者、评论员写成广播评论稿，由主持人或播音员播出。对写作者来讲，在写作时应充分考虑到这种谈话式评论对象的虚拟性，尽量用心揣摩听众的心理以及与听众的交流，在写作稿子时就要有一种与人交谈的感觉，也就是说在此时就把听众既看成是收听者，也看成是“对话”者。只有在写作时想到听众的接受心理，在语言上接近听众，才能为主持人或播音员以语气、语调营造一种让听众感到亲切的语言环境打下基础。如果说播音员的语气、语调所营造的亲切气氛有助于与听众的情感交流，那么写作者在稿件中以听众为虚拟谈话对象所进行的内容就是一种思想的交流。有了稿子中思想内容以及文字结构和语言结构上所体现的交流性基础还不够，主持或播音员的相当于二次创作的播音也相当关键。既使是一篇内容上广播特色很强，极富交流感的广播评论稿，如果主持人或播音员以纯粹播音的方式传播出去一样不会有好效果。好的评论稿只有在主持人或播音员以假想的与人交谈的心理定位和语言技巧共同作用下才能真正完成广播评论和听众之间的交流，取得良好的效果。

这种谈话式的广播评论，在内容上多是典型的述评结合。如前所述，广播评论中的述评结合内容特征方面与报纸上的述评性评论相似，就是兼有新闻报道和新闻评论的特点，有事实的报道也有适度的分析、评论。述评所涉及事实范围很广泛：科技、政治、国际国内时事，社会现象等是无所不包。

谈话式广播评论稿中的述评结合因为是独自式的，没有音响以及现场对话者的调节与配合，在写作时，除了上面说的虚拟谈话对象的考虑外，还要注意到广播媒介传播上的弱点，即广播是以有声语言为载体进行的传播，有声语言在传播中是转瞬即逝。在此条件下，广播受众无法进行很深很快的逻辑关系的辨析，也就是说，广播传播与文字传播相比有这种辨析事理联系上的弱点。因此要求这种广播评论稿在写作时，一方面在“述”的时候不能太平铺直叙，既要交待清楚，还要把理说透。在交待清楚的基础上甚至可以设置悬念和波澜，使听众能听进去，乐于听，为观点的表达打下基础。对于“评”的部分不能太理论化，抽象化，应是就“事”论“理”，主题要清晰、明确、观点鲜明，具有说服力，无论是叙述部分，还是评论部分都要注意语言的表现力。

当然，如果进一步细分，在“评”的对象方面还可以分为“事件”和“现象”，这两种不同的评的对象在具体写作中应该也有所不同。对以具体事件为评论对象的谈话式广播评论，应在“述”的过程中侧重叙述事件的引人入胜和尽可能利用素材构思悬念，化本来可能枯燥的说理为引人入胜的“推理”式的说理。下面我们以天津人民广播电台 1997 年 12 月 12 日播出，由苏维茗，印永清等人采访并撰写的述评性广播评论《4%大于 15%》为例进行分析：

记者昨天从天津福津木业有限公司了解到：这家合资企业国有资产方出让控股权一年多来，国有资产不仅没流失，反而由原来的2 300万元陡增到8 000多万元，是上一年国有资产额的3倍多，截至目前，合资7年的天津福津木业有限公司国有资产已经相当于原来10个天津胶合板厂。

1990年，天津福津木业有限公司由国有天津胶合板厂和香港大福集团合资建立，当时天津胶合板厂由于管理机制落后，产品质量低下，国有资产只有800万元，而亏损已达到1 700万元。合资后，津港双方通力合作，迅速转变经营机制，创造了当年洽谈、当年签约、当年开工、当年扭亏见效的福津效益。合资后的最初5年，国有资产方股份占60%，港方占40%，国有资产方掌握着控股权。1995年国有资产已由原来的800万上升到2 300万的时候，港方的大福集团委托福津公司港方总经理杨美琪突然提出：为了使股票在香港联交所上市，需要把港方股份由40%提高到51%。有人担心，控股权转换到大福集团会造成国有资产流失，而董事会中合资双方一致认为：上市对福津的发展非常有利，福津发展了，国有资产还会进一步壮大。慎重起见，代表国有资产方的福津公司董事长和港方总经理特地找到天津市政府一位高层领导咨询此事。这位领导了解情况后，果断表示鼓励和支持。控股权转换后的事实是：福津公司利用大福上市后吸纳的资金，在国内成立了福达公司，在南美成立了福津公司，开始跨出国门经营，福津还先后与吉林、河北等地的27家濒临倒闭的企业进一步合资，使这些企业重新焕发生机，上万名下岗职工重新上岗。在这一过程中，福津公司的资产已近两个亿，成为国内规模最大的木材加工企业集团。其中，国有资产由合资时的800万元增值到8 000多万元。

听众朋友，福津公司合资双方控股权转换以后，国有资产大幅度增值的事实告诉我们：公有制实现的形式可以有多种多样，解放思想、实事求是、转变观念方能使国有企业改革进入更为广阔的空间。曾几何时，合资与否，合资后谁控股，也就是谁是49%，谁是51%，成为一些企业家、决策者心中的政治高压线。在一些不涉及国家命脉的中小企业中，我们应该变过去注重国有资产的数量，为注重国有资产存在发展的质量；变过去谁来控股，为注重国有资产的保值、增值。福津公司合资双方控股权置换以后的业绩就是这一思想绽放的实践花朵。它说明对于福津和类似福津这样的企业，49%的股权效果要比51%的股权或国有独资情况好。从资本经营的角度看，福津控股权置换后，经营机制更趋合理，更合乎现代企业制度的要求，资本运营面向市场，企业的发展规模也借市场的力量迅速升级，而国有资产在这一过程中大幅度增值。福津公司的实践再次告诉我们国有企业改革关键是解放思想，转变观念，从实际出发。

这篇广播评论所叙述的事实是福建木业有限公司如何成立，怎样由中港合资到港方控股国有资产，怎样由在总资本中的占大部分变为占少部分；国有资产怎样在相对比例转换后因公司上市和经营有方而不断增值，由 800 万到 8 000 万。按常理说，这个事实中大多都是通过数字来体现的，容易枯燥乏味，让人听不下去。但是这篇评论的作者却巧妙地将福建木业公司独资时的严重亏损，津港合资后的扭亏为盈以及港方控股后的国有资产大幅增值三个阶段进行对比，并有声有色地着重强调了港方控股过程中的矛盾冲突和化解过程及结果。整个叙述主线层次清晰而且跌宕有致，非常易于了解和被吸引。于此同时，严密而客观的评论也随着事实的一步步发展而展开，没有晦涩，脱离具体事实的高谈阔论，紧密地联系着事实在说明道理。事实叙述完了，结论也自然得出了。语言方面，虽然是一篇有相当多数字的稿件，但是却并不呆板，没有过长的句子，没有艰涩的用语，读起来朗朗上口，听起来也一定是如同清风过耳丝毫不觉深奥。

与以事件为评论对象的情况不同，以现象为评论对象在叙述以及叙述与议论文字的组合技巧上要求更高。因为现象往往是一类情况的概括表述，其体现的又多是人们对其的观点、看法，叙述时容易出现平淡、不够引人的情况。特别是在广播形式中，听众不能如报纸读者一样，对叙述的现象一目十行扫过，只挑观点或论点看。广播的听众如果不能被叙述吸引，很可能就会调台或关掉收音机。因此在谈话式而且又是以现象为评论对象的广播评论中，必须在叙述技巧和议论方式上多下功夫，下面我们通过分析北京人民广播电台 1991 年播出的一篇由高宝胜撰写的评论《土木工程不可擅动》来进行说明。

土木工程不可擅动

刚才的 3 封听众来信，说的都是施工噪音扰民的事儿。我就想起叫做“土木工程不可擅动”这句老话儿来了。我给这句老话儿加上个新含义，就是现在的土建工程施工单位，脑子里要有“环保意识”这根弦儿，在没有解决好施工噪声扰民的难题之前，别着急开工！

说施工噪音扰民是个难题，有两层意思。一个是现在的施工，为保进度、抢工期、争效益，差不多都是昼夜施工，连轴转，还都用上了施工机械。地基开槽有挖土机，浇铸水泥有搅拌机、洋的有“震捣棒”，土的有“蛤蟆夯”，这些机械原本就噪门儿粗，要是在夜里显身手呢，工地附近的居民就甭打算睡安稳觉了。再加上水泥、石子儿什么的，有时候非得夜里运到工地，哗哗啦啦一卸车，装卸工不差码儿再喊两嗓子，您想，那能不搅人好梦呢？麻烦也就接碴儿来啦：像建设单位、施工单位、环保局、区政府，就常有人破门而入，唾沫星子往脸上溅地提意见，提抗议——这就引到难题的第二层意思上来了：现在的老百姓，知道怎么维护自个儿的合法权益啦！好好儿的日子被搅和了，他们说什么也不干哪！有位在环保局工作的朋友告诉我，他们那儿群众来信提的最多的就是，咱们国家有没有管治施工噪音的法规、条例？受施工噪音侵害的居民到哪儿打官司告状去。您瞧瞧！一个是现代化施工，特别是居民区施工，难免动静儿大，噪音扰民；一个是老百姓不答应，特别是现在的老百姓，敢把状告到市儿那儿去！您说这是不是难题？

既然明摆着是让人嘬牙花子的难题，又躲不了也避不开，就总得有个法子不是？我跟一位施工队长聊过，他说，不想个法子不成！要不然，甭多喽，来俩老太太往水泥搅拌车跟前儿一坐，整个儿工地都得停工！停工一个钟头那是多大的损失呀！您那施工机械再是租来的，停在那儿干不了活儿，租钱可照掏不误啊！您瞧见没有？俩老太太，顶的是一个连的基干民兵！你说出大天去她也不起来呀！居民里头，有暗地里使劲儿的，有起哄驾秧的，有围观瞧热闹的……这么一闹哄，派出所的民警也得赶紧“出现场”啦！那位施工队长呢，就摸索出一个法子来：他在开工前哪，把工地附近的居民代表、街道办事处、居委会的同志，还有派出所的民警，建设单位的领导……，全请来！一块儿协商、定协议，对受施工噪音搅扰的居民，来个“一次性经济补偿”。每家居民补多少，危旧私房又怎么特殊补偿，就全靠协商啦！协议一签，放心施工！就是再出点儿小岔子，比方就哪家儿居民又觉得亏了，想找补找补，那也好做工作啦！这招儿，可谓未雨绸缪哇！那个施工队长，带队在大栅栏翻建同仁堂药店，寸金之地，房连房，户挨户，居民也有头脑，有见识，这位队长，就用刚才说的“未雨绸缪招法”，竟然居民满意，施工顺利。

看来，关键哪，还是建设单位、施工单位，得有环保意识，得有法律观念。说到底，您那儿就顾了施工，不管噪音不噪音，扰民不扰民的，可就理亏了！抢工期，保进度的理由儿，绝不能为施工噪音扰民开绿灯儿啊！说这是违法，恐怕一点儿也不为过。偏偏如今的施工单位，特别是一些拉队伍进城搞土建工程的包工队，那当队长的，知道贪污盗窃是违法犯法，你说他那电锯吵得人睡不了觉也是违法，他蹦得高儿不认帐啊！真该让他好好瞧瞧《北京市环境噪音管理暂行办法》里的这么一条儿："对采取控制措施后仍超过噪音标准的施工作业，除经当地人民政府批准的抢修工程外，所在地区的区县环境保护部门有权限制作业时间，或令其停工治理，或施工部门与受影响的居民协商采取其他变通性措施"。白纸黑字儿，不知道能不能冲开那"蹦高儿"的施工队长的"天目"？——冲不开也不要紧，有他嘬瘪子、撞南墙那天！我这话先搁在这儿。

当然啦，话得两头说，（这可不是要滑头！）施工单位未雨绸缪，跟居民协商个"变通性措施"，居民呢，也得体谅施工单位的难处，别让人家太为难喽。比方说，您住的是自个儿的房，又挺老旧了，人家给您加固了，为保险还给您找家旅馆住着，您那两口子又非要分开住，要两套客房，这是不是就"太那什么"了！"甘蔗没有两头甜。"好些事都得互相理解、谅解，这也是咱们中国的"特色"吧！大处儿，这叫求安，团结，小处儿，那得说您的心胸，是个人物儿啊！……

建筑工程施工噪音扰民是个常见的现象，对其的批评，评说也常常见诸报端及广播电视等各种媒体。说来道去，大都是从批评的角度指责施工方面扰民。但是这篇广播评论却是站在一个"评理者"、"说和者"的立场上，在施工者与被噪音干扰者之间评说长短，这样从评论的角度讲就有了一定的态度，特别是广播评论，要让听众把这东长西短各方意见听明白，把这种施工噪音扰民的现象看透彻不是一件容易的事，因为听众不可能向报纸读者那样有机会把没看明白的地方回头再看一看，广播也不可能向电视借助图像帮助说明，使观者很易理清来龙去脉。在这篇评论中，作者调动各种表意，论述手段，把这个现象说得形象、生动、把一番原本可能让人费解的道理讲的入情入理。这其中，首先还是我们讲过的广播评论的总的一个原则就是虚拟的谈话对象，这一点在这篇广播评论中几乎达到极致，听主持人操一口纯正的北京语"您长，您短"的叙着，让人觉得就象是站在胡同口听一个明理人跟你侃事儿，心理上的接近不在话下。最主要的是第二点，就是这篇评论说理论事的技巧。是评论就得有一定的观点，在这篇评论中，观点就是"土木工程不可擅动"，但是具体到行文中，对这一观点的论述都是开合有致，第一段破题不是生硬地把观点撂出来，而是本着善意，口气和缓地给提了个醒。第二段再开始一层一层地把这了问题说开去。说到现象，不是机械地把同类事情来个简单介绍，而是绘声绘色，设身处地站在各方立场上分别叙述，就如同说相声把各方的意思都表一表，其间很自然而不留痕迹地介绍一个“施工队长”的经验，通过这个经验为自己的论证作一个论据，这个论据在不经意间很易被人接受，听的人就如同在听故事，故事中的理儿随着故事的叙述也一并给记住了理解了。接着再进行总结：“看来，关健呀，还是建设单位……”理说到这里，这一步，水到渠成，讲的人轻松娓娓道来，听得人心服口服。没有讲大道理，也没有咄咄逼人，就是这么把一个没什么情节、波澜的现象掰开了、摔碎了给你拉家长一样聊开，广播评论所有的特色在这篇评论里几乎看到了全面发挥。虽然这是十年前的一篇广播稿件，今天读来或者说是我们假想是在听主持人“讲”来，一样觉得生动有趣，富有说服力。

谈话式广播评论大体上就是以事件和现象两种情况为对象进行评论。一般纯观点抽象评论很少。这是由这种谈话形式的局限造成的，以主持人或播音员为一方，以虚拟的谈话对象来代表听众一方进行的谈话，其实只是一种单向交流，由传者流向受者，这种交流的成功很大程度取决了双方对事件，或现象的看法，有了这个“事件”，或“现象”，传受双方就有了一个共同指向的对象，作者（评论者）根据事件，现象来了解、揣测受众可能的想法、看法，并据以开展自己的论证，来求得与听众的沟通是比较容易实现的。而纯粹说理的评论或是事件性，现象性不强的评论则最好不要采用这种方式。

二、对话式评论

对话式评论。相对于前面说过的谈话式评论，形式上更灵活一些。谈话式评率，是由播音员或主持人一人口播，对话的播音人数却增加为两人（通过问答、探讨、呼应等方式评论问题，并通过电波传递给听众）。对话时可以由广播电台的两位播音人员来进行，多为一男一女之间的问答；也可以请有关人士到播音室或通过电话录音与电台人员配合进行，此种形式大多没有完整的文字底稿，对话更加自然真实。

对话式广播评论可以避免一人口播的单调，有利于调动听众的情绪和更好地吸引听众注意。尤其是请有关人士参与对话，可以使对事件事项问题的探讨更加深入、丰富，且能体现出一定的权威性。请看辽宁台荣获第二届中国新闻奖广播评论类一等奖的对话式评论《补上市场意识这一课》（戴锡新、门方玉）中的部分内容：

甲：这些天，我们一起在即将开业的沈阳商业城采访。沈阳商业城是沈阳市新建的一家大商场，光是营业面积就有6万多平方米，还有许多现代化的服务设施，够得上全国一流。

乙：在这家还没有开业的商场，我们在几楼层走了一遍，发现一个奇怪的现象，引起我们的注意。那就是外地厂家的推销人员和产品特别多，而我们辽宁的厂家主动来推销产品的却少得可怜。

甲：商业城负责现场说，这几个月到这推销产品的外地厂家哪天都不下二三百人，就连香港、意大利的一些大公司也都来联系业务。商业纺织商场关经理告诉我们：(出录音)

“每天接待顾客都不少，基本上都是外地的，送来货比较早的还是上海，我们是今年五月份到这的，来了之后接待的第一批客户就是上海和山东的。烟台的丝绸印染厂过去我们根本没有关系，我们到青岛开发区开会，厂长早上四点亲自到码头接我，我很感动。为什么厂长这么主动，主要是在当前这种竞争意识下所采取的手段。像我们沈阳市内，有的厂家可以，有的厂家就不行。得我们主动找他，往这跑的不算太多。

乙：提到这个现象时，针织商场经理刘铁讲得更明确。(出录音)

……

这篇广播评论总体上采用了对话的方式，并插入了有关人士的录音，形式灵活，评述层层深入，有关人士的说法对问题起到了论证说明作用，增加了评论的新闻性和丰富性。在后文中还插入了辽宁省省长的一段话，进一步强调了补上市场意识这一课的重要性和必要性。收到良好的播出效果。

对话式评论可以细分为加录音的评论和不加录音的评论。不加录音的评论在写作时，只用考虑将评论以对话的方式在表现出来就可以，其支持观点的论据完全由记者口述。而加录音的对话式评论就复杂一些，其撰写与播出是写作与编辑的结合，录音的出现往往是为了提供一个权威的论据，如专家看法，领导讲话等等。有录音的对话式评论要注意的是恰到好处地运用录音，不能太滥，冲淡了由主持人或播音员对话表述观点的严密和完整。在对话式评论中太多地运用论据式的录音容易使整个评论过程显得凌乱、破碎。对话式评论和后面要提到的录音评论不同，这里主持人、播音员的对话构造了整个评论的支架、录音只是一块辅助材料。

在对话式评论中，无论是有录音的还是无录音的，其话语环境都是由三方组成的：两个主持人或播音员各为一方，听众为一方。因此对话评论的撰写与编辑与谈话式评论仅仅虚拟谈话对象的情况不同，要兼顾三方的内在需要。对对话者来讲，其对话的内容，也就是评论的过程必须严谨而不刻板、流畅而不平庸。在语言上，议论结构的解析上都要给人以有理有据的感觉。在对话式评论中，对话者有时是两个人共同从正面说明一个问题，有时则是正、反方的形式在有一定辩论色彩的对话中证明一个问题。而听众在这种情况下，就好似是一个无声的仲裁者，在广播的对话者之间寻求其评论的真谛。这种对话式评论虽然并没有把听众当成对话的对象，但是对话者的出发点却是要有听众意识的。整个对话过程中要随时想着听众，不能自顾自说，在撰稿时就要考虑到听众的接受心里，把听众可能有的想法、看法以对话的形式表达出来，听众虽然未成为对话者，但对话者反映的却是听众感兴趣的，可能想到的……从这一点上来看，谈话式评论和对话式评论并没有什么本质上的区别，只是形式上的区别。

三、录音评论

录音是广播媒体采制节目的基本手段，制作评论性节目同样需要录音。当然可以称为录音评论的评论和前面提到的谈话式和对话式评论中的录音不同，这里所说的录音评论是指兼用现场环境音响、现场谈话、后期制作过程、录音资料整理的一种组合式录音评论。这种广播评论充分发挥了广播媒体采制节目的优势，使节目的内容更加丰富，形式更加灵活多样，更富有表现力。和一般广播节目中的录音运用相比，广播评论中的录音运用难度更大一些。难度的产生源于评论其说理性是必备的，而且这必须有内在的逻辑性。如果是播出由撰稿者用语言直接叙述的评论稿，作者可以根据主题、观点等具体情况，动用文字就可完成。而用录音来编构广播评论，因为采访时录音的限制，制作者收集来的不一定是很连贯的、主题一致的录音素材。在运用这样的素材时，如果没有大量的录音素材当原料，很可能会出现捉襟见肘的情况。为了避免这种情况，评论的写作者或者是节目的制作者在采访前，即搜集录音素材前就应对此评论节目的结构有了大致的勾勒，确定一些采访方向，宁可使素材剩下，也不要不够用，使节目显得单薄。这里作者或节目作者的访前构思是评论类录音素材采集与一般新闻采访前准备的区别。一般新闻采访的准备是根据采访对象的情况准备问题，而广播录音评论的采访准备即访前构思是根据自己确立的主题进行或采访对象步骤的选择与确定。在采访过程中，录音评论的制作者或作者也是根据自己的构思，有意识地组织采访对象，获取录音素材。

当然，现实中还有一种情况，就是记者之前并没有制作广播录音评论的想法，只是对一件发生了的新闻进行了真实的采访、报道，但是在采访过程中或是结束了整理素材时才发现其有很强的评论素材特质，从而以评论的体裁运用这些素材。这时，录音素材的裁剪、运用就显得特别重要，要尽量寻找，运用互相之间的内在联系、典型、具有说服力的材料、切忌按部就班、堆积罗列。

总而言之，录音广播评论是一种难度较大的广播评论形式，要写好、制作出优秀的作品并非易事。下面我们来看一篇例文：

村民自治是我国民主政治的伟大创造

听众朋友，欢迎收听《时代之声》。

党的十五届三中全会指出“扩大农村基层民主，实行村民自治，是党领导亿万农民建设有中国特色社会主义民主政治的伟大创造。今年11月4号，全国人大常委会通过并颁发了新修订的《村民委员会组织法》，国家主席江泽民签署了主席令：这部法律自公布之日起实行。至此，村民自治经过10年的试验示范，终于拉开了全面实施的伟大序幕。

为了帮助大家对村民自治制度的主要内容、发展情况和推行这一制度的原因及意义有一个较全面的了解，从而加深理解，我们在今天的《理论与实践》栏目里，播送《村民自治是我国民主政治的伟大创造》，欢迎收听。

（间奏）

听众朋友，如今你要是到农村，遇到村民的直选村干部，或村里谈起村民自治来，许多情景真是令人振奋不已。

（出录音）

根据计票结果，选举结果，小岗村村民委员会主任，严宏昌当选！（掌声、欢呼声）（严）这次我被选举当了这村主任，我就是豁出去了，就这么100多斤，决不辜负父老乡亲对我的厚望，不辜负江总书记对我们小岗村的希望！

（录音止）

说话的这位就是“大包干”的带头人之一严宏昌。11月26号这一天，“大包干”的发源地凤阳县小岗村第一次通过村民直选，严宏昌在激烈的竞选中获胜。

村民自治，不仅当选的人拥护，村民们也都齐声称赞。今年3月，来安县邵集乡八个村，全都由村民直接选举产生村干部。选举结束的第二天，记者到这里采访，刚到这个乡石桥村的村头，得知消息的村民，从各家各户一下涌出男男女女，老老少少六七十人，盛赞由他们自己直选村干部的作法。

（出录音实况）

（1）记者：老大爷你叫什么名字？群众：我叫（一片笑声）王叶

文。记者：您给谈谈这次选举的体会。群众：选举是很好的，心情是愉快的，在我们农村讲这是大喜事，从来没有这样的。

(2) 这项工作是深和民心的。老百姓选自己的带头人，根据他的口才，平时的工作实力，有没有文化，有没有水平。

(3) 我对这次选举感到十分高兴，选老老实实的人，能替老百姓干好事。

(4) 记者：您多大了？群众：60了。记者：您觉得这样选怎样？群众：很好，通过群众，毛主席不是讲吗，群众的眼睛是亮的。

(5) (一片笑声) 这个方式很好，从各方面看都很好，能办好事。

(录音止)

听众朋友，村民自治制度之所以如此深受农民欢迎，正是因为这一制度的创造来自于农民。党的十一届三中全会以后，“大包干”责任制，以燎原之势，蔓延全国。乡村里原有的管理方式受到猛烈冲击，原有的大队、生产队组织形式不再适应新形势需要了，在一些地方，村里的事没人管，民事纠纷无人问，社会治安、公共事务处于无序状态。就在这种情况下，一个崭新的农村基层组织形式如同初生的婴儿呱呱坠地。1980年，在广西宜山、罗城两县，一些村里的农民自发地通过直接选举组成了村民委员会，实行村民自治。这是中国农民的又一伟大创造。

村委会作为村民的自治组织，在1982年修订的《宪法》中得到了正式确认。1987年11月全国人大常委会通过《村委会组织法》，从1988年6月1号开始试行。试行10年间，全国建立村委会90多万个，制定了比较规范的村民自治章程的约占20%。农民在自治活动中，民主意识不断加强，各地在民主实践中创造了许多成绩经验，新的《村委会组织法》在这个基础上，进一步完善了村民自治制度。

……

这篇广播录音评论选自新华出版社出版，孟建、祁林编著的《广播电视新闻范文评析》一书。是一篇运用录音材料非常成功的一篇广播录音评论。该书作者对这篇评论是这样评析的：

在广播理论节目中大量地使用音响材料有许多困难，因为广播理论节目讲究性强、逻辑严密、以理服人，音响内容和运用音响的方式往往很难和上述要求相符合，尤其是在主题重大的理论节目中，动用音响的难度更大。但《村民自治是我国民主政治的伟大创造》在动用音响方面却极为成功，究其原因，有以下几点值得大家思考和借鉴。

1．注重音响材料的内在逻辑联系。《村民自治是我国民主政治的伟大创造》是一个逻辑严密、层次清晰的理论节目，可分为三个层次：小岗村直选村民干部的实况；村民自治制度的主要内容；目前在我国为什么要实行村民自治制度。《村民自治是我国民主政治的伟大创造》强调了音响材料之间的逻辑与整个节目的逻辑要一致。节目开始播出小岗村直选实况录音，以及老百姓对这一次直选的看法和感受。在介绍村民自治制度的内容时，节目播出小岗村直选实况录音，以及老百姓对这一次直选的看法和感受。在介绍村民自治制度的内容时，节目播出安徽省民政厅基层政权处处长陈云开的录音，详细介绍了该项制度的主要内容。在为什么要实行村民自治制度方面，节目分别选取了专家、政府工作人员、农民的录音讲话，从不同角度对实施这一制度的原因进行了阐释。

2．撷取具有典型性的音响材料，使材料具有极强的说服力，并使枯燥的理论形象化，便于听众理解。如严宏昌当选后讲了这样一段话："这次我被选举当了这个村主任，我就是豁出去了，就这么100多斤，决不辜负父老乡亲的厚望，不辜负江总书记对我们小岗村的希望！"语言铿锵有力，掷地有声，有力地表现了实行村民自治制度后，广大干部治理村务的信心、责任心和强烈的使命感。尤其是因工作人员疏忽而被遗失名单的村民徐从芬，一手举着户口本，一手亮出选民证，愤怒地大声质问："我没有犯国法，为什么你们剥夺了我的政治权力?!"突出表现了村民民主意识的觉醒和积极要求行使自己的政治权力的强烈的愿望。

3．注重音响的权威性。节目主要选取了专家、学者、主管部门负责人的谈话，他们的谈话大多简明扼要，有理有据，深入浅出，善于从理论的高度把握、理解村民自治制度的伟大意义和深远的影响。增强了节目的说服力和可信度。如到安徽考察村民自治的上海社科院副院长、美国普林斯顿大学博士后左学金，将小岗村的村民参选率和美国大选进行对比，"参选率很高，说明大家非常关心村民委员会的选举。"有力的证明了"实行村民自治是广大农民的迫切愿望"这一观点。又如，在谈到村民自治制度意义时，节目播出了中国农村社会学研究会副理事长、安徽省村民自治实验研究中心主任、资深研究员章秋水的录音，从理论和实际两个方面指出实施这一制度的伟大意义。

当然，这篇广播录音评论还不足以反映录音评论全貌，有些录音评论的手段更加多样，形式更加丰富。除了主持人的解说和现场对话外，还注意发挥音响的作用。像自然界的各种音响：风雨声、流水声、鸟鸣声等，也包括人类社会的音响、像车辆行驶声、喧嚣声、机器声、人类的笑声、哭声等。还可以利用资料声响，像歌曲、音乐以及存有的其他语声资料等。

思考与练习

1．广播新闻评论与报刊新闻评论的区别是什么？

2．怎样认识广播新闻评论的语言特点？

3．录音在广播新闻评论中有什么作用？

第十章　电视新闻评论

电视新闻评论是综合运用画面、音响、屏幕文字、解说、论述性语言等电视传播手段作出的声画合一、视听结合的新闻评论。是评论者或电视传播机构针对重大的或有典型意义的新闻事件、事态和问题进行论述、评议，表达意见和态度的一种电视报道形式。与电视新闻相比，它是一种供给社会的独立的评判，体现着评论者或电视传播机构对社会的责任和关怀，因此被视为是电视传播机构的灵魂。原中央电视台台长杨伟光主编的《中国电视论纲》一书中曾有这样的描述："电视对党的基本路线和中华民族的根本利益的热情宣传，对人民群众生存状况的新闻关注和人文关怀，对事关国计民生的重大问题的及时披露和形象展现，这些才是中国电视称之为现代化大众传媒的首选条件。"[1] 美国全国广播公司新闻总制片人雷文·弗兰克也认为："电视新闻工作的最高权力不在于传播消息，而在于传播体验……高兴、苦恼、震惊、恐惧……"[2]

第一节　我国电视新闻评论的发展流变

从1958年中国第一家电视台——北京电视台（即今中央电视台）建立以来，我国的电视新闻评论发展至今大致经过了三个阶段的变化。

第一阶段是电视短评、编前话、编后语主导时期。这一阶段电视新闻主要沿袭的是报刊、广播评论的模式，由记者、编辑写稿，播音员出图像播读文字评论稿件。

第二阶段是配画面的短评为主体样式的时期。这一阶段电视新闻评论的风格依旧是报刊风格的评论，由播音员播读，变化在于播出时配合一些画面。这显示了电视人探索适合电视传播特点的新闻评论意识的萌芽，但由于缺乏实践经验和

〔1〕 杨伟光：《中国电视论纲》，中国广播电视出版社1998年版，第61页。

〔2〕 转引自刘建明：《穿越舆论隧道——社会力学的若干定律》，中共中央党校出版社2000年版，第331页。

理论指导，许多画面与评论内容脱节。

这两个阶段相继持续了二十余年。在这二十余年里，由于对电视传播特性认识的不足，我国的电视新闻评论过重的模仿了报刊、广播新闻评论的模式，而这些照搬的模式很难为电视观众所接受，收视者甚微，社会影响力也就很小。因为电视新闻评论不成熟的缘故，可以说当时电视媒介在影响、引导舆论方面几乎是没有“话语权”的。人们对电视总的印象是“报道快，太浮浅”。这种印象的负面影响是巨大的。一项调查表明：直到电视已经成为我国受众了解国内外大事的最主要来源的 1987 年，其在影响中国大陆居民对中国大陆政治、经济、社会生活看法的主要消息来源构成方面仍落后于报纸和广播。

前苏联的心理学家在实验论证后指出，任何信息的报道，某些事实的描述，如果不加专门的解释和评论，对人们的心理定势是几乎不能产生任何影响的。由此可见，电视媒介要想成为舆论主导力量，产生足够的社会影响，就必须走出报刊、广播的藩篱，推出适合自己传播特性的新闻评论。我国电视新闻评论的巨变发生在我国实行改革开放后的新时期之初。学术界一般将此后我国电视新闻评论的发展划归为第三个阶段。

第三阶段是适合电视媒介传播特点的电视新闻评论初步形成时期。这一阶段的比较突出表现是述评方式被广泛应用到电视新闻评论节目当中，电视新闻评论栏目广泛兴起，谈话体评论日渐增多。

1980 年，中央电视台创办了一个评论性专栏《观察与思考》，这是我国电视业界比较早的探索有电视特色的新闻评论栏目的开始。《观察与思考》这一栏目的宗旨是通过对具有普遍意义或群众关心的事件、问题或人物进行调查、介绍、分析和研究，说明某种道理，引起观众的思考，起到引导舆论的作用。节目内容涉及政治、经济、文化和社会道德等各方面。《观察与思考》这一栏目的创办，开创了一种夹叙夹议的电视新闻评论新形式，并以能关注改革实践，关注政策推行，关注社会群体，引起了观众的广泛注意。同时期一些省市电视台也开设了类似的新闻评论栏目。像安徽电视台创办了《社会之窗》，上海电视台创办了《新闻透视》。遗憾的是由于当时传媒角色单一的“喉舌”定位，以《观察与思考》为代表的这种新型电视新闻评论节目有时仍显得说教味过浓，离观众还有一段距离。直到 1988 年中央电视台重建评论组，将《观察与思考》更名为《观察思考》，设立了固定的新闻主持人，这时这种述评形式的电视新闻评论节目才完成了确定自身形象的任务。1993 年，中央电视台在原新闻评论组的基础上成立了新闻评论部，为电视新闻评论的更大发展提供了组织保证。该部推出的早间新闻杂志性栏目《东方时空》，将镜头对准了电视业界一向少有人问津的社会丑恶现象，在新闻舆论的批评监督功能上大做文章，引起了巨大的社会反响，一时间

《东方时空》成了中央电视台的象征。《东方时空》的巨大成功极大地鼓舞了中央电视台。1994 年 4 月 1 日，该台在《新闻联播》后的黄金时段推出了一档综合评论性新闻栏目《焦点访谈》，其基本框架为：时事追踪报道，新闻背景分析，社会热点讨论，大众话题评说。《焦点访谈》开播不久，就成了收视率仅次于《新闻联播》的中央电视台的强档栏目。随着《东方时空》、《焦点访谈》这两颗中国电视里的“双子星座”的冉冉升空，我国电视新闻评论的视野得到了进一步扩展，内容进一步丰富，形式也更多样化，出现了系列评论、连续评论、追踪评论等样式。在中央电视台的带动下，全国各地的电视台纷纷推出类似的新闻评论性栏目。这些栏目的推出，解决了电视新闻报道缺乏深度的困惑，走出了电视新闻缺乏形象特点的困惑，扭转了电视言论缺乏水平的局面。1996 年，中央电视台借鉴国外以及我国台湾地区“脱口秀”节目的样式和做法，创办了《实话实说》。《实话实说》以其贴近百姓，贴近生活，赢得了亿万观众的关注。各省市电视台紧紧跟进，创办了 100 多个类似于《实话实说》的现场参与式访谈栏目。电视新闻评论节目在中国电视屏幕上开始了它的兴旺发展期。

第二节　电视新闻评论的特点

从媒介的存在方式上看，广播是一维的时间传播媒介，即在时间的流逝中持续其物质运动形式，其传输信息的运动呈线状；印刷媒介属于二维的空间传播媒介，即在空间的共现中展示其物质的运动，其传输信息的运动呈面状；电视则是时间与空间相结合的三维传播媒介，是在时间的流逝和空间共现中持续并展示其信息的物质运动，是线与面的结合。凭借这一特性，电视几乎可以将生活中的一切事物、语言、音响、音乐、环境等摄入镜头，转为录音，并全方位地表现出来，给人们展示出一个完整的社会空间。因此，电视新闻评论既具有新闻评论的共性，如新闻性、群众性、思想性、权威性、公益性等，又有着鲜明的个性特征：

一、视听结合，传播符号丰富多样

电视的到来将大众传播带入了声像传播的时代，同时诉诸于观众视觉和听觉两种通道的传播模式使得电视成为了最富表现力的大众传播媒介。就视觉方面来说，电视可以将文字、图片、图表等传播符号通过电视屏幕展示给观众，尤其是可以用运动的图像展示人物、事件的活动、发展变化的过程。就听觉方面来说，电视可以使用解说、同期声、音乐、音响等多种声音元素，使观众在观其形的同时闻其声。视觉符号和声觉符号的综合运用，可以使观众产生视听立体感知的真实感和强烈的现场感。同时，声画并茂的传播方式，使电视能更有效的将信息传播给观众。研究表明，在信息吸收率方面，视觉达83%，听觉11%；注意力集中程度，视觉81.7%，听觉54.6%；记忆力保持率（3天以上），视觉20%，听觉10%，两者结合65%。可见视觉和听觉在人的感官中处于非常重要的地位。电视视听兼备的特点，顺应了人们接受信息传播时的最佳接受心理，较之其他媒介更具有冲击力。

电视媒介的传播优势不仅使电视新闻报道受益，而且使电视新闻评论的评论手段更丰富多彩，具有了更强的影响力和说服力。

请看中央电视台1994年8月5号《焦点访谈》播出的《让棉花不再沉重——对棉花掺杂使假现象的调查》的部分片段：

演播室大屏幕画面：被掺杂使假的原棉大包，里边是发黑的旧棉絮、棉籽、砖头、土块、石块等。

主持人：去年以来我国棉花市场出现混乱，在棉花中掺杂使假的案件不断发生，其恶劣的程度是建国以来罕见的。

画面：在某棉花货厂记者跟随检验人员现场检验，在一个薄薄的劣质再回收棉的棉包里取出乌黑发霉的渣子、活蹦乱跳的甲虫、十几块整个的红砖，再打开一包仍然是大同小异。惟一不同的是，十几块红砖变成了一编织袋的土块、石块。这个编织袋如果用来装大米，要装40公斤至50公斤。

字幕：纤维检查现场检验到货棉花质量。

解说词：这是我们现场拍摄的质量检验人员开包检查棉花质量的镜头。这批棉花几乎都是砖头、沙土和垃圾废料，不法分子在棉花中掺杂使假已经到了肆无忌惮的地步。

检查人员：去掉这一层，里面都是垃圾。

主持人：像这样的恶性案件在全国已经发生了多起，在社会上造成了极其恶劣的影响。

购办单位经办人：这就是棉花么，我看到这个棉花，我听到这个事情以后，我心里就怦怦的。我一个小小的供销公司，一百八十多万块钱上哪儿去弄呀？

画面：上海第七棉纺厂纺织车间因原棉质量造成故障，已经停转的加工机器和成排的纺机。

解说词：在棉花交易中上当受骗的单位，除了货款损失之外，有的还造成了设备受损，或者由于棉花不能使用被迫停工停产（画面：该厂原棉仓库，从棉花包里掏出来的是压成大块的棉籽等杂物和又黑又脏的旧棉花）。棉花市场的混乱对于本来就是很艰难的纺织工业来说，如同雪上加霜，同时也造成国家财产的巨大损失。仅就目前公布的13个跨省案件而言，涉及的货款就达七百多万，间接损失难以估计，目前国家已经采取措施，依法严厉打击棉花犯罪行为，一批大案要案正在加紧审理之中……

在这一片段中，由于综合运用了现场画面、同期音响、屏幕文字和论述语言等多种传播手段，从而使得节目显得绘声绘色，具有很强的形象性和现场感。同时也使得评说显得合情合理，强化了评论的辐射力。

二、直观形象，感染力强

传播规律表明，绝对抽象化、概念化的内容在受众中容易产生“盲区”，从形象化的事物入手，运用形象化的论据来说明抽象化的道理或原则，才能消除传播中的“盲区”。电视的优势是形象化，它将视听因素同时存在的原生状态直接呈现在屏幕上，以具体物象作为信息载体，直接作用于观众的感觉器官，其过程环节比报纸、广播要直接的多，形象的多。凭借这种影像感性冲击，电视新闻评论的感染力被大大放大。而且这种使观众能耳闻目睹，有“亲临现场”之感的影像论据使得电视新闻评论比之报刊、广播评论的论据更真实形象与具体可信。观众的感受由此也更容易上升为对事物的理性认识，正是在这一过程中，电视新闻评论完成了以形象打动观众并在形象中表达意见和传达态度的目的。

以《东方时空》栏目的《莒南县法院扣留人质》这则报道为例。[1]

莒南县法院从地方保护主义出发，拘禁欠债的厂长，把他作为人质来催债，这一做法完全违背了法律程序。当《东方时空》的记者去采访时，该法院院长不但不正面回答记者的问题，还用嘲笑、蔑视的态度对待记者。他拿着记者的证件，嘲弄地问：“这是金字招牌吗？”又用手比划着扮成扛摄像机的样子说：“想把我的形象向全世界播放吗？”（如图）

在报道中，记者并没有直接评说这位院长的蛮横无理和法律意识的淡漠，只

---

〔1〕转引自叶子：《电视新闻节目研究》，北京师范大学出版社1999年版，第42页。

院长：你这是什么？是金字招牌吗？

院长：你扛着相机拍什么？
你要把我的形象在全世界播放吗？

是用了两个定格画面。当看到这两个定格画面时，无须过多言辞，观众自会作出公正的评判。

三、观众介入程度高

传播学实践证明，最好的传播方式是受众参与的一种活动性的面对面的接触。在大众传播媒介中，只有电视具有这个条件。加拿大著名传播学者马歇尔·麦克卢汉就曾指出，拼音文字是视觉的延伸，电台是声觉的延伸，而电视涉及到所有感官的最大限度的相互作用，使观众高度介入。

就电视新闻评论节目来说，观众的介入是多方面的。首先表现为观众直接介入电视节目之中，提供有关事实，发表自己对节目所涉及的事件、问题的看法、观点。观众作为传播活动的主体参与到节目中去，这在电视新闻评论节目中是非常常见的一种观众介入的方式。中央电视台的《东方时空》、《焦点访谈》、《新闻调查》、《实话实说》等栏目都在大量地使用这种使观众直接介入到节目中的手法。《新闻调查》栏目 2000 年 2 月 27 日播出的《国企如何被蛀空》的报道，反映湖南省知名企业湘潭电缆厂前任总经理陈海燕及其同伙以“左手和右手”的贸易游戏（即在陈海燕担任总经理的湘潭电缆厂和他的私人企业之间进行的“合作”、“合并”、“参股”、“贸易往来”等活动）中大肆挪用国有资产的事件。在报道中有这么一段：

职工：我们原来不是叫太阳，陈海燕合股以后，才叫太阳电磁线。（事实）

职工：意思是把塘水搅混，搅浑以后，他就取或者是挖，把国有资产流失到私营资本。（见解）

职工：实际上就是小鱼吃大鱼。实际上小鱼把我们大鱼吃掉了。（评说）

……

观众在电视新闻评论节目中介入的第二个方面是思想的介入。日本学者藤竹晓曾指出，电视“在说服中，要求视听者有思维和行动中的‘自发性’，而视听者则通过他们的期望与需求，以自动或者自发的思维和行动做出反应。”[1] 这也就是说，电视留待观众完成的东西是很多的。比如，电视传播中伴随着人物同期声讲话，同时传递给观众的还有手势、动作、神态、表情、语气、语调，以及空间环境、氛围等态势语言和环境语言。这些态势语言和环境语言与语言符号信息的确定性不同，它需要通过观众的联想、想象的参与去进行解析。观众在一定的程度上承担了对信息符号进行解码的工作。同时，非语言符号的信息还会因讲话人个性话的动作、神态，而使报道具有更多的个性色彩和情感因素，从而也更能调动起观众情感参与的积极性。

四、论点的交流性强

电视传播具有人际传播面对面的交流的特点，这就使得电视评论在确立论点时要以讨论交流的口气，以与受众平等的心态进行交流。板着面孔的训诫、说教很容易使受众产生厌烦、逆反心理。从上个世纪 80 年代我国电视新闻评论进入第三个发展阶段以后，电视媒介从业者已开始注意到旧有的一个声音的“语言霸

---

〔1〕 转引自王春泉：《现代新闻写作》，西安出版社 1999 年版，第 436 页。

权”模式给电视与受众造成的疏远，着手进行改革。电视述评类节目中对群众意见、看法的大量引入，就是传者与受者对新闻事件的认识上进行交流的一种很好的方式。随后出现的谈话体评论更是将这种传受双方在论点上的交流推向了一个新的高度。在这类节目中，嘉宾与主持人、嘉宾与嘉宾、嘉宾与现场观众以及主持人与现场观众由于各自从不同角度、侧面、层次去分析、认识问题，因此既可能有意见的同一，也可能有观点的分歧。这种对问题有不同看法的“双面传播”，由于既讲事物正面，又讲负面；既讲赞同意见，又讲不同意见，所以它没有强加于人的感觉，对有一定文化程度的观众说服力较大。

第三节　电视新闻评论的形式

我国电视新闻评论在形成和发展过程中受报刊和广播新闻评论的影响比较大，电视新闻评论最初的主要样式有本台评论、评论员文章、本台短评、编前话、编后语等。20世纪80年代后，随着《观察思考》（中央电视台）、《新闻透视》(上海电视台)、《东方时空》（中央电视台)、《焦点访谈》（中央电视台)、《实话实说》(中央电视台)、《时事开讲》(凤凰卫视中文台）等栏目的先后出现，更能显示电视媒介传播优势的评论样式得到了迅速发展。目前我国电视新闻评论主要形式有本台评论、电视短评、编前话和编后语、电视述评、主持人评论、评论员评论、谈话体评论等。在这里我们重点介绍一下能充分显示电视传媒特色的几种电视新闻评论。

一、电视述评

电视述评是叙述事实和发表议论相结合的评论形式。在节目中既报道新闻事件的具体情况，又对事件进行分析、评价。目前较为多见的形态是以典型事件或社会现象为报道、评析对象，以画面、音响和屏幕文字为主要表现手段，以主持人或记者的解说、评析为主线，按事件发展的逻辑顺序和人的认识规律，将群众分析议论和专家分析议论加以恰当组合，最后以凝练的语言做画龙点睛式的点评。它是表现手段最为丰富，也是最能体现电视传播特色的电视新闻评论形式。

电视述评是我国电视屏幕上最早出现的具有电视个性特征的评论形式。1980年7月12日，中央电视台《观察与思考》的开播，标志着电视述评的诞生。继承此种评论形式，并将它发扬光大的是创办于1993年和1994年的《东方时空》和《焦点访谈》。现在全国各省市电视台播出的各类电视评论节目中绝大多数是电视述评。

中央电视台《焦点访谈》播出的电视述评《巨额粮款化为水》（杨明泽、谢子猛、方宏进），抓住黑龙江省五大连池市挪用农民售粮款修建矿泉水厂的典型事例，通过深入采访与各方议论的巧妙结合，既重申了党和政府的有关政策，又说出了广大农民的心理话。

主持人：观众朋友们，大家好。欢迎收看今天的《焦点访谈》节目。

辛辛苦苦种了一年粮食，最后只换回一张白条子来，这是农民最深恶痛绝的事情之一。当今年粮食大丰收已成定局的时候，党中央国务院的领导就多次强调，一定要把粮食收上来，把购粮款送到农民手里，不要打白条子，不要影响农民们种粮的积极性，但是打白条的事情还是屡禁不止。最近我们的记者在黑龙江省五大连池市了解到，当地的农民售出粮食三个月来，竟然没有一个人拿到售粮款。

画面：路上

记者：您刚才到哪儿去了？

农民：上油脂厂卖粮。

记者：那个粮款给您了吗？

农民：没有。

记者：没有啊。今年国家的订购粮您都交了吗？

农民：交完了。

记者：交多少斤？

农民：哎呀，交了 3 600 多斤。

记者：给您钱了吗？

农民：没有。

记者：一分钱都没。

农民：一分钱都没给。全没给，这一县都没给。

记者：一县都没给？

农民：那可不！都没下来呢。都说等着拨，现在也没拨下来呢。

……

（编者注：农民说粮款没有发下来，上面只给他们打了白条。这种说法是否正确呢？为了证实这一说法，中央电视台的记者进行了追踪采访。）

黑龙江省五大连池市粮食局党委书记张连生：现在也开始解冻了

(资金)，农民也开始打白条子那事都没有了。现在不都开始结算了吗？再说粮食任务也刚完成，才完成一个多月，基本上也没耽误啥。

解说：按照这位官员的说法，似乎白条子的问题已经解决，对农民的影响也不大。但是记者在孙法乡永河村的会计那里，仍然看到了厚厚的白条子。

画面：永河村会计室

会计：这些是小麦（白条子），这是我们全村小麦的票子，这是玉米（白条子），这是大豆（白条子）。这是我们永河村的三大作物粮食。

记者：三大作物（的白条子）加一块共有多少钱？大概？

会计：十几万块钱吧。

记者：十几万块钱。李国有的是692，王文义是406，于天文993。有多有少，我看刚才还有一个是9块钱的。

会计：多少都有。

画面：室外

农民：你说他钱不到位的话，过年买化肥、种子问题指定受影响。再说过年谁不想高高兴兴地过个年啊，你粮款不下来，你一年辛辛苦苦一家就给一亩三分地，你给我们粮收上去了，你钱不到位，老百姓过年怎么过呀？当官儿都知道吃饺子，老百姓不知道吃饺子？你没钱搁啥吃呀？

解说：据记者了解，今年的交粮工作始于8月底，到现在已经有3个多月了，五大连池市应付农民的粮款共1亿多元。而在记者采访的村庄中，农民一分钱也没有收到，这种现象是什么原因造成的呢？

画面：村边

农民：都叫这个五大连池市占了呗。

记者：五大连池市？

农民：据内部消息。

记者：从哪儿的内部消息？

农民：我们村长就跟我们这么说的。

农民：五大连池市改变了以后，整个把我们卖粮食款全部建了饮料厂，整个我们这个粮食（款）就回不来，我们农民现在生活就是买双鞋也相当困难，现在就是这样。

记者：建了个什么饮料厂？

农民：五大连池矿泉饮料厂。

记者：就叫“五大连池矿泉饮料厂”。

农民：建了六个。

解说：国家规定，购粮款应专款专用，严禁挤占挪用。为了弄清农民的说法是否属实，记者驱车来到五大连池市政府采访。

画面：办公室

记者：挪用国家的订购粮这个粮款，去修建矿泉水厂这种情况，有这种情况发生吗？黑龙江省五大连池市副市长刘德山：这个情况有。我们是95年为了发展县域经济，由资源优势变经济优势，我们开发了得天独厚的矿泉水资源。由于当时我们的财政状况不好，财政拿不出钱来，这样市委、市政府研究动员全市人民，包括职工、干部集资，我们借了一部分，又在其他省市招引一些资金，这样最后建了六个矿泉水厂。但这一部分资金引的也好，集资也好，数量是有限的。最后（在）资金没有到位的情况下，共计挤占挪用了1952万。

……

（编者注：由于五大连池市挪用了巨额粮款，且在1996年粮食收购工作开始时没有完整的归还。按照国家有关规定，粮食系统私自挤占粮款偿还不清的，农业银行在粮食收购时不提供垫付资金和相应的粮款。所以挤占粮款的直接后果是农民应得的粮款迟迟不能到手。这显然已造成了不良的影响。）

农民：粮款下不来，你什么也安排不了啊。你粮款下不来，过年种地，你再指挥他都不灵了，指挥棒都给你撅了。

记者：影响了种地的积极性了？

农民：什么他都给你撅了，干脆他不听你的了。

……

（编者注：在充分了解了农民售粮款是否被挪用，挪用了多少，是否耽误了农业生产，有关领导是否知情，知情后是否制止等一系列问题后，主持人在演播室就五大连池市挪用农民售粮款这一事件的危害性进行了高屋建瓴的评说。）

演播室：据我们的记者了解，五大连池市的财政收入有75%来自于农业收入，如果今年不能及时的把售粮款送到农民的手中，就无法再征收今年的农业税。那么这样的话，没有了农业收入这个基本的收入，当地的其他工作都将陷入困境。不付给农民售粮款这一件事，岂只是那个粮站负责人所说的“不算正确”这么简单，因为它已经产生了一系列的恶劣后果。首先它影响了当地的30几万农民的正常生活，其次也影响了明年粮食生产的正常运作，更为严重的是它可能影响当地农民响应国家号召积极种粮的信心。好，感谢收看今天的《焦点访谈》节目。再见。

电视述评是依据画面所提供的内容进行分析、议论和说明的，因此深入一线的现场报道和纪实拍摄是电视述评节目在采制时经常使用的手法。在现场捕捉的真实的画面与鲜活的语言不仅充分展现了电视声画合一的优势，而且还可以在不露痕迹地展现事实过程中对事实进行评价。《焦点访谈》栏目组的记者在拍摄湖北一些地方非法经营棉花生意的节目时，当他们来到一个非法收购棉花的黑窝点，这里已是人去屋空。这时记者没有在现场直接评说造假者已经溜走云云，而是在节目中采用了摄像师现场拍下的一只正在冒着热气的茶杯和椅子上搭的衣服，以及一位自称是来院中玩，但头发上却有一朵棉花的姑娘的画面，使观众通过这些画面很清楚的看到了事情的真相。《焦点时刻》播出的《解决经济纠纷严禁扣押人质》的节目中，记者抓取了法院院长一面吃着花生，一面纠缠记者“你，你，你听我给你说说中国的法制发展史……”等细节，把一个无视法律和公众舆论的土皇帝的形象逼真地刻画给了观众。

用事实说话是电视述评的一大特色。但作为新闻评论，不仅要展现事实，而且要分析事实和评价事实，使事与理，现场报道和分析评论水乳交融。电视述评的分析评论通常包括通过同期声的手段反映新闻现场的群众议论，采访专家学者的访谈录音以及记者、主持人穿插进行的表态和议论。其中主持人的点评需具有职业水准，对事实的挖掘和提炼应高人一筹。其表达的应是许多观众看完事实后所感觉到的，但又没有表述出来的感想，或有的观众没有意识到的东西。当然，这一切都必须基于事实，主持人不能凌驾于事实之上。《焦点访谈》节目的主持人方宏进曾谈到：“我发的议论绝不是因为我比观众了解的更多，我只是对这件事实发表议论，给观众一些启示：这件事可能会有什么样的背景、原因，或者这件事对社会舆论会有什么样的影响，这样应该是更接近于典型的评论的作用。”[1]

二、主持人评论

主持人评论是“由主持人直接参与策划、制作、播出的全过程，并以与观众

---

〔1〕袁正明、梁建增主编：《用事实说话——中国电视焦点节目透视》，上海人民出版社2000年版，第157页。

直接交谈的方式出现。融叙事性与哲理性，个性与人格化于一体的评论形式。”[1] 从形式上看主持人评论有些类似于口播的本台评论员文章，但这两者之间还是有着很大区别的。主持人评论注重发挥主持人的主体意识，在评论的角度、见解、表达习惯和语言风格上具有个性化的特征。同时还借助于仪表装束、气质修养、表情动作等可感知的视觉形象来张扬主持人的特征。

中央电视台《东方时空》栏目曾播出了《伤心一跪》（白岩松、何绍伟）这样一篇主持人评论。

主持人：今天我要讲一个故事，这个故事是作家梁晓声授权我讲给大家的。梁晓声也曾经把这个故事讲给大学生们听，可是讲完之后，接到大学生递上来的条子，上面写着：“讲点别的，讲点能逗我们开心的。”显然这个故事不是能逗大家开心的。

在广东的珠海有一个电子公司，它的管理者是一个30多岁的外国女人。她经常让这个厂里的中国职工加班加点，最厉害的一个月，加班加点的时间就有250个小时。也就是职工每天要干两天的活，而且加班加点从来没有任何报酬，谁要是有抱怨的话她就开除谁。结果有一天在加班加点到了十五六个小时之后，她给了十几分钟的时间去上厕所。就在这个时间里头，有一个老职工可能实在是太累了，趴在工作台上打了一个盹，结果被这个30多岁的外国女人看见了，她拿起一个金属的板台就砸在这个老职工的后背上。然而这才仅仅是个开始，她接着就开始发怒，把所有的中国职工都叫到她的面前，开始大声地训斥。

令人伤心和气愤的一幕就在这个时候发生了。她突然喝令让中国的职工跪在她的面前，每人反省。100多个中国职工几乎全都跪下了，并且低下了头，在这个30多岁的外国女人的面前，这是令人伤心的一跪。然而也有一个例外，一个中国青年站着。当他看到同胞跪下的时候，他感觉到了一种羞耻和一种愤怒。这个外国女人问他，你为什么不跪？这个中国青年回答：“我觉得这是对中国人的侮辱！”外国女人又说：“你要是觉得是侮辱那就是侮辱，如果你要是不跪的话就给我滚蛋！”听过这话，这个中国青年愤然离去，告别了他正在跪着的同胞们。过了几天他告发了这个外国女人，然而当他回到车间的时候，却遭到了十几人的围攻，对他说，你太没有良心了，老板给了你工作，给你发工资，你怎么还能告发老板呢？这十几个人当然是我们的同胞。后来调查组也到了

---

[1] 孟建、祁林：《广播电视范文评析》，新华出版社2001年版，第186页。

这个企业里头，在接受了调查之后，一转身，这个外国女人就对着中国的职工说：“不就是罚钱吗，罚多少我给多少。但是你们要记住，我还是你们的老板，如果你们要是不听我管教的话，我让你们滚蛋你们就得滚蛋。”

后来听说在一个报纸上，很短很短的一个文章里头，这个外国女人做了一个很简单的道歉。我不想再议论这个外国女人，因为我觉得她连被议论的资格都没有。当我听到100多个中国职工跪下去的这个情节的时候，我不知怎么一下就想到了47年前，毛泽东在天安门城楼上说的那句话：中国人从此站起来了。

这令人伤心的一跪，不是在刺刀的下面，也不是在枪口的前面，而是在一个口袋里有钱的外国女人的面前。相信不会有人误解，就这个故事讲完之后，会对对外开放有什么不好的影响，因为我们大家都知道，我们现在过的好日子，是从对外开放之后才开始的。但是曾经的贫穷不该是我们觉得比别人低人一等的理由。现在在生计和金钱的诱惑，也不该是我们双膝发软的原因。在奔向富裕的道路上，我们应当把腰杆挺直。站直喽，别趴下！更不要跪下！

在这篇评论中，主持人用没有任何宣传和教化味的口语来进行自己意见的表达，它是平视的，就像与自己的朋友谈心一样，与观众坦诚地交流着自己的看法和观点。同时根据事件本身的特点融入了主持人个人的谈吐风格和感情。整篇评论叙中有情，叙中有议，情理交融，跌宕起伏。

三、谈话体评论

谈话体评论是主持人（记者）在演播室或其他固定场所，与特定谈话对象，就某一事件、某一问题进行的以讲话为主要形式的一种新闻评论节目。

谈话体评论的出现，是电视传播的一次革新。其出现以后，电视传播中传受双方的沟通不再是早期仅因为电视进入家庭而形成的“面对面”传播意义上的“准”双向交流。受众开始亲身介入对社会政治、经济、文化及其他事项问题的讨论，推动着新闻传播内容的发展。从这个意义上说，它是一种人际传播与大众传播相结合的节目形态。也就是说，谈话体评论借助于谈话者之间面对面的人际交流，使对某一事件或问题的意见性信息得以直接的沟通与传播。

在谈话体评论中，谈话者以自然人格状态出现，容易畅所欲言，因此常有不同观点的激烈碰撞，而这可以激活受众的思维，激发收视兴趣和参与兴趣。

根据中国人民大学涂光晋的观点，谈话体评论主要有访谈式谈话、讨论式电视谈话和现场参与式电视谈话等三种形式。

（一）访谈式电视谈话

访谈式电视谈话也可称为电视访谈，是由主持人或记者在演播室或其他固定场所，与谈话对象直接面对面或通过电视中继采访的手段，就某一事件或问题所进行的问答式的谈话。在此类节目中，主持人或记者主要是提出问题，被访者以回答为主。被访者一般是有关方面的政府官员、专家、权威人士或新闻人物。被访者的人数从一到三人不等。中央电视台的《东方时空》、《今日说法》、《午夜新闻》中的“新闻背景”、“午夜国际观察”等栏目中经常出现这种访谈式评论。

1994 年 5 月 14 日，《东方时空》的“焦点时刻”播出了一期电视访谈式谈话节目《有朋自远方来》，在此我们节录一部分，与大家共享。

解说：基辛格博士这次是应我国对外经济贸易部的邀请，前来参加 90 年代“中国外经贸战略国际研讨会”的。在他离开北京前，我们对他进行了专门采访。

记者：基辛格博士，在冷战前以及冷战后，国际关系显然发生了很多变化，您认为冷战结束后中美两国是一种什么关系？是朋友呢还是敌人？

基辛格：应该这么说，即使是在冷战时期，中国也是处在一个很特殊的地位，美国在那个时期和共产主义是对立的，但是从政治上讲，我们同中国是友好的。现在我们两国在意识形态领域和政治制度上有很大的不同，但是我们在政治上的友谊仍然是有基础的。我相信在冷战之后，中美仍然可以在这个基础上进行合作。

记者：您认为，我们两国在冷战前后都是政治上的朋友，那么您认为我们两个大国怎样协调关系呢？

基辛格：首先，我认为两国高层领导人之间的对话应该经常地进行。江泽民主席对美国的访问是十分重要的，我也希望克林顿总统在不久的将来来中国访问。中美两国在亚洲和平方面有着共同的利益，同时这也有助于防止该地区任何一个国家成为军事强权。

记者：23 年前（即 1971 年），您作为最早的美国政府官员访问了中华人民共和国，您还记得那次访问吗？

基辛格：哦，我对那次访问记得十分清楚，我几乎记得每一个细节。那次访问是我一生从未经历过的。在那次访问之前，我从未见过一位来自中华人民共和国的中国人。周恩来总理给了我非常高的礼遇。我认为周恩来总理是我在世界各国中见到的最为出类拔萃的人物之一。

解说：基辛格博士 1971 年首次秘密访华，建立了中美关系正常化的沟通渠道；1972 年，他又随同尼克松总统访华，参与起草了中美《上海联合公报》，为两国关系正常化奠定了基础。这以后，基辛格博士又多次以国际政治活动家的身份到中国访问，为促进中美两国的合作和相互了解贡献了他的力量。

记者：现在您又来到了中国。这期间中国发生了重大的变化。您是否对过去的中国和现在的中国做一个对比？

基辛格：这 23 年来中国的确发生了巨大的变化。中国在过去 15 年里，已经变成了一个中等的发展中国家。我认为，在未来的 15 年当中，中国将成为一个重要的工业化国家，就是像对我这样一个经常来中国访问的人来讲，中国的变化仍然是令人震惊的。

……

记者：我们注意到美国国会经常对中国国内的一些事情通过议案。您能否告诉我们这是否是美国国会的一种习惯？

基辛格：美国国会不仅对中国这样做，他们对许多其他国家也是这样做的。

(笑声……)

记者：您作为一位著名的国际关系方面的专家，您赞成这样的做法吗？、

基辛格：我认为从原则上讲，我们同中国的关系应该依据中国在外交上的所作所为，而不应该依据于中国的内政情况。当然，美国有自己的价值观，美国要确保它这些价值观。但是我认为，在处理同中国的关系问题上，美国不应该随意向中国指手划脚，正确的办法应该是进行协商。

记者：基辛格博士，既然您认为冷战前后，中美两国都是政治上的朋友，那么为什么这么多年以来，我们两国一直存在着分歧和争论，特别是在像最惠国待遇问题？

基辛格：许多美国人认为，美国应该在全世界范围内促进人权状况的改善，他们有时不一定理解在其他一些国家，而不仅仅是指中国了——这是一个内政问题。所以在这个问题上，中美两国有着很大的分歧。然而，我相信在未来的几周里，最惠国待遇问题是会得到解决的。

记者：在当今世界上，许多人觉得美国在国际事务上一直充当“国际警察”的角色，您认为美国是否应该扮演这个角色呢？

基辛格：哦，不，不，美国不能充当“世界的警察”。如果说美国试图充当这个角色，美国应当对世界的力量均衡做出贡献，而这种均衡的作用就是保持世界的稳定。

访谈式电视谈话是以内容取胜的，因此开门见山的把问题尖锐而明确地提出来是此类节目中最常用的手法。水均益在谈到电视访谈时曾指出：“这一点，CNN（美国有线电视新闻网）应该是一个很好的榜样，人家的专访几乎从来没有什么花里胡哨的形式，往往是一上来就直捣龙门，而且是‘一捣到底’。”[1] 同时，在访谈中主持人（记者）要注意多提闭合性问题，以控制被采访对象的谈话范围。第三，主持人或记者在采访时，要有平等的视角，不能因采访对象是“小人物”而以一种居高临下的俯视的角度与采访对象谈话，或因为面对的是一些领导干部、专家或权威人士而表现一种卑躬的态度，采取一种仰视的角度。前者会使采访对象产生一种压抑感，造成交流的心理障碍。后者可能会使采访对象感到很舒服，但却会使电视观众产生反感，进而消解传播效果。

（二）讨论式电视谈话

讨论式电视谈话是在主持人或记者的主持下，就某一事件或问题邀请有关方面的政府官员、专家或各方面代表人士进行的座谈或论坛式谈话节目。在讨论式电视谈话节目中，参与讨论的人都可以自由地发表自己的意见和看法，表明自己的认识和态度。节目中允许出现意见的分歧和思想的激烈碰撞。由于参与讨论者各自从不同角度、侧面、层次去分析问题，认识问题，各种意见能相互交流、启发、补充，因此这种讨论对论题的探讨比之单个评论更加全面和深入。同时，在讨论中，由于参与讨论者的意见可能一致，也可能不一致，这样便形成了一种“双面传播”态势，对观众来说不会产生媒介企图将某种看法或意见强加于人的感觉，所以对阅历较广的和文化程度较高的观众说服力要大一些。

目前这种类型的节目在我国电视屏幕上越来越多。中央电视台的《十二演播室》经常采用这种节目形式，香港凤凰卫视中文台的《锵锵三人行》更是完全属于这一节目样态。

2002年9月4日，《十二演播室》播出了《读图时代会使人幼稚吗?》。开始嘉宾陈述了各自观点和界分了有关概念后，参与讨论者围绕具体问题展开了激烈的交锋。

---

〔1〕 李小萍主编：《焦点中的世界》，华夏出版社1998年版，第30页。

主持人：有人说现在由于过多地使用了电脑之后，我们提笔忘字，我们对于这个键盘、对于屏幕的依赖已经远远地大于阅读字体的这样的依赖或者使用文字的这样的依赖，会不会就产生前面我们所说的幼稚？那么幼稚的概念其中有一个，可能就是说我们远离了思想的深度和我们远离了对中华几千年文字的一种亲切感？

金元甫：我觉得从深刻的角度来讲的话，一个就是图像是不是可以深刻，图像也可以深刻；第二就是图像它也可以成为一种在现代来看呢，一种视觉思维的方式。从现在我们社会发展的状况来看呢？可能成为一个非常重要的开掘人的潜能的方式。

王硕：我支持金老师，所以我想问王老师一个问题，就是刚才您说《蒙娜丽莎》那张画像说用文字记录她，就是说为什么用这种表情来给画家当模特，但是如果您说文字记载了她为什么用这种表情，以后当人们看到了这段文字之后人们还会不会用那种仰慕的心情去看这幅画、去思考它？

王岳川：我没有说是文字记载了，我只是说当你看了这幅画以后，你去思考画背后的东西的时候理性判断出现了。如果我们承认我们眼睛看的时候它是一种感性，直观的东西，那么它背后是理性判断出现了。理性判断是人生的内在语言和外在社会语言支撑的，所以呢，这里边的理性是整个文艺复兴时期意大利的政治、经济、文化、历史和人的心理结构构成。相反，你把这幅画给一个小朋友看，他看到的就是一个阿姨在上面站着，他能看出这些来吗？为什么深者不觉其浅，浅者不觉其深就在于他的理性判断。

金元甫：价值判断、理性判断就一定是语言的吗？就是我们说的文字的吗？就在看《蒙娜丽莎》的时候，我们会看到他会和前前后后所有画家们画的一些作品相比较，他要和历史相比较，历史中发生的事件在脑子里会经过，这不是一种形象思维吗？

主持人：在这个文字和图像的关系中间呢，其实可能就涉及到了一个哪个更重要，是吧？

王岳川：图和文之间的关系上，我认为文是点睛之笔，是灵魂图，它是生命的活动。在座的发过 E-mail，你发了很多图片，对方都不知道你要他干什么？都不知道你要要求他明天下午几点钟在什么饭店门口吃饭，都不知道，可以吗？所以我们发的很多 E-mail 是以文字的准确性、清晰性和非误读性为前导的。

金元甫：我觉得现在的问题恰恰在于王教授已经认为读图是低一层

次的感性层次这样一种方式。但我觉得呢，从现代的我们这个图像发展的这种趋势，开发大脑的方面来看呢，它已经达到了非常深刻的地步，也就是说它也是一种视觉，就是一种思维方式。

王岳川：视觉思维它只能看到是感性的真实的那部分，甚至我可以说在宇宙空间当中，整个黑沉沉的宇宙当中，我们只能看见5%的物质，恰好是那些看不见的永远在黑暗当中的黑洞一样的东西，95%，制约着我们这个宇宙。在这一点上人类超越了所有的动物，所以呢，人的理性判断是非常重要的。

金元甫：我所倾向的是，即使是像图像读图这样一个过程，也需要积累，也需要准备，而且今后人们对图的读解会越来越深入，会越来越深刻。

周志强：关键的问题在哪儿呢？就是我们读书的时候，可以掩卷沉思，可以使我们的思想更加去历险，去遨游。从这个意义上来看，包括广告、影视、网络，我们说它是信息的这个传载物而且是非常有效、范围非常大、影响非常广泛。但是问题是大量并不等于它是有效。它所提供我们的思想和一本哲学书所提供我们的思想，深刻度是不一样的。

宋永钊：图像呢，并不仅仅只局限在一个很简单的，或者是卡通，或者是一个下三流的电视剧的范畴里面的。它是一个很广泛的概念。比方说因特网出现的时候，其实也有很多家长觉得孩子老去上因特网会影响他的学习，因为认为孩子只打游戏，可是我们现在也看到了越来越多的同学在使用因特网去查询资料，查询他想了解的世界。所以呢，这说明图像实际上能提供人很多东西。也就是说人幼稚不幼稚，并不因为他读不读图，他不读图也可能幼稚，他读文字也可能幼稚，他读图照样也会不幼稚。

……

讨论式电视谈话的成败往往在于话题的选择和嘉宾的选择，以及谈话方向和趋势的把握上。因此它是一种“工夫在诗外”的节目，要求节目制作者要深入实际调查研究，抓住人们共同关心的、关注的，有针对性的问题，选好话题。所选的嘉宾要有思想，有观点，又善于表达。同时嘉宾还需要有代表性，他的观点、见解能代表一定层次、一定数量观众的意见。《读图时代会使人幼稚吗?》这期节目的亮点正在于此。其一，抓住了一个有争议，又很受人关注的话题。随着互联网的飞速发展和电视在大众传播中翘楚地位的确立，人类社会进入了影像（读图）时代。一般观点认为，图象对受众接受能力和文化水平的要求远远低于文字的要求，它便于传播范围的扩大，但由于其强于感性而弱于理性，因此会弱化人的思维能力。而文字由于要求接受者文化水平较高，并需广泛的抽象思维的介入，因此虽对人的智力发展大有裨益，但不利于文化的下延。那么读图时代的到来是否真的会弱化人的理性判断能力，使人幼稚吗？我们对读图时代的到来应该是鼓与呼还是反对和抵制，亦或是为处于这个时代的人类找出一条新路？每个具有社会责任感的人或多或少都对这些问题有所思考。每个人基于不同的立场会有着不同的认识。《十二演播室》这期节目所选话题正是抓住了这一兴奋点。其二，围绕这一话题所约请的嘉宾显然是很有思想和见地，且有雄辩之才的卓越人才。其见解之深邃，分析之缜密，语言之明丽，保证了节目中不断有智慧之光的闪耀。

（三）现场参与式电视谈话

现场参与式电视谈话是由主持人、嘉宾和现场观众（也称演播室受众）共同参加，就新闻事件或群众关心和感兴趣的话题展开讨论的一种评论形式。这类节目在国外称为“TALK SHOW”（“脱口秀”。有人认为，“脱口”就是坦率的意思，秀是即兴的幽默。）现场参与式电视谈话节目与前两类谈话节目相比，最显著的区别在于节目中有演播室受众的参与。在节目中演播室受众通过与主持人、嘉宾的面对面交谈，亲身介入了对社会政治、经济、文化即其他公共事务问题的讨论。与其他受众相比较，这些演播室受众扮演着电视文本创作者的角色而非单纯的文本解读者。活跃的演播室受众是坐在家中观看电视节目的受众的一面镜子，他们从普通受众的社会情境出发，参与到电视传播活动中。这样，普通受众很容易在演播室受众中找到与自身的认知、感受的相通之处。这种认知上的相通在促成传受双方的共识上有着很重要的作用。

现场参与式谈话节目目前在我国已是遍地开花，几乎各省市电视台都开办了这类节目。中央电视台于1996年开播的《实话实说》是最早采用这种形式的栏目之一，也是最为成功的栏目之一。1996年10月20日，《实话实说》播出了一期反映邻里关系的节目《远亲不如近邻》，在节目中，主持人、嘉宾、和演播室受众全都敞开心扉，用真实的情感，平实的话语进行沟通和交流。其中许多自然、率直的妙语令人回味不尽。

现场嘉宾：娄乃鸣（女，话剧导演）
李　丁（演员）
孙毓敏（女，北京戏曲学校校长）
陆建华（社会学者）

主持人：崔永元

时　间：1996年10月20日

……

主持人：孙校长，请问你是否住过大杂院？

孙毓敏：以前住过。

主持人：那么你要回忆起来，是不是会觉得大杂院里那么亲切？

孙毓敏：没这个感觉，因为我当时住的那房子结构非常不好，不隔音，隔壁人家说话我全听见了。还有就是互相之间都太关心了。(笑声)

主持人：李丁先生住过这种四合院平房吗？

李丁：住过，当然住过。

主持人：你是不是也有孙校长的感觉？

李丁：她刚才说的我不同意。看了刚才放的大杂院的录像，我就觉得很亲切。我12岁到北京，过了不到半年就住进大杂院，从此就不断地住杂院。我只感到特别温暖，特别好。我举个例子，比如我曾经住过宝昌胡同16号，有一位邻居是送煤的，有一年冬天我和这位邻居一块出去，没走多远，他就听到一个小院里有人在哼哼，他拉开门一看，知道坏了，原来是房主人中了煤气，他赶紧和我把病人抬到他的送煤车上，就往医院跑。这位病人在医院呆了将近一个月，出院后，他到处对人说，要是我们这位邻居再晚到20分钟，他就完了。

主持人：我们也常听到医生说这样的事。李丁先生说的这件事说明了大杂院的邻居们互相都有一种责任感。娄导演也有这种感觉吗？

娄乃鸣：有。我在36岁以前都住在大杂院。和我一般大的女同学生的孩子，有好多都叫我妈妈。有时回到家，除了进自己家，顺手开门就进了邻居家了，生活显得很丰富。

主持人：生活上有没有觉得不方便？

娄乃鸣：有。就是觉得有关不上门的感觉。有很多事也主动向邻居说，你不说，有时邻居也会问。

主持人：有没有可能邻居对你有意见，而你自己根本就不知道？

娄乃鸣：可能他们忍着来着，没跟我说。(笑声)

主持人：现在我们为了将这种回忆更准确更充分，请曾经住过四合院、大杂院和现在仍住着的现场观众举一下手……有没有现在还住平房的朋友？

观众一：我，我是从一出生到现在就一直住平房。

主持人：你跟邻居关系怎么样？

观众一：很巧，我的邻居是我的婚姻介绍人。至于说闹很深的摩擦也是因为我们举行婚礼时没请任何人，自然也没请他，所以闹了误会，我们也曾带着礼品去他家感谢他，但却被拒之门外。后来，我家有一次被撬，他很关心我，喊我到他家去坐，这是我第一次进他家的门。

主持人：有没有再带着礼品去？

观众一：那倒没有，主要也是为了向人家表示感谢。

主持人：你邻居的所作所为感动了你？

观众一：对。后来我们之间的关系也就融洽了。

《实话实说》制片人时间曾指出，谈话节目“不是对某一事物发展变化过程的记录，而是对这事物发展变化过程中人的思考过程的记录”。因此现场参与式谈话节目要审慎地选择话题，视角要贴近生活，贴近百姓，贴近大众的价值观和审美观，要让谈话的参与者有话可说，并且这些群言群说要能碰撞出思想的火花。像《实话实说》播出的《远亲不如近邻》这期节目，所选话题“邻里关系”并不显得有多新颖，然而它却是千百年来人们生活中一直绕不开，躲避不了的话题。尤其是在中国社会转型期，随着价值观念的多元化和人们生活理念的变迁，邻里之间怎样相处，过去住平房时那种相濡以沫的亲情般的邻里关系在现在人们大都已搬进楼房后还需不需要，这些都是老百姓在实际生活中迫切需要解决的问题。正因为话题选择切中百姓生活，因此现场观众和嘉宾、主持人之间才能展开真正的、充分的交流，从不同角度、立场阐发了自己的观点。

现场参与式谈话节目成功的又一保证是必须有有个性魅力的节目主持人。个性魅力是主持人的学识修养、创作才能、性格气质、审美情趣的综合体现。主持人的个性魅力能使他在所主持的节目的观众对象范围内产生权威性，“观众在同主持人密切的视听交往、精神交往之中，被人格化的身份和力量所‘迷惑’，所征服之后，就会将传播机构与受传者的壁垒，提防心理逐步淡忘，进而不知不觉地接受传播者的种种观念、观点和倾向性的影响”。[1] 而且主持人不同的个性可以创造节目的多样化，也能带给节目不同的个性。正如崔永元与《实话实说》一样。人们见到崔永元，往往会想到《实话实说》。有人见了崔永元，竟然说这个人“长的真像《实话实说》”。不少观众在给崔永元的信中反复提的一个问题是“《实话实说》是因为你而出名，还是你因《实话实说》出名？”[2]

---

〔1〕 叶家铮：《论节目主持人在电视传播中的意义和功效》，载《电视媒介研究》，北京广播学院出版社1997年版，第264页。

〔2〕 崔永元：《不过如此》，华艺出版社2001年版，第305页。

当然节目主持人在保持个性的同时，要摈弃那些自以为是的优越感，矫揉造作的虚饰和以势压人的话语霸权心态，追求朴素的、真实自然的感情。崔永元在《不过如此》一书中曾说过："我们提出一个理念，在节目里体现人文关怀"，"所谓'人文关怀'实际上它有两个境界，最高境界是你发自内心的，是你骨子里的，你会尊敬每一个人，不管他干什么，不管他的职位有多高，薪水有多少，不管他是什么生存环境，什么家族背景，你都会尊敬他"。[1]

与报刊新闻评论相比，电视新闻评论还是一个年轻的生命，因此我们不能说其发展到目前已体制完备了。随着人们对电视传播特性认识的进一步深化和新闻评论理论的更深层次的探讨，电视新闻评论家族将会不断丰富化，多样化和规范化，而这一切，尚待我们运用心智去努力。

思考与练习

1．我国电视新闻评论的发展经历了几个阶段，每个阶段有什么特点？

2．北京电视台《18分钟经济·社会》栏目负责人吴天锡曾有过这样的描述："当我们的《18分钟》到了连自己都不爱看的时候，我们才知道与观众坐在一条板凳上，与他们同一视角去谈心，讨论事物，那是多么惬意的事。于是我们告诫自己：选题一定要跟北京老百姓有关，一定要是他们所关心的事。"请根据本节内容，分析电视从业者的这一反省出现于我国电视新闻评论发展的哪一阶段？并分析电视从业者认识提高的原因。

3．电视新闻评论与报刊评论、广播评论相比较有什么样的特点？

4．电视新闻评论有哪几种特殊形式？各有什么特点？

---

〔1〕 崔永元：《不过如此》，华艺出版社2001年版，第297页。

主要参考书目

《新闻评论学》，秦硅、胡文龙著，中国人民大学出版社，1992年版。

《新闻评论学》，丁法章主编，复旦大学出版社，1997年版。

《广播电视新闻评论》，王振业著，北京广播学院出版社，1997年版。

《新闻评论学原理》，周永固著，武汉大学出版社，1997年版。

《中国新闻事业通史》第一卷，方汉奇主编，中国人民大学出版社，1992年版。

《中国新闻事业通史》第二卷，方汉奇主编，中国人民大学出版社，1996年版。

《中国新闻事业通史》第三卷，方汉奇主编，中国人民大学出版社，1999年版。

《广播评论——功能、选题与艺术》，仲富兰著，复旦大学出版社，1997年版。

《当代新闻评论写作》，程世寿、胡思勇著，华中理工大学出版社，1999年版。

《法制新闻评论学》，姜淮超著，陕西人民出版社，2000年版。

《新闻采写编评概要》（下），师亚丽、姜淮超著，陕西人民教育出版社，2000年版。

《新闻纵横精粹》，安景林主编，中国人民大学出版社，1998年版。

《焦点访谈精粹》，李东升、孙玉胜主编，中国人民大学出版社，1998年版。